U0142110

新白話六法系列 023

行政程序法

2024最新版

王宗偉·著

書泉出版社 印行

謝謝嫻琪與正宇

多年以來

對我的包容與扶持

出版緣起

談到法律，會給您什麼樣的聯想？是厚厚一本《六法全書》，或是莊嚴肅穆的法庭？是《洛城法網》式的腦力激盪，或是《法外情》般的感人熱淚？是權利義務的準繩，或是善惡是非的分界？是公平正義、弱勢者的保障，或是知法玩法、強權者的工具？其實，法律儘管只是文字、條文的組合，卻是有法律學說思想作為基礎架構。法律的制定是人為的，法律的執行也是人為的，或許有人會因而認為法律是一種工具，但是卻忽略了：法律事實上是人心與現實的反映。

翻閱任何一本標題為《法學緒論》的著作，對於法律的概念，共同的法學原理原則及其應用，現行法律體系的概述，以及法學發展、法學思想的介紹……等等，一定會說明清楚。然而在我國，有多少人唸過《法學緒論》？有識之士感歎：我國國民缺乏法治精神、守法觀念。問題就出在：法治教育的貧乏。試看九年國民義務教育的教材，在「生活與倫理」、「公民與道德」之中，又有多少是教導未來的主人翁們對於「法律」的瞭解與認識？除了大學法律系的培育以外，各級中學、專科與大學教育中，又有多少法律的課程？回想起自己的求學過程，或許您也會驚覺：關於法律的知識，似乎是從報章雜誌上得知的占大多數。另一方面，即使是與您生活上切身相關的「民法」、「刑法」等等，其中的權利是否也常因您所謂的「不懂法律」而睡著了？

當您想多充實法律方面的知識時，可能會有些失望的。因為

《六法全書》太厚重，而一般法律教科書又太艱深，大多數案例式法律常識介紹，又顯得割裂不夠完整……

　　有鑑於此，本公司特別邀請法律專業人士編寫「白話六法」叢書，針對常用的法律，作一完整的介紹。對於撰文我們要求：使用淺顯的白話文體解說條文，用字遣詞不能艱深難懂，除非必要，儘量避免使用法律專有名詞。對於內容我們強調：除了對法條作字面上的解釋外，還要進一步分析、解釋、闡述，對於法律專有名詞務必加以說明；不同法規或特別法的相關規定，必須特別標明：似是而非的概念或容易混淆的觀念，一定舉例闡明。縱使您沒有受過法律專業教育，也一定看得懂。

　　希望這一套叢書，對普及法律知識以及使社會大眾深入瞭解法律條文的意義與內容等方面都有貢獻。

推薦序

　　行政法這個科目牽涉到的法律非常多，相信大部分讀者面對這科目，都會有不知如何下手的困擾，當年我在準備考試時就非常痛苦，當時也缺乏這種逐條整理、簡要說明的入門書。各位有此書可用，是非常幸運的。

　　除了本書的主打「白話」以外，作者也簡要地呈現重要實務見解與學說，並輔以案例解析，對於想在短時間內透視行政程序法基本架構的人而言，絕對是第一選擇。此外，就我這類實務工作者來說，也可以當作索引書來用，在面對困難的行政法案件時，檢索這本書，或許就能夠得到一些靈感。

　　因此，跟大家推薦這本行政程序法白話六法！

陳易聰　律師
2016年初冬於新竹

自 序

　　行政程序法在我國是一部非常年輕的法制，從本世紀初施行到今天剛滿二十三年。相對已經有千年歷史的民法與刑法，行政法在我國很多觀念都還在流動中。在我國千年官場的傳統就是行政權力無限大，可以兼任立法與司法，「一朝權在手，便把令來行」。這是一個強大的魔戒，即使是在奉行民主政治已經有些時日下的今日臺灣，執政者也很難抗拒誘惑，不把自己的手指套進去這魔戒，製造一個行政獨大、立法司法皆為其奴妾的格局。歷經第三次政黨輪替後的台灣，人民與行政權的衝突仍時而可見。因此要如何落實以法治管理行政就相當重要，行政程序法是人民對抗全能國家侵害的最後一道防線。

　　西方有規範行政成文法的傳統來自於19世紀的德國，要化解人民對於普魯士鐵血專制全能國家的疑慮，確保國家不至於濫權隨意侵害人民。現實中的政治利益在於要使人民與國家舉國同心，願意付出甚至是生命的代價捍衛國家。就必須先使人民相信，國家為人民的利益存在，值得他們保衛。

　　從更深刻的啟蒙時代來看，西方認為行政權力必須受到種種控制的想法其實相當久遠。在舊約聖經的以賽亞書與以西結書提到過，魔鬼撒旦原先是晨星，是光明之子，是在天神之下萬有的執掌者；但是卻因為驕傲想要升到至高之處與神同等，就墮落成為魔鬼。不論是不是接受基督信仰，這在政治上是一個意涵深遠的寓言故事。擁有強大行政權力與各種資源的政府，要作人民

的天使還是魔鬼，往往只在少數有權力者的一念之間。而人性往往趨於腐化與墮落，尤其是在掌握權力以後。因此必須要以法律控制政府的行為，讓每一個人民都知道行政程序法是他在必要時對抗濫權政府的武器。只有每一個人都知道如何憑恃法律對抗國家，瞭解爭自己的權益就是爭國家的進步，這個國家才能偉大起來。

　　希望筆者才疏學淺下草就的本書，能給大家一趟愉快的行政程序法之旅。通過本次改版新增的修法與測驗題，讓大家更理解行政程序法。

王宗偉

2023年大雪

凡　例

（一）本書之法規條例，依循下列方式輯印：

1. 法規條文，悉以總統府公報為準，以免坊間版本登載歧異之
   缺點。
2. 法條分項，如遇滿行結束時，則在該項末加「。」符號，以
   與另項區別。

（二）本書體例如下：

1. 條文要旨：置於條次之下，以（　）表示。
2. 解說：於條文之後，以淺近白話解釋條文意義及相關規定。
3. 實例：於解說之後舉出實例，並就案例狀況與條文規定之牽
   涉性於解析中加以分析說明。
4. 隨堂測驗：附上例題練習，參考答案放在各章後面。

**（三）參照之法規，以簡稱註明。條、項、款及判解之表示如
　　　下……**

條：1、2、3……

項：Ⅰ、Ⅱ、Ⅲ……

款：①、②、③……

但書規定：但

前段：前、後段：後

司法院34年以前之解釋例：院……

司法院34年以後之解釋例：院解……

大法官會議解釋：釋……

最高法院判例：……台上……

行政法院判例：行……判……

沿 革

1. 民國88年2月3日總統令公布全文175條;並自90年1月1日施行。
2. 民國89年12月27日總統令增訂公布第174-1條條文。
3. 民國90年6月20日總統令修正公布第174-1條條文。
4. 民國90年12月28日總統令修正公布第174-1條條文。
5. 民國94年12月28日總統令刪除公布第44、45條條文。
6. 民國102年5月22日總統令修正公布第131條條文。
7. 民國104年12月30日總統令修正公布第127、175條條文;並自公布日施行。
8. 民國110年1月20日總統令修正公布第128條條文。

目　錄
Contents

第一章
總 則

第一節　法例

第1條（立法目的）

為使行政行為遵循公正、公開與民主之程序，確保依法行政之原則，以保障人民權益，提高行政效能，增進人民對行政之信賴，特制定本法。

解說

由於行政行為不同於民事行為的特性，就是高權性與主動性。且行政實體通常都具備極多的資源，與人民一方通常處於絕對不對等的地位。故當行政機關違法不當侵害犧牲人民的權利，弱勢的人民一方常會蒙受巨大的犧牲。我國傳統政治期許各級行政官員要以人民的父母自許，但今日社會真的有血緣關係的父母對未成年兒女，都還有時會發生過度管教甚至虐待的情事。因此就更難以道德制約行政官員，真的對業務範圍內的每一位當事人都能作到親愛熱切的積極服務，而必須要以層層法律規章約束。消極面使行政機關不會違法不當侵害人民的合法權利，積極面提高行政效能促進人民權益。現代法治國家的行政因此必須受到法律的管控，因此我國在1999年制定了行政程序法。

實例

　　阿德的房子出租給房客以後，有一天突然接獲主管機關查獲系爭建築物違規供作「KTV、茶室」後，未先告知阿德就直接以該房舍營業未經主管機關檢查簽證，依法裁罰。阿德準備提行政爭訟抗罰，是否有理由？

　　被告既認系爭建築物違規供作「KTV、茶室」使用後，即必須依照其「變更使用」之狀態所應遵循之「B類第一組場所」之檢查申報頻率及期限，委託中央主管建築機關認可之專業機構或人員檢查簽證及申報，惟此種新發生之義務，通常非顯然易知，則基於行政行為明確性及誠實信用原則，及行政程序法第1條所揭示「增進人民對行政之信賴」之立法精神，避免「不教而罰」引發民怨，被告即應於接獲臺北縣警察局三重分局以90年3月15日90重警一行字第007301號函所移送查獲系爭建築物違規供作「KTV、茶室」使用之證據資料後，告知系爭建築物所有權人即原告，應於90年6月30日以前辦理公共安全檢查申報，俟其逾期未辦理，再加以處罰，方屬正辦，詎被告「隱忍不發」，延至91年1月15日才突然以北府工使字第0910025822號函指原告未於90年1月1日起至6月30日前辦理系爭建築物90年度公共安全檢查簽證及申報，違反建築法第77條第3項規定，援引同法第91條第1項規定處以6萬元罰鍰，自難昭信服。

　　因此還是必須要先通知當事人才能處罰，原單位的處分有誤。（本案例改編自臺北高等行政法院91年5月6日91年度簡字第755號判決）

隨堂測驗 1

有關公權力行政與私經濟行政，下列敘述何者錯誤？(A)公權力行政應適用行政程序法；私經濟行政不適用行政程序法。(B)公權力行政之事項發生爭執，應循行政爭訟程序解決；私經濟行政之事項發生爭執應循民事訴訟途徑解決。(C)依法行政原則以公權力行政為適用對象；私經濟行政則受民法上私法自治原則之支配。(D)私經濟行政如屬以私法行為之形態作為達成行政任務之手段者，不必受基本權利之羈束，與公權力行政不同。（103高考法制）

第2條 （行政程序與行政機關之定義）

本法所稱行政程序，係指行政機關作成行政處分、締結行政契約、訂定法規命令與行政規則、確定行政計畫、實施行政指導及處理陳情等行為之程序。

本法所稱行政機關，係指代表國家、地方自治團體或其他行政主體表示意思，從事公共事務，具有單獨法定地位之組織。

受託行使公權力之個人或團體，於委託範圍內，視為行政機關。

解說

本條第1項首先羅列了各種行政行為的態樣，至於這些行政行為的具體內容為何，在之後本法的章節將會一一敘明。

本條第2、3項在解釋何為行政機關，可以成為行政程序法上受規範負擔義務行使權力的主體。通說所謂行政機關必須具備行政機關單獨之組織法規；獨立之編制與預算；及有無依印信條例頒發之大印或關防等要件。

實例

　　小張原本在陸軍A旅擔任士官，因為虐狗被長官下令汰除，他可以A旅為被告起訴請求法院撤銷汰除他的命令嗎？

　　至於陸軍584旅，係屬軍事作戰之任務編組，完全服從於軍令系統之指揮監督，以作戰、防衛、軍事訓練等任務之達成為其組織目的，究其掌理之公共事務並無獨立決策之權限，依照前述行政機關之定義，其非行政機關至為顯然，自亦不具有行政訴訟法之當事人能力，而不得為被告。況且原告求為撤銷之標的，為陸軍總部之復函，亦非由陸軍584旅作成，原告逕以其為被告，亦屬誤解課予義務訴訟之制度目的。是故原告此部分之訴構成行政訴訟法第107條第1項第3款「原告之訴有被告無當事人能力者」，為起訴不合法，應予駁回。

　　陸軍584旅，不具有行政訴訟法之當事人能力，而不得為被告。因此小張必須要以其上級單位陸軍司令部或國防部，才有當事人適格。（臺北高等行政法院92年9月8日91年度訴字第3825號裁定參照）

隨堂測驗2

　　行政本質具多樣性、多義性與複雜性，故有學說指出「行政只能加以描述，而無法加以定義」，在我國現行法之制度下，下列有關我國行政概念之描述，何者錯誤？(A)立法院內部公務人員之任免，以及立法院旁聽證之核發，均屬實質意義之行政的範疇。(B)法院處理公證及非訟事件，非屬實質意義之行政的範疇。(C)監察院行使彈劾、糾舉及審計權，非屬實質意義之行政的範疇。(D)考試院考選部舉辦國家考試之行為，非屬實質意義之行政的範疇。（102律師）

第3條（適用範圍）

行政機關為行政行為時，除法律另有規定外，應依本法規定為之。

下列機關之行政行為，不適用本法之程序規定：

一、各級民意機關。

二、司法機關。

三、監察機關。

下列事項，不適用本法之程序規定：

一、有關外交行為、軍事行為或國家安全保障事項之行為。

二、外國人出、入境、難民認定及國籍變更之行為。

三、刑事案件犯罪偵查程序。

四、犯罪矯正機關或其他收容處所為達成收容目的所為之行為。

五、有關私權爭執之行政裁決程序。

六、學校或其他教育機構為達成教育目的之內部程序。

七、對公務員所為之人事行政行為。

八、考試院有關考選命題及評分之行為。

解說

　　行政程序法原則上被認為是我國行政行為的總法，規範一切行政行為。本條第2項是排除條款，特別列出哪些行為因有其特殊性而不必受行政程序法的規範。本項機關除外之規定，僅限不適用本法之「程序」規定，蓋該等機關本身已有法律規定，例如，監察法、立法院職權行使法等，且亦得自訂程序之相關規定；然而若該等機關無程序機制之相關規定，優先於行政程序法適用，從人民程序保障之觀點而言，並非當然排除適用本法之程

序規定。至於該機關所為之行政行為，仍應適用本法之「實體」規定，蓋彼等機關既然作成行政行為，則屬實質意義行政之範圍內。

此種例外不適用本法之事項，應屬列舉規定之性質，且應限制在符合立法目的之必要範圍內，包括前述八款事項，須依個案判斷其排除適用之必要性，且僅限不適用本法之「程序」規定。蓋彼等事項本身經常已有法律規定，例如，刑事訴訟法、監獄行刑法、典試法等，或基於特殊性，例如外交事項，根本無法事先按既定程序規範進行。惟彼等事項，若屬本法行政行為之類型，則不排除適用本法「實體」規定之可能。

實例

小張因為屢試不第，請求向考選部依行政程序法第46條，調閱國家考試的命題委員名單與標準答案，他會獲得許可嗎？

考試院有關考選命題及評分之行為，依行政程序法不屬於適用本法之程序規定。

隨堂測驗3

下列何者應適用行政程序法之程序規定？(A)立法院之行政行為。(B)監察院之行政行為。(C)外交行為。(D)司法院處理陳情之行為。（107專利師）

隨堂測驗4

下列何機關之行政行為，不適用行政程序法之程序規定？(A)最高法院。(B)公平交易委員會。(C)不當黨產處理委員會。(D)國家通訊傳播委員會。（106專利師）

第4條（一般法律原則）
行政行為應受法律及一般法律原則之拘束。

解說

現代國家要干預人民權利時，必須有法律之依據，行政行為通常會構成對人民生活的干預。亦即沒有法律授權行政機關即不能合法的作成行政行為，在法律保留原則之下，行政行為不能以消極的不牴觸法律為已足，尚須有法律之明文依據。但是為求行政之簡便，根據不同事務的重要性，而可分成不同層級。大法官釋字第443號解釋認為由重要至輕微排列如下：

一、憲法明文規定的保留層級：必須由憲法規範。

二、法律明文規定的保留層級：必須由國會立法程序規範。

三、有法律授權命令保留層級：必須在有法律授權主管機關發布命令為補充規定，方可進行。

四、無法律授權命令保留層級：即使無法律已授權主管機關發布命令為補充規定，亦可進行。

許玉秀大法官於釋字第612號解釋的不同意見書中指出，釋字第443號解釋確立三種審查密度：

一、高密度審查：即是指剝奪人民生命或限制人民身體自由，必須遵守罪刑法定主義，以國會通過的法律為之。

二、中密度審查：指限制人民其他自由權利，原則上也應由法律加以規定，但如果以法律授權主管機關發布命令為補充規定，授權應具體明確。

三、低密度審查：若僅屬於執行法律的細節性、技術性次要事項，而不涉及基本權的限制，則縱使沒有法律授權，主管機關也可以為必要的規範。

實例

小楊是一個熱愛出國旅遊的大學生役男，因為未服兵役被內政部以部頒行政命令作成處分限制出境。請問他可以對此提起行政救濟嗎？

這個未服役的役男出境受管制問題，就是大法官第443號解釋提起聲請解釋由來的原因事實。後來大法官解釋認為限制人民遷徙自由必須要有法律保留原則，也就是國會立法的適用。內政部只用一則行政命令就加以此種限制，明顯違反了憲法第23條。

隨堂測驗5

有關行政法一般法律原則之內容與效力，下列敘述何者錯誤？(A)行政行為必須符合比例原則。(B)行政行為非有正當理由，不得為差別待遇。(C)行政行為應保護人民正當合理之信賴。(D)一般法律原則雖然重要，但畢竟不是法律規定，行政行為僅受法律拘束，一般法律原則對於行政行為並無拘束力。 （106專利師）

第5條（行政行為之內容）
行政行為之內容應明確。

解說

此種明確可參考大法官第432號解釋：係指必須滿足以下三種派生子原則：

一、文字內容並非難以理解。

二、受規範者事前得以預期。

三、司法程序事後得以審查。

使得一般人事前對此可以理解且預期，嗣後得以在訴訟程序中被法院審查，人民才知道如何提早因應法律以安排自己的生活。

目前經歷次大法官解釋補充，完整係指以下三者：

一、明確的文字

要件內容與意涵明確，不致有多種解釋可能而引發爭議。釋字第535號解釋理由書表示，實施臨檢之要件、程序及對違法臨檢行為之救濟，均應有法律之明確規範。

二、明確的授權

立法部門在具有法律保留形式授權行政機關訂定授權命令時，其授權的內容及範圍應該具體明確，使人民能夠預見公部門的行為妥為因應；授權的母法應該明定授權的目的、內容與範圍。但釋字第394號解釋認為：「若法律僅為概括授權時，固應就該項法律整體所表現之關聯意義為判斷，而非拘泥於特定法條之文字。」另，釋字第535號解釋文中表示，若法律就其構成要件，授權以命令為補充規定者，授權之內容及範圍應具體明確，然後方可據以發布命令。

三、明確的命令

包括發布單位、執行對象、法規授權依據明確與轉委任禁止。如此人民才能知道並預測政府的行動與自己生活之間是否有其影響，並將利益與損失，在自己的權益受損時知道該如何及時尋求救濟，以確實保障自己權利；這是一個文明法治國家所應該照護人民的基本原則。

實例

小玉是一位年輕貌美的國中女老師，平常喜歡穿著清涼在外拍照。某日被校方發現其青春身體健康的照片在網路流傳，於是被以「行為放蕩有損師道」的理由解聘，此種行為應如何論處？

行為放蕩有損師道的理由，其字句內容難以理解，太過籠統寬泛。受規範者事前也難以預期，穿清涼在外拍照與其構成要件該當合致。根據大法官釋字第702號解釋，因此該解聘處分小玉在進入行政爭訟程序後，上級機關或法院應以違反行政程序法第5條明確性原則，而為有瑕疵而撤銷。

隨堂測驗6

下列何者不屬於行政程序法第7條規定之比例原則之內涵？(A)適當性原則。(B)必要性原則。(C)過度禁止原則。(D)明確性原則。（102專利師）

隨堂測驗7

對於大陸地區人民，於強制出境前，得暫予收容之規定，因未能顯示應限於非暫予收容顯難強制出境者，始得暫予收容之意旨，亦未明定暫予收容之事由，有違何種法律原則？(A)法律明確性原則。(B)正當法律程序原則。(C)法律保留原則。(D)禁止不當聯結原則。（104高考法制）

第6條（行政行為之平等原則）
行政行為，非有正當理由，不得為差別待遇。

解說

　　等者等之，不等者不等之，相同的事應爲相同的方式處理，是以非有正當理由不得爲差別待遇，又稱爲差別待遇禁止原則。此處的正當理由表示立法者並不教條式贊同齊頭式的假平等。面對立足點的不平等，例如少數族群的弱勢條件，國家必須加以特殊政策照顧補助，此即本條所謂的正當理由。

 例

　　小張天生有色盲，但想要報考警察大學卻被拒絕，他可否主張警大的簡章規定違反平等原則歧視他？

　　大法官第626號解釋認爲：憲法第7條規定，人民在法律上一律平等；第159條復規定：「國民受教育之機會，一律平等。」旨在確保人民享有接受各階段教育之公平機會。中央警察大學91學年度研究所碩士班入學考試招生簡章第7點第2款及第8點第2款，以有無色盲決定能否取得入學資格之規定，係爲培養理論與實務兼備之警察專門人才，並求教育資源之有效運用，藉以提升警政之素質，促進法治國家之發展，其欲達成之目的洵屬重要公共利益；因警察工作之範圍廣泛、內容繁雜，職務常須輪調，隨時可能發生判斷顏色之需要，色盲者因此確有不適合擔任警察之正當理由，是上開招生簡章之規定與其目的間尚非無實質關聯，與憲法第7條及第159條規定並無牴觸。

　　因此警大的規定有正當理由，得爲差別待遇。

隨堂測驗 8

　　專利審查委員不依部頒審查基準之規定，對於相同內容之案件，竟爲結論相異之審定，係違反行政程序法上之何項原則？

(A)信賴利益保護原則。(B)明確原則。(C)比例原則。(D)行政自我拘束原則。（103專利師）

第7條（行政行為之比例原則）
行政行為，應依下列原則為之：
一、採取之方法應有助於目的之達成。
二、有多種同樣能達成目的之方法時，應選擇對人民權益損害最少者。
三、採取之方法所造成之損害不得與欲達成目的之利益顯失均衡。

解說

釋字第476號解釋：「倘與憲法第23條所要求之目的正當性、手段必要性、限制妥當性符合，即無乖於比例原則。」具體操作上又稱禁止過度原則，包括適當性、必要性及相當性三原則，其中相當性原則又稱為狹義的比例原則，以下說明之。

一、適當性

手段必須是有助於達成目的的措施，又稱「合目的性原則」。不能夠事實上無法達成該目的，越作使得問題越發惡化。

二、必要性

有多種同樣能達成目的之方法時，應選擇對人民權益損害最少者。不得以砲擊鳥，此處之人民包含當事人與利害相關第三人。例如拆除違建時應先限期令當事人自行拆除，屆期仍未拆除時方可以公權力拆除，以求在最大限度內保障人民之財產權益。

三、相當性

方法所造成之損害不得與欲達成目的之利益顯失均衡，例如警察只有在己身或他人生命遭受危害之高度危險情況下，方得使用槍械對人射擊。

實例

警察發現了停在紅線上的車輛，就用鐵鍊與夾具把輪胎鎖起來阻止車主開走，有無合於比例原則？

當車輛違規停放於禁止停車區域，行政部門將之拖吊離開現場是合目的性之手段，若在輪胎上加鎖使之無法駛離，則違背淨空該區域之目的，為無助於達成目的的措施，因此違反比例原則。

隨堂測驗9

依司法院釋字第603號解釋之意旨，對於未依規定捺指紋者，拒絕發給國民身分證，形同強制按捺並錄存指紋，縱用以達到國民身分證之防偽、防止冒領等目的而言，亦屬損益失衡、手段過當，且不符下列何者原則之要求？(A)信賴利益保護原則。(B)誠信原則。(C)禁止裁量濫用原則。(D)比例原則。（102專利師）

> **第8條**（行政行為之誠信原則）
> 行政行為，應以誠實信用之方法為之，並應保護人民正當合理之信賴。

解說

係指人民因信賴具有公信力之公權力行使機關之特定行政行為所形成之法秩序，而安排其生活、進行其舉措或處置其財產時，不能因為嗣後行政行為之變更，而影響人民之在原先法秩序既得權益，使其遭受不可預見之損害。

實例

A縣政府把老張所有房屋誤為違建拆除後，老張對縣政府拆除其建物的行為確認為違法與國賠之訴，嗣後縣政府撤銷B鄉公所先前發給原告之房屋完工證明書，並以此拒絕國賠請求的行為，是否為違法？

【高雄高等行政法院92年8月26日92年度訴更字第2號判決】節錄

經查，本件系爭坐落臺南縣仁德鄉大甲段955地號，14等則土地，原屬訴外人林義成等6人所有，而由佃農林仁里等8人耕種，並由林仁里於其上建有雞舍使用，嗣訴外人林義成等人及佃農林仁里等人，於67年10月26日將前開土地出賣與訴外人方萬全，又於68年8月10日將自系爭土地分割之同段955之3地號土地所有權移轉登記予原告，嗣原告於71年2、3月間將該雞舍改建為工廠，而於75年6月間，依「實施都市計畫以外地區建築物管理辦法」之規定，檢附仁德鄉大甲村村長許安雄之證明書，向仁德鄉公所申請核發「仁德鄉實施都市計畫以外地區建築物完工證明書」，經仁德鄉公所審核後認符合相關規定，准予核發。惟被告於87年11月4日拆除違章建築時，將原告前述取得完工證明之廠房一併拆除，原告乃向被告請求國家賠償，被告於87年12月27日受理原告所提之國家賠償請求後，經被告調閱臺灣省農林廳於64年12月拍攝之航照圖發現，該建物尚未顯現在該航照

圖中，迄71年5月之航照圖始顯現該建物，經被告於88年6月7日及同年6月28日二度函請仁德鄉公所辦理撤銷事宜，仁德鄉公所未依限辦理撤銷完工證明書，被告基於委辦機關及監督機關之立場，乃依職權於88年7月14日以88府建工字第124097號函撤銷仁德鄉公所發給原告之完工證明書，固非無見。

按「行政行為，應以誠實信用之方法為之，並應保護人民正當合理之信賴。」行政程序法第8條定有明文，該法雖於90年1月1日施行，惟行政行為須符合信賴保護原則，早為學界及實務所肯認，上揭行政程序法之有關規定，係此一原則之明文化，是行為時該法雖未施行，仍得予以參酌適用。次按，違法行政處分於法定救濟期間經過後，受益人有第119條信賴不值得保護之情形時，原處分機關或其上級機關得依職權為全部或一部之撤銷，此固為行政程序法第117條第2款所明定。惟查，本件原告於75年6月間即取得系爭完工證明書，而被告於87年11月4日強制拆除原告系爭建物時，經原告出示前述完工證明書聲明異議後，被告於87年12月16日會勘現場之紀錄載明：「結論：一、拆除名冊無蔣清安，有仁德鄉實施都市計畫以外地區建物完工證明書（如附件）二、蔣清安房屋確實有誤拆。」嗣因雙方就賠償問題協調不成，原告乃對被告提起國家賠償訴訟，經被告調閱臺灣省農林廳64年之航照圖發現原告系爭建物64年並未存在，經二次函請仁德鄉公所辦理撤銷無結果，被告乃依職權撤銷仁德鄉公所核發之前述完工證明書等情，此為兩造所不爭，並有被告87年12月16日會勘現場之紀錄附卷足憑。

另查，證人即出具證明書之村長許安雄曾於本院更審前到庭證稱「……雞舍面積蠻大的。面積約有幾分地大……原先工廠與雞舍完全相同，工廠與雞舍之差別只有屋頂漏水處整修……。」等語，此亦有證人許安雄90年7月12日之調查筆錄附卷可稽。是

本件證人許安雄所出具之證明書是否確屬不實，其證言是否確與實情不符，均非無疑。被告嗣僅憑64年航照圖比對結果，以原告系爭建物當時尚未存在，認仁德鄉公所發給之完工證明書明顯不實，惟均未論及仁德鄉公所原核發之授益行政處分，原告之情節究屬行政程序法第119條何款其信賴不值得保護之情事，即遽予撤銷仁德鄉公所之原核發處分，殊嫌率斷。況按，行政機關非有正當理由，作成行政行為時，對行為所規制之對象，不得為差別待遇，此平等原則乃支配國家各部門職權行使之原則，亦為行政程序法第6條所明定。查被告若對於其他鄉、鎮公所或仁德鄉公所所核發之他人之完工證明書，並非每件均以航照圖對照審核，以查其是否與事實相符，僅因本件系爭廠房原告持有參加人仁德鄉公所所核發之完工證明書，而未列入違章建築拆除名冊，卻遭被告予以拆除，嗣因賠償問題協調不成，原告因而對被告提起國家賠償訴訟，被告始依臺灣省農林廳64年12月及71年5月所拍攝之航照圖加以審核上開完工證明書是否合法屬實，此與前揭之平等原則是否相符，亦值商榷。

> 本案是一個鄉公所發出之核發完工證明書之授益行政處分，嗣後上級機關縣政府拆除其建物並且撤銷鄉公所發給原告之完工證明書，並以此拒絕國賠的經過。這樣的處分當然有違誠實信用原則，因此可能為違反本條精神。

隨堂測驗⑩

A市政府環境保護局查獲B公司油槽滲漏污染地下水，命其於8月30日前改善，否則依法開罰。B公司正在改善中，卻於8月27日接獲A市政府環境保護局之罰單，對其污染地下水之行為處以鉅額罰鍰。A市政府環境保護局之罰鍰處分最可能因違反下列

何一原則而違法？(A)公益原則。(B)法律保留原則。(C)誠實信用原則。(D)法規不溯及既往原則。（108高考法制）

第9條（行政程序對當事人有利及不利之情形）
行政機關就該管行政程序，應於當事人有利及不利之情形，一律注意。

解說

　　同法第36條規定，行政機關應依職權調查證據，不受當事人主張之拘束，對當事人有利及不利事項一律注意。又稱「充分衡量原則」，因為行政機關與該管業務承辦人畢竟不是神，往往有時會受到自己主觀意見與對當事人觀感左右，對於當事人有利或不利的情節特別加以側重。故有此規定以提醒約束行政機關應盡可能客觀從事行政行為，亦約束行政機關在作出行政處分時，若不採納對當事人有利之情事，應在理由書中詳細交代其考慮與心證過程。另外最近見解也認為行政機關亦應在對整體公益與當事人有利不利情況作衡平考慮，方能完整考量公私利益之平衡點。

隨堂測驗11

　　教育主管機關A根據其所委託之評鑑機構所作成之評鑑結果，對B學校採取不利之監督措施，若A機關僅考量對B不利的評量結果，而對B有利之評量結果皆不加以考量，此時A的措施違反下列那一項原則？(A)有利不利一律注意原則。(B)比例原則。(C)信賴保護原則。(D)平等原則。（105律師）

第10條（行政裁量之界限）
行政機關行使裁量權，不得逾越法定之裁量範圍，並應符合法規授權之目的。

解說

本條稱行政機關行使裁量權，有兩個不同的下位子原則，必須合法且適當。

不得逾越法定之裁量範圍，否則就是越權違法。並應符合法規授權之目的，此即由比例原則衍生出來的禁止恣意裁量。

實例

佩君騎機車超速，被交通警察抓到。雖然道安條例的規定對此種行為的裁罰是在600～1,800元之間，結果該交通警察正是她的不歡而散前男友。警察看到她覺得需要加重處罰，因為窄路相逢分外眼紅，而對她處以開出2,000元之罰單，以洩心頭之恨。請問是否合法？

交通警察對違規停車的告發與裁罰，若法律規定某一特定違規停車行為的授權行政機關罰鍰裁量範圍在600～1,800元之間，即不得逾越法律授權範圍而處以開出2,000元之罰單。如果不分青紅皂白一律處1,800元之間，則此裁量並沒有考慮法規授權之目的，也是屬於裁量怠惰。

隨堂測驗12

所得稅法規定對於特定違法行為，應裁處應繳稅額1倍以下之罰鍰。財政部為協助各區國稅局行使裁量權而訂頒之「稅務違章案件裁罰金額或倍數參考表」，對於應繳稅額達一定金額以上

者，規定皆裁處應繳稅額1倍之罰鍰。某稅捐稽徵機關於具體事件中，對於因過失而違法之行為人甲，以其應繳之稅額已達一定金額為由，即裁處應繳稅額1倍之法定最高額度罰鍰。關於稅捐稽徵機關對於甲所為裁罰處分之合法性及其理由，下列敘述何者正確？(A)裁罰處分合法；稅捐稽徵機關適用所得稅法及財政部訂頒之「倍數參考表」，適用法令並無違誤。(B)裁罰處分合法；財政部訂頒之「倍數參考表」已針對不同情形區分應受之裁罰，稅捐稽徵機關無須另為衡量。(C)裁罰處分違法；稅捐稽徵機關未審酌具體案件中故意與過失之差異，一律裁處相同罰鍰，有裁量怠惰之瑕疵。(D)裁罰處分違法；財政部訂頒之「倍數參考表」不具有直接對外之效力，不得作為稅捐稽徵機關裁罰之法令依據。（103律師）

第二節　管轄

第11條（行政機關之管轄權及管轄權不得隨意設定或變更）
行政機關之管轄權，依其組織法規或其他行政法規定之。
行政機關之組織法規變更管轄權之規定，而相關行政法規所定管轄機關尚未一併修正時，原管轄機關得會同組織法規變更後之管轄機關公告或逕由其共同上級機關公告變更管轄之事項。
行政機關經裁併者，前項公告得僅由組織法規變更後之管轄機關為之。
前二項公告事項，自公告之日起算至第三日起發生移轉管轄權之效力。但公告特定有生效日期者，依其規定。
管轄權非依法規不得設定或變更。

解說

一、條規定行政機關之管轄權及管轄權不得隨意設定或變更之原則。

二、行政機關之管轄權可分為四大類，即：

(一) 事務管轄，指依事務性質而定機關之權限，如教育部主管教育行政事務。

(二) 土地管轄，即依地域限制而定機關之權限，如臺北市國稅局以臺北市為其轄區。

(三) 對人管轄，謂依權力所及之人而定機關之權限，如機關對所屬員工。

(四) 層級管轄，指同一種類之事務分屬於不同層級之機關管轄，如縣政府建設局、省政府建設廳。本條第1項所指之管轄權即包含上述四種。行政機關之管轄權必須明確規定於組織法規或其他行政法規中，以確定其權限行使之界限，爰為本條第1項之規定。

三、行政機關之組織法規變更管轄權之規定者，相關行政法規理應配合修正，倘尚未配合修正時，為免疑義，爰規定原管轄機關得會同組織法規變更後之管轄機關公告或逕由其共同上級機關公告變更管轄之事項，如行政機關經裁併者，則得僅由組織法管轄權是指不同行政主體之間就某一行政事務的首次處理所作的權限劃分。這種權限劃分主要發生在縱向的同性質有隸屬關係的行政主體之間與橫向的不同性質同位階行政主體間。對於行政主體來說，它確定了某一特定行政事務應當由那一個行政主體首次處置的問題。對於行政的相對人來說，它可以確定受理處置行政事務的行政主體。雖然行政管轄權不直接涉及到行政事務的實體性處置，但它關係到行政主體能否公正、有效地處理行政事務。

因此現代法治國家都相當重視行政程序管轄權的法律化，管轄權非依法規不得設定或變更，有變動也都必須公告。

　　佩君家中有一塊土地在淡水，61年間公告徵收，當時之核准徵收機關為臺灣省政府，臺北縣政府為補償機關。他想要確認當時的行政程序有違誤，申請確認徵收失效，但是臺灣省政府已經被精簡，業務由內政部承受，應以何者為請求機關？

　　臺北高等行政法院92年8月28日91年度訴字第771號判決：系爭土地係於61年間公告徵收，當時之核准徵收機關為臺灣省政府，臺北縣政府為補償機關。原告申請確認徵收失效，應向徵收核准機關請求確認，惟於臺灣省政府組織精簡後，則應類推適用行政程序法第113條第2項之結果，向原核准徵收機關之業務承受機關——內政部請求確認（行政程序法第11條第3項、訴願法第11條參照）。

隨堂測驗13

　　依司法實務見解，關於行政機關管轄權，下列敘述何者正確？(A)行政機關之管轄權，得由行政程序當事人以協議方式變動之。(B)上級機關將其權限之一部分，委由其下級機關辦理，為行政委託。(C)行政機關將其管轄權限委任其他機關辦理時，未將委任事項及法規依據公告者，該權限委任效力未定。(D)原管轄權之機關除依行政程序法第18條規定喪失管轄權外，不因其將權限之一部委任其他機關辦理，而喪失管轄權。（108律師）

第12條（管轄權之補充規定）
不能依前條第一項定土地管轄權者，依下列各款順序定之：
一、關於不動產之事件，依不動產之所在地。
二、關於企業之經營或其他繼續性事業之事件，依經營企業或
　　從事事業之處所，或應經營或應從事之處所。
三、其他事件，關於自然人者，依其住所地，無住所或住所不
　　明者，依其居所地，無居所或居所不明者，依其最後所在
　　地。關於法人或團體者，依其主事務所或會址所在地。
四、不能依前三款之規定定其管轄權或有急迫情形者，依事件
　　發生之原因定之。

解說

　　本條所列各款情形，均與民事訴訟法第1條至第25條所列之
各種管轄原則類似。不動產、法人與公司在土地管轄方面之業務
分配，均應依該不動產或法人公司之事務所所在地的行政機關辦
理。自然人則以其住居地之行政機關有管轄權，其他則依事件性
質定之。

實例

　　現在同一縣市轄區內各地政事務所間辦理跨所申辦登記案
件，均可以因電腦連線而實施，有無違反本條土地管轄為專屬管
轄之規定？

　　根據法務部民國96年3月27日法律字第0960009010號函釋直
轄市、縣市政府同一縣市轄區內各地政事務所間，辦理跨所申辦
登記案件之作業疑義認為，現今資訊科技昌明發達，同一縣市轄
區內各地政事務所按行政程序法第11條第1項規定：「行政機關

之管轄權，依其組織法規或其他行政法規定之。」及第15條第2項規定：「行政機關因業務上之需要，得依法規將其權限之一部分，委託不相隸屬之行政機關執行之。」辦理權限委託。故土地登記案件，原則上應由該土地所在地之登記機關辦理登記之。茲為因應資訊時代網路化的服務，突破現行系統僅能於資料管轄所進行案件申辦之限制，因此同一縣市轄區內各地政事務所間辦理跨所申辦登記案件乙案，均為合於行政程序法規定之權限委託之舉。

隨堂測驗14

　　依行政程序法規定，行政機關之土地管轄權，其組織法或其他行政法規有特別規定時，依該特別規定。如不能依前該規定決定時，下列關於行政機關土地管轄權之說明，何者錯誤？(A)如係不動產事件，應依不動產所有權人之住所地決定。(B)關於企業之經營之事件，依經營企業之處所或應經營之處所決定。(C)不動產、企業經營或其他繼續性事業以外其他事業以外其他事件，關於法人或團體者，依其主事務所或會址所在地。(D)如有急迫情形者，依事件發生之原因定之。（107專利師）

第13條（行政機關管轄權競合時之解決方法）
同一事件，數行政機關依前二條之規定均有管轄權者，由受理在先之機關管轄，不能分別受理之先後者，由各該機關協議定之，不能協議或有統一管轄之必要時，由其共同上級機關指定管轄。無共同上級機關時，由各該上級機關協議定之。
前項機關於必要之情形時，應為必要之職務行為，並即通知其他機關。

解說

　　本條解決的是當同一事務之管轄發生積極爭議時，也就是出現兩個以上的機關搶一件事情的處理方法。因為會發生管轄權的現實基礎是作為國家公權力的手足行政主體，以層級制構建了一個縱向或橫向重疊式的行政機構體系，作為國家行政權力運作的組織架構。當這種重疊式的行政機構體系形成後，有可能出現幾個行政主體同時都可以管轄某一行政事務的狀況。如果行政主體的管轄權不作必要的許可管轄權劃分，則可能會形成行政主體之間行政管轄權的爭議，從而影響行政行為的效能。

　　對於同一事件有二個以上之行政機關均有管轄權時，即產生所謂之「管轄競合」（Kompetenzkonkurrenz, Mehrfachzustandigkeit），若數機關同時進行管轄，將重複相同工作而浪費資源，且可能會產生歧異之處理結果，故行政程序法明定由其中或這些機關以外之一機關單獨來處理。解決兩個以上行政機關就同一事件管轄權爭議之方法：依照行政程序法上開條文之規定，包括下列幾種：

　　一、先到先贏：由時間上受理在先之機關管轄，尤適用於發生平級機關積極衝突者（行程法第13條第1項前段）。

　　二、協商討論：不能分受理之先後者，由各該機關協商之（行程法第13條第1項中段）。

　　三、指定管轄：協商不成或有統一管轄之必要時，由共同上級機關指定管轄，無共同上級機關者，由各該上級機關協議，然後分別指定管轄（行程法第13條第1項後段、第14條第1項）。申請事件之當事人亦得向共同上級機關或各該上級機關，請求指定管轄（行程法第14條第2項）。

例

　　在臺中市與苗栗縣交界線上如出現大量廢棄物堆置，應由何單位處理？

　　此時應按照第13條訂定管轄順序處理之。

隨堂測驗⑮

　　關於行政程序法管轄權競合時處理之規定，下列何者錯誤？(A)同一事件數行政機關皆有管轄權者，不能協議者由其共同上級機關指定管轄。(B)同一事件數行政機關皆有管轄權者，由受理在先之機關管轄。(C)同一事件數行政機關皆有管轄權，不能協議者，得申請行政法院指定之。(D)同一事件數行政機關皆有管轄權且無法分先後者，由各機關協議之。　（106高考法制）

第14條（行政機關管轄權爭議之解決方法）
數行政機關於管轄權有爭議時，由其共同上級機關決定之，無共同上級機關時，由各該上級機關協議定之。
前項情形，人民就其依法規申請之事件，得向共同上級機關申請指定管轄，無共同上級機關者，得向各該上級機關之一為之。受理申請之機關應自請求到達之日起十日內決定之。
在前二項情形未經決定前，如有導致國家或人民難以回復之重大損害之虞時，該管轄權爭議之一方，應依當事人申請或依職權為緊急之臨時處置，並應層報共同上級機關及通知他方。
人民對行政機關依本條所為指定管轄之決定，不得聲明不服。

解說

　　相同重要的另一個問題是反向的消極衝突，以及當行政機關間對於權限衝突之爭議，當事人能否有救濟途徑？我國行政訴訟實務上，向認行政機關須立於人民同一之地位而受行政處分時，始得提起行政訴訟；當權限衝突發生時，倘各機關均自認無權限之消極衝突，導致各機關對當事人均未有行政處分，自無從提起訴願、撤銷訴訟，這時就會發生俗話說「既誤於府，又誤於縣」，發生當事人兩頭落空的情況。然縱有行政處分存在，機關亦非立於與人民同一之地位而受行政處分，尚難以行政爭訟解決權限爭議。惟德國有所謂「機關爭議」（Organstreit）之情形，即發生權限爭議之機關，得向憲法法院及行政法院提起訴訟。因此也有看法認為，亦應依本條允許當事人或機關向共同上級行政機關訴願與再訴願或類似程序，或向法院提起確認訴訟，必使當事人之程序利益獲得保障。我國行政程序法在立法時，也引入了類似的爭議解決機制。

實例

　　在臺中市與苗栗縣交界線上如出現大量廢棄物堆置，並且流出化學物質有毒廢水滲入河流，應由何單位立即處理？

　　此時應按照第14條訂定管轄順序處理之，並由先發現之單位立即依職權為緊急之臨時處置，以免損害擴大。

第15條（行政機關將其權限委託或委任其他機關）
行政機關得依法規將其權限之一部分，委任所屬下級機關執行之。

> 行政機關因業務上之需要，得依法規將其權限之一部分，委託
> 不相隸屬之行政機關執行之。
> 前二項情形，應將委任或委託事項及法規依據公告之，並刊登
> 政府公報或新聞紙。

解說

　　管轄權規定於法規後並非一定可以永遠一成不變的，而有可能發生所謂的權宜性轉移，通常有以下幾種態樣：

一、委任

　　機關間辦理業務名義移轉且實質移轉。此時依訴願法第8條，以受委任機關為原處分機關。行政訴訟被告則依行政訴訟法第24條定之。如法務部93年4月30日法律字第0930018001號函對委任的闡述認為：依行政程序法（以下簡稱本法）第15條規定：「行政機關得依法規將其權限之一部分，委任所屬下級機關執行之（第1項）。行政機關因業務上之需要，得依法規將其權限之一部分，委託不相隸屬之行政機關執行之（第2項）。前二項情形，應將委任或委託事項及法規依據公告之，並刊登政府公報或新聞紙（第3項）。」上開規定所稱「委託不相隸屬之行政機關執行」，係指在同一行政主體（公法人）內不相隸屬之行政機關間，由委託機關將其部分權限移轉予受託機關行使而言。

二、委託

　　機關間名義不移轉但實質移轉。依訴願法第7條，以原委託機關為原處分機關。行政訴訟被告則依行政訴訟法第24條定之。

　　以上權限的改變因為涉及人民重要權利義務，都必須在媒體上刊登以公告周知。

實例

經濟部將專利商標審查業務交給智慧財產局辦理，內政部將農民保險業務交給勞保局辦理，各自是什麼態樣的管轄權限移轉？

經濟部將專利商標審查業務交給智慧財產局辦理，因為有上下隸屬關係，因此是行政程序法第15條第1項所稱委任，僅僅只是不同層級但是同性質行政主體內部的權力分配。但是內政部將農保業務交給在職權管轄並不相隸屬的勞保局辦理，應依上開條文的規範稱為委託。

隨堂測驗16

下列有關行政機關將其權限一部分委託民間團體或個人辦理的公權力委託（行政委託）行為之敘述，何者錯誤？(A)委託機關應將委託事項及法規依據公告之，並刊登政府公報或新聞紙。(B)受託行使公權力之團體或個人，於委託範圍內視為行政機關。(C)以受託團體或個人名義所為之行政處分，其訴願管轄機關為委託機關。(D)以受託團體或個人名義所為之行政處分，其訴願管轄機關為委託機關之上級機關。（111專利師）

隨堂測驗17

行政機關因業務上之需要，得依法規將其權限之一部分，交由不相隸屬之行政機關執行之，稱為：(A)權限委任。(B)權限委託。(C)管轄移送。(D)委託私人行使公權力。（102專利師）

第16條（行政機關將其權限委託民間或個人處理）
行政機關得依法規將其權限之一部分，委託民間團體或個人辦理。
前項情形，應將委託事項及法規依據公告之，並刊登政府公報或新聞紙。
第一項委託所需費用，除另有約定外，由行政機關支付之。

解說

　　國家機關等行政主體將公權力交由人民行使之情形，過去通常是因有極為特殊的專業情況，或是國家根本於此處力有未逮。如船員法第59條之授權船長在航行中，為維持船上治安及保障國家法益，得為緊急處分如警察權。又如交通工具排放空氣污染物檢驗及處理辦法第10條明定車輛之定期檢驗，由公路監理機關依道路交通安全規則之規定，自行或委託汽車代檢驗廠商辦理。大學法則全面規定私立大學自治，並受教育部委託行使給予人民學歷之公權力。受託行使公權力之個人或團體，於委託範圍內，則視為行政機關（本法第2條第2項及第3項）。例如海峽交流基金會係財團法人，依法受陸委會委託處理大陸之文書驗證事項，在處理該事項範圍內，將該財團法人視為行政機關。

相關案例

　　我國法制史上最重要民間團體受委託行使公權力的相關實例，為1990年代成立至今的海峽交流基金會，此一受政府委託行使文書認證與兩岸談判等公權力之私人機關，其實際權力甚至大過某些內閣部會。隨著行政院組織法、中央政府機關基準法、中央政府機關總員額法等所謂政府再造三法的通過施行，可預見

未來中央政府組織擴編困難，因此由特定民間團體受委託行使公權力，未來將成為我國行政法制之常態。

隨堂測驗18

假若經濟部智慧財產局將部分之審查核准專利權之權限，委託民間團體執行，下列敘述何者正確？(A)審查核准專利權乃是經濟部智慧財產局之核心權限，不可委託。(B)經濟部智慧財產局可直接以行政程序法作為法規依據，將審查核准專利權之權限委託民間團體執行。(C)經濟部智慧財產局於委託之前，必須具有法律或依法律授權之行政命令為其法規依據，方可進行委託。(D)必須由立法院修改行政程序法，明文賦予經濟部智慧財產局委託民間團體審查核准專利權之法律基礎，方可委託。（106專利師）

隨堂測驗19

私人經營之汽車修護廠經交通部核定並授權代行汽機車之年度檢驗，並依檢驗結果，核蓋合格章並登錄於行車執照，此項業務之授權，係屬於：(A)委託行使公權力。(B)行政助手。(C)行政處分。(D)職務協助。（102專利師）

第17條（行政機關對管轄權之有無之處置）
行政機關對事件管轄權之有無，應依職權調查；其認無管轄權者，應即移送有管轄權之機關，並通知當事人。
人民於法定期間內提出申請，依前項規定移送有管轄權之機關者，視同已在法定期間內向有管轄權之機關提出申請。

解說

　　本條揭示以下兩原則：

一、主動移送

　　行政機關受理人民申請，當事人不可能比機關更知道自己的職權範圍爲何。因此案子送錯機關的情形在所難免，因此本法賦與機關職權審查對具體案件管轄權有無的義務，並應在確知本機關並無管轄權限之同時，立即移送至有管轄權之機關辦理。

二、時效利益

　　本條特別強調的是時效不利益不得歸於當事人，無管轄權限機關移送至有管轄權機關時，並不因此耽誤程序時效。以臻代表國家之行政機關應盡力保護人民之意旨，沒有人民應該比行政機關更懂得自己的職權。

　　對事件管轄權之有無，因爲是法律規定事項，人民不可能比政府知道更清楚也更正確，因此行政機關應依職權調查。如果人民不小心走錯了門，也不該由人民承擔不利益的責任，而要由國家機關善盡照顧人民行政程序權益的義務。因此如果走錯了門，跑到衛生署去申請駕照。這時受理機關應該移送到有管轄權的機關，並通知當事人。

　　小張騎著拆掉消音器的重機在北宜公路上耍帥，發出種種噪音與黑煙，造成路人困擾。引來警察臨檢，並且要求記錄與調查人車資料。小張以警察無管轄權拒絕，請問他的主張是否有理由？

　　環保署環署空字第1020008826號函，又依行政程序法第17

條規定略以：「行政機關對事件管轄權之有無，應依職權調查；其認無管轄權者，應即移送有管轄權之機關，並通知當事人。」又依同法第40條規定：「行政機關基於調查事實及證據之必要，得要求當事人或第三人提供必要之文書、資料或物品。」及同法第42條規定：「行政機關為瞭解事實真相，得實施勘驗。勘驗時應通知當事人到場。但不能通知者，不在此限。」合先敘明。有關警察機關、公路監理機關或各縣市環保局……等公務機關或人員，所移送、函送或檢舉疑似妨害安寧之機動車輛，請貴局比照噪音管制法第13條人民檢舉等有關規定及程序辦理，並可依前述行政程序法等有關規定，基於瞭解事實真相或調查事實及證據之必要，本權責通知當事人到檢或實施勘驗，以防止使用中機動車輛不當改裝製造噪音妨害環境安寧。

隨堂測驗20

關於行政機關管轄權之規定，下列敘述何者錯誤？(A)數行政機關於管轄權有爭議時，由其共同上級機關決定之，無共同上級機關時，由各該上級機關協議定之。(B)行政機關對事件管轄權之有無，應依職權調查；其認無管轄權者，應駁回當事人之申請。(C)行政機關因法規或事實之變更而喪失管轄權時，應將案件移送有管轄權之機關，並通知當事人。但經當事人及有管轄權機關之同意，亦得由原管轄機關繼續處理該案件。(D)行政機關之組織法規變更管轄權之規定，而相關行政法規所定管轄機關尚未一併修正時，原管轄機關得會同組織法規變更後之管轄機關公告或逕由其共同上級機關公告變更管轄之事項。（110專利師）

第18條（管轄權變更之處理）
行政機關因法規或事實之變更而喪失管轄權時，應將案件移送有管轄權之機關，並通知當事人。但經當事人及有管轄權機關之同意，亦得由原管轄機關繼續處理該案件。

解說

　　因為管轄權變更而導致原機關辦理該項具體案件權限喪失者，以新機關處理為原則，原機關處理為例外。值得注意的是，本條所指管轄權限移轉的形式：注意若是修改組織職權法明定某一事務由A機關移置B機關辦理，例如著作權之管轄原屬內政部，後來移到經濟部智慧財產局，導致管轄權限永久性的變更，原則上應由原機關移送新機關處理，本條但書規定的情況在實務上極少出現。

　　佩君希望在祖產的山坡地上興建別墅，依原山坡地開發建築管理辦法新北市政府申請許可，如提出申請後該種案件審核權限已轉至內政部，應如何辦理？

　　按實體從舊、程序從新為行政法適用之一般原則（最高行政法院84年度判字第668號、76年度判字第1914號判決參照），又管轄權所涉及者，乃特定行政任務，究應由何行政主體或何行政機關執行之問題[1]，法規關於管轄權之規範乃程序規定，是因法規變動致管轄權變更，應依變更後之新法規決定管轄權之歸屬。復依行政程序法第18條規定：「行政機關因法規或事實之變更

---

[1]　陳敏，《行政法總論》（第3版），頁882。

而喪失管轄權時，應將案件移送有管轄權之機關，並通知當事人。但經當事人及有管轄權機關之同意，亦得由原管轄機關繼續處理該案件。」是行政程序進行中，行政機關之管轄權因事實或法規變更致喪失其管轄權，原則上雖應由新取得管轄權之機關管轄，但經當事人及有管轄機關之同意，原主管機關仍得續行行政程序。又所謂「同意」除行政程序進行中所為同意外，應尚包括行政程序終結後之事後同意。

本件新北市政府如已依原山坡地開發建築管理辦法審核符合規定作成行政處分，惟無法源依據核發許可之案件，依上開說明，似尚非不得由案件申請人、新北市政府及內政部事後同意，由新北市政府核發許可。因此還是可以由原管轄機關新北市政府核發許可。

隨堂測驗 21

依現行司法實務見解，A機關將其主管權限之一部委任所屬下級機關辦理。關於管轄權之變動效果，下列敘述何者正確？(A)A機關喪失全部管轄權。(B)A機關喪失一部管轄權。(C)A機關未收回委任之權限，喪失該部分管轄權。(D)A機關之管轄權不因委任而發生喪失之效果。（106律師）

第19條（執行職權時得請求其他機關協助及有不同意見之解決方法）

行政機關為發揮共同一體之行政機能，應於其權限範圍內互相協助。

行政機關執行職務時，有下列情形之一者，得向無隸屬關係之

其他機關請求協助：

一、因法律上之原因，不能獨自執行職務者。

二、因人員、設備不足等事實上之原因，不能獨自執行職務者。

三、執行職務所必要認定之事實，不能獨自調查者。

四、執行職務所必要之文書或其他資料，為被請求機關所持有者。

五、由被請求機關協助執行，顯較經濟者。

六、其他職務上有正當理由須請求協助者。

前項請求，除緊急情形外，應以書面為之。

被請求機關於有下列情形之一者，應拒絕之：

一、協助之行為，非其權限範圍或依法不得為之者。

二、如提供協助，將嚴重妨害其自身職務之執行者。

被請求機關認有正當理由不能協助者，得拒絕之。

被請求機關認為無提供行政協助之義務或有拒絕之事由時，應將其理由通知請求協助機關。請求協助機關對此有異議時，由其共同上級機關決定之，無共同上級機關時，由被請求機關之上級機關決定之。

被請求機關得向請求協助機關要求負擔行政協助所需費用。其負擔金額及支付方式，由請求協助機關及被請求機關以協議定之；協議不成時，由其共同上級機關定之。

解說

　　職務協助是因為現在隨著科技與各種工商業進展，行政事務越發複雜，有些事務未必是同一機關所配置的專業資源與職權所能有效解決，而達到必須多機關協力一同方能處理的高度。例如

對於有害醫療廢棄物的處理與傳染病的管制，可能就同時涉及污染性廢棄物之處理銷毀專業，公共衛生的檢疫防疫以及最常需要出現的員警力量，以維持過程中之平和秩序。行政主體在實施行政職權過程中，基於本身的條件限制和公務上的需要，與之無隸屬關係的其他行政主體給予配合和幫助的法律制度。行政協助之所以限定在相互間無隸屬關係的行政主體，是因為如果行政主體之間是上下級關係，那麼職務協助可以通過上級對下級的命令、指導和下級對上級的請示、報告來完成。

原則上基於行政一體的原則，各機關在收到其他機關請求協助支援的意思表示後，均應盡力適時適當加以協助。

但是也在某些情況下可不予協助，雖然行政機關有相互協助的義務，但並不意味著被請求機關在所有情形下必須提供協助，具備法定情形時，被請求機關可以拒絕協助或不得協助。

一、可以拒絕協助的情形

如德國「聯邦行政程序法」第5條第3款規定，出現下列情形，行政機關可以拒絕予以協助：第一，其他行政機關顯然能以較簡單和較少費用的方式完成該職務者。第二，被請求的行政機關須付過度巨額之費用，才能完成該協助行為者。第三，考慮到請求協助機關的職能，被請求機關如提供協助即會嚴重損及自身職能。

二、不得提供協助的情形

如德國「聯邦行政程序法」第5條第2款規定：

(一) 因法定原因，不能提供協助。

(二) 如提供協助，會嚴重損害聯邦或州的利益。

(三) 如有關檔案依法或依其性質應予以保密時，被請求機關尤其不得提供相應的書證、案卷或有關諮詢。

　　為了避免明明能協助卻因為怕麻煩或其他因素導致被請求機關故意不協助，如被請求機關覺得礙難從其所請時，拒絕之意思表示應盡可能以書面為之，並報請兩機關之共同上級機關備案或決定。

　　T市政府因為要辦理約聘人員考選而必須借用具有電子電路實驗室的場地，而此種場地就位在附近的某間公立高職。請問T市政府現在應該要如何辦理？

　　臺北市政府法規委員會民國90年8月27日北市法二字第9020613800號函關於有關依據電業法辦理電匠考試，其中術科檢定部分委外辦理之法源依據及程序乙案說明稱：「二、按行政機關為完成特定之行政任務，請求另一機關於其權限範圍內，提供必要之協助，以發揮共同一體之行政機能，是為職務協助……行政程序法第19條第1項亦規定：『行政機關為發揮共同一體之行政機能，應於其權限範圍內互相協助。』以為職務協助之法規依據，合先敘明。

　　三、又職務協助如發生於有隸屬關係之行政機關間，則上級機關本於行政監督權之運用，自得要求下屬機關為協助，惟於無隸屬關係之行政機關間，因並無支援協助之義務，故於行政程序法第19條第2項明定有下列情形者，得向無隸屬關係之其他機關請求協助：『一、因法律上原因，不能獨自執行職務者。二、因人員、設備不足等事實上之原因，不能獨自執行職務者。三、執行職務所必要認定之事實，不能獨自調查者。……』是本案經貴局來函說明及所提供之電匠考驗簡章所示，本案貴局因場地、設備及人力不足等原因，並考量合格場地之容量、試務行政支援等

因素，將前揭考驗之術科測驗部分請求臺北市松山高級工農職業學校辦理之情形，應屬上開行政程序法第19條第2項第2款所規定之情形，故貴局應依同法第3項規定以書面向該學校請求協助，以符法制。必要時並得訂立職務協助之協議書，以規範雙方權利義務關係。」

本函中上級機關特別提醒：「必要時並得訂立職務協助之協議書，以規範雙方權利義務關係。」目的在於防止兩機關之間之互相推託踢皮球，尤其是發生爭端之時事後要如何判斷責任歸屬，這是職務協助時非常重要的應注意點。

隨堂測驗 22

依行政程序法第19條之規定，行政機關應於其權限範圍內互相協助。下列敘述何者錯誤？(A)被請求機關認有正當理由不能協助者，得拒絕之。(B)被請求機關有拒絕之事由時，應將其理由通知請求協助機關。(C)被請求機關不得向請求協助機關要求負擔行政協助所需費用。(D)協助請求，除緊急情形外，應以書面為之。（105高考法制）

第三節 當事人

第20條（當事人之範圍）
本法所稱之當事人如下：
一、申請人及申請之相對人。
二、行政機關所為行政處分之相對人。

三、與行政機關締結行政契約之相對人。

四、行政機關實施行政指導之相對人。

五、對行政機關陳情之人。

六、其他依本法規定參加行政程序之人。

解說

　　只要是法律關係，就一定是存在於兩個以上的法律主體間，蓋法律關係中之權利義務，必須要由適格的法律主體享有以及負擔，因此，法律上適格之主體之存在為法律關係成立之前提。至於何者方得認為屬於行政程序法上的法律主體，顯然就是具有得享受權利、負擔義務之資格者。具體言之，原則上具有「權利能力」者，即得作為法律主體。行政程序法第20條至第31條所規範的當事人，主要是指人民一方的當事人，行政機關由於通常處在高權地位，除了行政契約以外極少被視為是平等的當事人。我國認為，行政機關係行為主體而非權利主體，其在權限內所為之行為，無論屬於公法或私法行為，其結果所產生的權利義務，最後均歸屬於權利（義務）主體之國家或是地方自治團體，因此行政機關本身並不具有法律上可以享受權利負擔義務之人格。

　　判斷當事人，並非依據實體法上之法律地位，而是依據程序法上之形式要件，如甲提出申請符合法規之形式要件，行政機關依法應對甲開始行政程序，則甲即為當事人，至其申請在實體法上有無理由（有無請求權）則非所問。

　　但是必須注意的是，行政機關其實居於事實上的當事人又兼公權力執行者，也就是球員兼裁判，尤其是某些特別的行政行為，如行政契約時。此時就必須要使用資訊公開或行政救濟之手段，以盡可能保持雙方的程序上實力平等地位。

隨堂測驗 23

行政程序法所稱行政程序之當事人，不包括下列何人？(A)申請人或行政行為之相對人。(B)依行政程序法參加行政程序之利害關係人。(C)行政程序之證人。(D)對行政機關陳情之人。（105高考法制）

第21條（行政程序當事人之範圍）

有行政程序之當事人能力者如下：

一、自然人。

二、法人。

三、非法人之團體設有代表人或管理人者。

四、行政機關。

五、其他依法律規定得為權利義務之主體者。

解說

本條所規定之程序當事人，指得參與行政程序成為當事人之法定資格，包括自然人、法人、非法人之團體設有代表人或管理人者、行政機關及其他依法律規定得為權利義務之主體者，均有行政程序之當事人能力。其中第4款包括「行政機關」，而行政訴訟法第22條中亦規定「中央及地方機關」得作為訴訟當事人。也就是行政機關雖如前面所述在權利義務上不具有獨立法人格，但行政程序法與行政訴訟法乃採取「機關原則」，以便利程序之順遂進行，故明文列舉行政機關具有程序上之當事人能力，但在實體法上之權利義務仍應歸屬於其所屬之行政主體或公法人，也就是中央與地方上的公權力機關。

張大的兒子張二與張三繼承張大的遺產被課徵遺產稅，可是處分書送達時，張二已經因故去世，其妻可否申請複查並且表明不服且提起復查、訴願、行政訴訟？

　　按自然人始有行政程序之當事人能力，此觀行政程序法第21條第1款規定自明。經查原黃林月裡之繼承人黃柏熙固於89年2月15日與原告黃柏雄等六人共同申報本件遺產稅，惟黃柏熙旋即於同年7月28日死亡，有黃柏熙之個人戶籍資料附本院卷可稽。詎被告於90年7月18日核定本件之遺產稅時，仍以黃柏熙爲納稅義務人（即受處分人），其對已死亡而不具當事人能力之黃柏熙爲處分，此部分核屬無效之行政處分，自始不生效力。原告黃施菊雖主張其係黃柏熙之繼承人而提起復查、訴願及行政訴訟，惟被告對已無具當事人能力之黃柏熙之課稅處分既不生效力，則黃施菊亦無繼承其本件稅捐債務之可言，其顯無提起復查、訴願、行政訴訟之必要，即其所爲請求，欠缺權利保護之必要。訴願決定誤爲實體審理雖有未當，但結論並無不合，仍應予維持，原告黃施菊提起本件行政訴訟，亦無理由，應予駁回。（本案例根據臺中高等行政法院92年11月29日92年度訴字第161號判決）

第22條（得爲有效行政程序行爲之資格）
有行政程序之行為能力者如下：
一、依民法規定，有行為能力之自然人。
二、法人。
三、非法人之團體由其代表人或管理人為行政程序行為者。

四、行政機關由首長或其代理人、授權之人為行政程序行為
　　者。

五、依其他法律規定者。

無行政程序行為能力者，應由其法定代理人代為行政程序行
為。

外國人依其本國法律無行政程序之行為能力，而依中華民國法
律有行政程序之行為能力者，視為有行政程序之行為能力。

解說

　　「行為能力」指得有效從事或接受行政程序行為，或委任代理人從事或接受行政程序行為之資格，即法律主體得以自己之行為發生法律效果者。而行為能力必以具備權利能力為前提，蓋若無作為權利義務歸屬者之資格，則亦根本無從以自己之行為發生權利義務關係。在有權利能力的前提之下，才能繼續討論當事人的行為能力。要注意行政程序法上的當事人能力與定義，均與民法類似。但是只要是當事人就有當事人能力，只是可能不具備行為能力，因此需要代理人辦理。權利能力是指實體法上的當事人資格，當事人能力是在程序法上當事人資格，兩者務必要分清楚。

　　老王與佩君為夫妻，佩君有一個婚前生的兒子小明，一家三口生活在一起。老王並未收養小明，他可否幫全家人辦遷徒登記？

　　法務部民國95年11月14日以法律決字第0950037734號關於戶長申請未成年人之遷徒登記疑義乙案函覆，關於當事人的能

力。自然人固有行政程序之當事人能力，惟非當然具有行政程序之行爲能力，須依民法規定有行爲能力之自然人，始有行政程序之行爲能力；無行政程序行爲能力者，應由其法定代理人代爲行政程序行爲（同法第22條第1項第1款第2項規定參照）。

準此，未成年人本人申請戶籍遷徙登記者，因其未具行政程序之行爲能力，應由其法定代理人代爲之。反之，倘係戶長申請未成年人之戶籍遷徙登記者，雖戶長就該申請遷徙登記之行政程序具有行爲能力，惟該戶長究非該未成年人之法定代理人，而未成年子女住所之指定係觀護之內容之一，屬父母對於未成年子女權利行使之重大事項（民法第1060條、第1089條規定參照），須否遷徙應由法定代理人先行決定後，再委請戶長代爲申請遷徙登記；倘得由非具法定代理人身分之戶長逕行申請遷徙登記，顯與前揭相關規定有違。

由此觀之小明的遷徙登記，由法定代理人母親佩君辦理爲宜。

隨堂測驗24

行政程序法有關當事人之規定，下列敘述何者正確？(A)行政機關實施行政指導之相對人，非當事人。(B)行政機關不具有行政程序之當事人能力。(C)無行政程序行爲能力者，應由其法定代理人代爲行政程序行爲。(D)選定或指定當事人有二人以上時，應共同爲行政程序行爲。（104高考法制）

第23條（通知參加爲當事人）
因程序之進行將影響第三人之權利或法律上利益者，行政機關得依職權或依申請，通知其參加為當事人。

解說

　　行政程序法第23條至第31條明確規範,亦得參予行政程序的各種擴大當事人、選定當事人及其必要相關輔佐人員。以利行政程序的效率提高,盡可能地一次解決所有的紛爭,節省公務資源與當事人之勞費。因為給予某人特定的行政行為內容尤其是授益性質時,有可能反而造成其他附近第三人的負面影響。此時就有可能必要在事前的程序保障,使影響權利或法律上利益第三人有機會就一起參加之,以免日後發生爭議或損害。

　　參加當事人在實務上對有關何種程序有參加當事人制度之適用,除審酌該第三人之權利或法律上之利益是否將因程序之進行而受影響外,應依個案分別認定。當行政機關依職權或依申請通知其參加為當事人,並應同樣依行政程序法第20條至第22條之規定,審查其有無當事人能力及行為能力。利害關係人申請參加為當事人者,若審查結果如當事人不適格,應予駁回。無當事人能力或無行為能力者,應限期函請補正或補提法定代理人、代表人或管理人,逾期未補正或補提者,得依職權通知參加當事人。

實例

　　老張發現旁邊的鄰地正在受審查,主管機關核發40層樓的建照給A公司,將使得自己的兩層樓房屋日照被遮住,使其住宅景觀大受影響。請問他有何救濟之道?

【最高行政法院裁定100年度裁字第1904號裁定】節錄

　　「人民對於中央或地方機關之行政處分,認為違法或不當,致損害其權利或利益者,得依本法提起訴願。但法律另有規定者,從其規定。」、「自然人、法人、非法人之團體或其他受行政處分之相對人及利害關係人得提起訴願。」、「人民因中央或

地方機關之違法行政處分，認為損害其權利或法律上之利益，經依訴願法提起訴願而不服其決定，或提起訴願逾三個月不為決定，或延長訴願決定期間逾二個月不為決定者，得向高等行政法院提起撤銷訴訟。」

訴願法第1條第1項、第18條及行政訴訟法第4條第1項定有明文。準此，行政處分相對人以外之利害關係第三人，主觀上認為行政處分違法損害其權利或法律上之利益，亦得依上開法條提起訴願及撤銷訴訟。而所謂利害關係乃指法律上之利害關係，應就「法律保護對象及規範目的」等因素為綜合判斷。亦即，如法律已明確規定特定人得享有權利，或對符合法定條件而可得特定之人，授予向行政主體或國家機關為一定作為之請求權者，其規範目的在於保障個人權益，固無疑義；如法律雖係為公共利益或一般國民福祉而設之規定，但就法律之整體結構、適用對象、所欲產生之規範效果及社會發展因素等綜合判斷，可得知亦有保障特定人之意旨時，即應許其依法請求救濟。（司法院釋字第469號解釋理由意旨參照）

依都市更新條例第44條第3項授權訂定之都市更新建築容積獎勵辦法第7條、臺北市都市更新自治條例第19條第2款第5目及臺北市都市更新單元規劃設計獎勵容積評定標準第2條等規定，可知主管機關給予更新單元內之建築基地容積獎勵，須考量更新單元之整體規劃設計與「鄰近地區建築物」之量體、造型、色彩、座落方位相互調和，其規範保護範圍顯包含更新單元「外」鄰近地區居民之環境、景觀、防災等權益，而非限於更新單元「內」土地或建物權利人之財產權。原處分既核給系爭更新計畫案△F5-1（建築設計與鄰近地區建築物相互調和、無障礙環境及都市防災之獎勵容積）：984.65平方公尺，則抗告人等鄰近地區居民，就系爭更新計畫案之建築設計與鄰近地區建物能否調和？

是否可能造成鄰損災情？是否有礙其居住環境品質？似難謂無法律上利害關係。

➤老張可以請求依行政程序法第23條以有法律上利害關係的第三人參加程序，主張自己的權益。

第24條（委任代理）
當事人得委任代理人。但依法規或行政程序之性質不得授權者，不得為之。
每一當事人委任之代理人，不得逾三人。
代理權之授與，及於該行政程序有關之全部程序行為。但申請之撤回，非受特別授權，不得為之。
行政程序代理人應於最初為行政程序行為時，提出委任書。
代理權授與之撤回，經通知行政機關後，始對行政機關發生效力。

解說

有一身專屬性的法律關係如結婚離婚收養等親屬關係的成立喪失變更，原則上並不適合使用代理人授權進行。但是在其他種類的關係當中，大都為了當事人的程序利益而准許使用代理人。但為了案件與行政程序的避免過於複雜之程序利益上的考慮，本法規定每一個當事人委任之代理人人數的上限。原則上每一個代理人有完整遂行其程序權限的權力，只除了如果一作下去就可能終結整個程序的處分權。為了當事人的權利完整受到保護，原則上必須要經過當事人自己同意。因此申請之撤回，非受特別授權，不得為之。

　　行政程序代理人應於最初為行政程序行為時，提出委任書。以使得行政機關可以確認其身分，代理合意與代理權限之範圍。因為委任代理的合意僅僅存在於兩造之間，如果沒有經過兩造的告知，誰也不會曉得這種同意現在已經發生了變動。因此本條又特別規定第5項，代理權授與之撤回，經通知行政機關後，始對行政機關發生效力。若未通知行政機關，行政機關仍可以根據先前的委任關係認定何人為代理人與代理行為是否有效。以維護行政行為的安定性，與法律行為有效性的正當信賴。

　　本法未如各種訴訟法規範應以律師主要擔任代理人，但是類推類似訴訟法之法理於本條規範，應優先令律師為代理人。此時行政機關依本條不應橫加阻撓代理人參加程序，特別是具有律師資格者，以維當事人權益。更不可以特別法有規定架空行政程序法，因為行政程序法作為規範一切行政行為的總法，必須要能適用在一切行政行為上，保障行政機關最低限度對人民的給付待遇。特別法對人民的權利保障密度，只能在其程度更優厚勝於行政程序法時方得優先適用。

　　佩君之前給予委任授權書請老王協助到行政機關辦理所經營事業的登記，後來因故不再與老王合作，卻未通知行政機關。某日老王擅自使用之前佩君給的委任書來行政機關為佩君辦理所經營事業的登記，此時請問行政機關對此所為之處分對佩君是否發生效力？

　　此時依照行政程序法第24條第5項，代理權授與之撤回，經通知行政機關後，始對行政機關發生效力。因此佩君與老王之間代理權授與之撤回，未通知行政機關後，故未對行政機關發生效力。

第25條（單獨代理原則）
代理人有二人以上者，均得單獨代理當事人。
違反前項規定而為委任者，其代理人仍得單獨代理。
代理人經本人同意得委任他人為複代理人。

解說

代理人為複數者，均得單獨代理當事人。即使當事人的委任關係要求共同代理，其代理人仍得單獨代理。這是因為委任代理人本來就是要求行政程序的簡便效率，共同代理行為，或將導致程序的延宕與複雜，因此本法規定代理人得單獨代理，不受當事人意思之拘束。代理人經本人同意得委任他人為複代理人，也就是代理人的代理人，以免代理人代理太多案件，有可能在時間上發生衝突，而導致不克分身辦理。

老張辦理土地登記業務時，委請老王與老李擔任代理人，並且規定其代理權必須兩人共同行使。請問此限制是否會拘束行政機關。

依行政程序法第25條，行政機關不受此一限制拘束。代理人為複數者，均得單獨代理當事人。

第26條（代理權之效力）
代理權不因本人死亡或其行政程序行為能力喪失而消滅。法定代理有變更或行政機關經裁併或變更者，亦同。

解說

　　代理人往往具備行政程序相關的專業技術知識，是當事人的手足，在行政程序上有其不可或缺的地位。因此代理人在本人死亡或其行政程序行為能力喪失，以及法定代理有變更或行政機關經裁併或變更者，都應該繼續履行其職責。直等到新的當事人關係確立後，再將代理所生所得之法律關係移轉之後繼續進行。

 例

　　老李委任老王擔任土地登記的代理人後就一暝不視，請問老王的代理業務還要繼續作嗎？

　　老王依行政程序法第26條應繼續處理相關事務，到老李的繼承人出現為止。

第27條（當事人之選定或指定）

多數有共同利益之當事人，未共同委任代理人者，得選定其中一人至五人為全體為行政程序行為。

未選定當事人，而行政機關認有礙程序之正常進行者，得定相當期限命其選定；逾期未選定者，得依職權指定之。

經選定或指定為當事人者，非有正當理由不得辭退。

經選定或指定當事人者，僅得由該當事人為行政程序行為，其他當事人脫離行政程序。但申請之撤回、權利之拋棄或義務之負擔，非經全體有共同利益之人同意，不得為之。

解說

　　民事訴訟法觀念套用來的此項制度，旨在求取行政程序之簡

化，以達程序經濟之目的。其被選定人之資格，固屬當事人之適格事項，而為行政機關依職權所應調查者，選定當事人雖係以選定人之名義為形式上之當事人，實際上選定人仍為其潛在性之當事人，因此類推民事訴訟法之類似規定，其程序效力也應及於選定人。但是為了要避免選定人之失誤導致多數當事人權益受損，其對全體當事人權利義務之重大的不利變更，必須要有相關利益關係人全體同意。

行政程序法上選定或指定當事人制度的目的與法理結構，與民事訴訟法相關法條類似，均為節省行政機關與當事人之勞費，特別是當事人可能有數百上千人之多數時，選定當事人可大幅增高應對程序之效率，其他當事人則可暫時脫離程序，節省許多不必要資源浪費。實務上對多數有共同利益之當事人，未共同委任代理人者，行政機關得選定其中一人至五人為代理人全權處理行政程序行為。如遲遲未選定當事人之代理人以全權處理行政程序行為，而行政機關認為將因此有礙程序之正常進行，得定相當期限命其選定；逾期未選定者，得依職權指定之。

此外為求慎重，同一案件有多數共同利益之當事人，申請選定為當事人者，應由全體當事人共同申請或檢附全體當事人之同意書，申請選定其中一人至五人為選定當事人，但已共同委任代理人者，不得再選定當事人。同一案件有多數共同利益之當事人，未共同委任代理人，亦未選定當事人，如認定有礙審查程序之正常進行者，則發文請於文到七日內之期限命當事人選定；逾期未選定者，得依職權指定當事人為何人及人數，得由承辦人員依個案情況指定之，並以書面通知全體有共同利益之當事人。

實例

　　李家有20位子女作爲土地的繼承人都有辦理土地登記的資格，這時他們作爲當事人應該如何處理才妥當？

　　他們應選定一至五人擔任選定當事人，向主管機關辦理程序，以節省官民雙方的勞費，提高效能。

隨堂測驗25

　　行政機關舉行聽證時，因當事人及利害關係人人數衆，且利害關係複雜，爲使聽證程序正常進行，依行政程序法規定，得選定當事人。下列敘述何者錯誤？(A)有共同利益之多數當事人，未共同委任代理人者，得選定其中至多五人爲當事人。(B)當事人有數人者，均得單獨爲全體於聽證程序中陳述意見。(C)當事人之選定非以書面通知行政機關者，選定不生效力。(D)經選定當事人者，僅得由該當事人爲程序行爲，其他當事人一律脫離行政程序。（108高考法制）

第28條（選定或指定當事人單獨行使職權）
選定或指定當事人有二人以上時，均得單獨爲全體爲行政程序行爲。

解說

　　選定或指定當事人此時相當於一種特殊地位的當事人，在自己事務爲當事人，退出程序的其他人而言爲代理人。此時與本法第25條有相同的適用論理邏輯。爲求程序簡便起見，任一當事人均有代表全體爲行政程序行爲之權限。因此就法文解釋上，本

法第24條當事人得委任代理人此種行政程序行為，由於選定當事人在論理邏輯上並未排除為當事人的一種，自也適用於任一選定當事人均有代表全體為行政程序行為之權限範圍內，而得為代表全體為委任代理人參加行政程序。

　　葦行公司因結束營業而必須大量解雇勞工，依大量解雇勞工保護法第6條規定，勞資雙方召開由主管機關T市勞動局主導的協調會，勞方派出五名代表參加。在開始會議時有兩名勞方代表各自委任W律師與L女士為行政程序法第24條之程序代理人，要求讓W律師與L女士一起參加協調會。主管機關T市勞動局則以W律師與L女士未獲得勞方全部五名代表的委任，而拒絕W律師與L女士參加協調會，甚至兩人僅列席旁聽當場不發言也不准許，是否合法？

　　本條規定選定或指定當事人有二人以上時，均得單獨為全體為行政程序行為。故W律師與L小姐此時已經各自獲得一名勞方代表書面表示，依本法第24條單獨委任為勞方全體利益擔任該事件之行政程序代理人，自然已經合於本條規定。在於其他正當理由的情況下，主管機關T市勞動局要求W律師與L小姐應獲得勞方全體人員委任，方得以程序代理人身分參加協調會，並非合於本條規定意旨。

第29條（選定或指定當事人之更換或增減）
多數有共同利益之當事人於選定或經指定當事人後，仍得更換或增減之。

行政機關對於其指定之當事人，為共同利益人之權益，必要時，得更換或增減之。

依前二項規定喪失資格者，其他被選定或指定之人得為全體為行政程序行為。

解說

　　選定當事人之更換增減均為全體當事人的程序選擇自由自不待言，特別是因情事變更當原來選定當事人對於維護全體當事人之權益已無用處時，更需更換增減，甚至必要時行政機關亦得為之。如果發生了舊的選定人被撤換，但是新的選定人未及就任的空窗期，此時權利義務關係仍舊回到當事人全體，其他被選定或指定之人自仍得為全體為行政程序行為，以免誤事。

實例

　　老張被選定為同一社區辦理都市更新行政程序之選定當事人，卻從未出席相關說明會等場合，也不找其他人代理，這時其他人該怎麼辦？

　　此時依行政程序法第29條，主管機關得依申請或職權更換或另行增補選定當事人，以免因老張的怠惰而誤事。

第30條（選定、指定、更換或增減當事人之生效要件）

當事人之選定、更換或增減，非以書面通知行政機關不生效力。

行政機關指定、更換或增減當事人者，非以書面通知全體有共同利益之當事人，不生效力。但通知顯有困難者，得以公告代之。

解說

　　不論是選定當事人自己的變更選定人，或是行政機關的選定，都必須要顧及其他參與者在程序上知情權的參與利益。因此最後的決定都應以文書證之，併送交行政機關或是當事人全體，以示慎重，也避免爾後發生紛爭有所憑據。

　　如前條老張如遭撤換，行政機關或其他當事人該如何處理？
　　行政機關或其他當事人決定撤換老張時，應通知當事人全體與行政機關公告周知。

第31條（輔佐人之規定）
當事人或代理人經行政機關之許可，得偕同輔佐人到場。
行政機關認為必要時，得命當事人或代理人偕同輔佐人到場。
前二項之輔佐人，行政機關認為不適當時，得撤銷其許可或禁止其陳述。
輔佐人所為之陳述，當事人或代理人未立即提出異議者，視為其所自為。

解說

　　本條為輔佐人之規定，概念上為沿襲民事訴訟法中如果當事人的表達或是行動有困難，輔佐人可以提供便利。

　　輔佐人可協助當事人為行政程序行為，亦可協助行政機關瞭解事實，故當事人或代理人得偕同輔佐人到場，惟為避免浮濫，應經行政機關之許可。如行政機關認為必要時，亦得命當事人或代理人偕同輔佐人到場，以利當事人表達順暢，程序圓滿進行。

是否偕同輔佐人到場，既須經行政機關許可或命令，本條特於第3項規定行政機關認為不適當時，得撤銷其許可或禁止其陳述。

輔佐人所為陳述，如當事人或代理人未立即提出異議者，視為與當事人或代理人自己之陳述無異，否則無法達到輔佐之目的，故此時當事人或代理人要為輔佐人的陳述負責。

小芬因為身心障礙而必須由爸爸作為輔佐人，推輪椅到場參加行政程序，過程中爸爸卻一直發表無關言論，並且情緒激動打斷程序。此時行政機關應如何處置？

依行政程序法第31條第3項，此時行政機關得撤銷小芬的爸爸作為輔佐人的許可，或禁止其陳述。

第四節　迴避

第32條（公務員應自行迴避的事由）

公務員在行政程序中，有下列各款情形之一者，應自行迴避：

一、本人或其配偶、前配偶、四親等內之血親或三親等內之姻親或曾有此關係者為事件之當事人時。

二、本人或其配偶、前配偶，就該事件與當事人有共同權利人或共同義務人之關係者。

三、現為或曾為該事件當事人之代理人、輔佐人者。

四、於該事件，曾為證人、鑑定人者。

解說

　　行政程序法規範迴避是指行政機關在行使職權過程中，因其與所處理的事務有利害關係，為保證實體處理結果和程序進展的公正性，根據當事人的申請或行政機關業務承辦人的請求，有權機關依法終止其對該案件職務的行使並由他人代為處理的一種法律制度。法律上的迴避制度源於人類對應受公平對待的自然本性。人之所以為人，是在於有要求受到公平對待那種與生俱來的期待。迴避制度最初產生於司法程序中，它是指法官在某個案件中拒絕行使審判權的一種特權和義務。由於法官與某一方當事人存在親屬關係或因案件的結果可能產生與其有關的金錢或其他利益，他可能被懷疑帶有某種偏見，因而不參加該案的審理。免得即使該判決被作成也會備受質疑，而使得公權力的威信掃地。根據行政行為應該公正進行之原則，以及任何人均不得自斷其案的法理，有利益衝突的情事發生時，該管公務員即應自行迴避，例如本人或其配偶、前配偶、四親等內之血親或三親等內之姻親或曾有此關係者為事件之當事人時。

　　行政程序法所規範應迴避之事由，至少可歸納為：一、該管公務員出現「個人利益」（含家族利益）與「職務利益」之衝突情事；或二、該管公務員對於行政決定已有預設立場或有偏頗之虞者，該管公務員即有上述的迴避義務存在，以排除偏頗決定並防止利益輸送而維護公正決定之行政行為，好讓行政行為之當事人或利害關係人能夠信服。

 實例

　　老張在擔任機關承辦人，辦理都市更新時，發現地主小芬是自己一段時間沒聯絡的前妻，他應當如何處理？

　　依行政程序法第32條第2款，他應該自請迴避。

隨堂測驗 26

公務員於下列何種情形應自行迴避？(A)現爲或曾爲該事件之當事人或代理人。(B)與該事件之當事人爲小學同學。(C)曾與該事件之當事人一起擔任過他人之證婚人。(D)與該事件當事人參加同一個社團。（103專利師）

第33條（當事人申請公務員迴避之理由及其相關）

公務員有下列各款情形之一者，當事人得申請迴避：

一、有前條所定之情形而不自行迴避者。

二、有具體事實，足認其執行職務有偏頗之虞者。

前項申請，應舉其原因及事實，向該公務員所屬機關爲之，並應爲適當之釋明；被申請迴避之公務員，對於該申請得提出意見書。

不服行政機關之駁回決定者，得於五日內提請上級機關覆決，受理機關除有正當理由外，應於十日內爲適當之處置。

被申請迴避之公務員在其所屬機關就該申請事件爲准許或駁回之決定前，應停止行政程序。但有急迫情形，仍應爲必要處置。

公務員有前條所定情形不自行迴避，而未經當事人申請迴避者，應由該公務員所屬機關依職權命其迴避。

解說

該管公務員如有法規所定利益衝突情事存在而未自行迴避，必須要有救濟之機制。相對人或利害關係人亦得申請該管公務員迴避，而由該公務員的上級爲準駁之決定；如未經任何當事人之

申請迴避者，則自應由該管公務員機關首長或單位主管依職權命其迴避（此即命令迴避）。本條並且規範了當事人申請某一承辦公務員迴避時，其所屬機關與上級機關應在多久時間內回覆，並且作成決定程序。

實例

　　老張在擔任機關承辦人，辦理都市更新時，發現地主之一的小芬是自己一段時間沒聯絡的前妻，他若沒有申請迴避，其他人應當如何處理？

　　依行政程序法第33條第1項，其他當事人可以申請迴避。

隨堂測驗27

　　依行政程序法第33條規定，當事人申請公務員自行迴避，向該公務員所屬機關為之，但經駁回後，對駁回決定不服者，得於（X日）內提請上級機關覆決，受理機關除有正當理由外，應於（Y日）內為適當之處置。X、Y各為：(A)10日、10日。(B)10日、5日。(C)5日、10日。(D)15日、10日。（102專利師）

第五節　程序之開始

第34條（行政程序之開始）

行政程序之開始，由行政機關依職權定之。但依本法或其他法規之規定有開始行政程序之義務，或當事人已依法規之規定提出申請者，不在此限。

解說

　　行政程序的職權開始通常是指因該管公務員之簽辦、其他機關之交辦或移送、當事人之申請或第三人之檢舉等而成案之謂，並不以對外發文為意思表示為前提，程序之開始以發端於機關之內部作為常態。不同於不告不理的法律程序，以行政機關的職權發動為原則，當事人與法定程序要件為啟動原因為例外。

　　職權發動程序通常包含有以下幾種情況：

一、收到他人檢舉

　　行政院環保署所發布之使用中汽車排放空氣污染物檢舉及獎勵辦法第4條規定，人民發現有污染之虞車輛，得以書面、電話、傳真、網路或電子郵件敘明車號、車種、發現時間、地點及污染事實或違規證據資料向各級主管機關檢舉。

二、其他公權力或專業機關之通報

　　家庭暴力防治法第50條：「醫事人員、社會工作人員、教育人員、保育人員、警察人員、移民業務人員及其他執行家庭暴力防治人員，在執行職務時知有疑似家庭暴力，應立即通報當地主管機關，至遲不得逾二十四小時（第1項）。前項通報之方式及內容，由中央主管機關定之；通報人之身分資料，應予保密（第2項）。主管機關接獲通報後，應即行處理，並評估有無兒童及少年目睹家庭暴力之情事；必要時得自行或委請其他機關（構）、團體進行訪視、調查（第3項）。主管機關或受其委請之機關（構）或團體進行訪視、調查時，得請求警察機關、醫療（事）機構、學校、公寓大廈管理委員會或其他相關機關（構）協助，被請求者應予配合（第4項）。」

三、權責機關之主動檢查或查緝

勞動檢查法第27條:「勞動檢查機構對事業單位工作場所發生重大職業災害時,應立即指派勞動檢查員前往實施檢查,調查職業災害原因及責任;其發現非立即停工不足以避免職業災害擴大者,應就發生災害場所以書面通知事業單位部分或全部停工。」

行政程序法第34條所規定程序開始之職權進行主義,即行政機關依合義務性之裁量,以及利害關係人之「干預請求權」。在特殊情況下有必須立即展開行政行為理由時,行政機關裁量收縮至零,有立即程序開始之義務。

T市政府發現某一危樓即將倒塌,有何作為義務?

此時依行政程序法第34條所規定程序開始之職權進行主義,即行政機關依合義務性之裁量,以及利害關係人之「干預請求權」。在特殊情況下有必須立即展開行政行為理由時,行政機關裁量收縮至零,有立即程序開始之義務。T市政府必須立即拆除該危樓,以免傷及鄰人或附近民眾。

第35條(當事人向行政機關提出申請之方式)

當事人依法向行政機關提出申請者,除法規另有規定外,得以書面或言詞為之。以言詞為申請者,受理之行政機關應作成紀錄,經向申請人朗讀或使閱覽,確認其內容無誤後由其簽名或蓋章。

解說

　　行政程序應否及何時開始進行，原則上屬行政機關之裁量範圍，行政機關得依合義務性之裁量自行決定之，以求行政之機動及效能。然而，若有相關法律已明定行政機關在何種條件下有作為義務且該條件已成就、或當事人已依法提出申請、或依法行政機關只能因當事人申請方能進行行政程序時，是否及何時開始進行行政程序，便不得任由行政機關裁量，而必須嚴格依法開始行政程序。因此如何按照當事人之申請，根據當事人意願而開始程序，變成與人民利益最相關行政程序的入口。例如專利法便是很典型的應由人民申請後，主管機關方得以審查的程序發動類型。

　　實務上常出現當事人於提出申請後，再以口頭或電話向行政機關撤回申請，此時發生「以口頭撤回申請是否生效？」我國最高行政法院判解認為，撤回屬於廣義之申請事項，提出撤回之申請亦應踐行相同之程序，除以書面為之外，如以言詞為撤回者受理之行政機關應作成紀錄，經向申請人朗讀或使之閱卷，確認其內容無誤後，由其簽名始生撤回之效回。也就是說為求慎重與避免冒替情形出現，行政程序開始申請與撤回原則上均應以書面為之。

　　例如我國行政法院98年判第103號判決要旨即認為：「按『當事人依法向行政機關提出申請者，除法規另有規定外，得以書面或言詞為之。以言詞為申請者，受理之行政機關應作成紀錄，經向申請人朗讀或使閱覽，確認其內容無誤後由其簽名或蓋章。』行政程序法第35條定有明文。而『撤回』屬於廣義的申請事項，提出撤回之申請者亦應踐行相同之程序，除以書面為之外，如以言詞為撤回者，受理之行政機關應作成紀錄，經向申請人朗讀或使閱覽，確認其內容無誤後由其簽名或蓋章，始生撤回之效力。

　　本件上訴人既係以書面提出申請補助系爭研究經費，並經被上訴人立案後進行審查，則在行政程序進行中，除非上訴人另以書面正式撤回其申請，或由被上訴人將其言詞撤回作成紀錄，向其本人或受其特別委任之代理人朗讀或使閱覽，確認其內容無誤後由其簽名或蓋章，否則，僅憑第三人之口頭轉述，尚不符合前揭撤回申請之法定程式，自無法消滅系爭申請案之繫屬狀態。」

　　佩君原要向主管機關申請進修特定照護老人學程的補助，遞出申請後又覺得需要檢附資料很麻煩不想要了，而向該機關打電話說不要了。請問該電話撤回效力為何？

　　參考行政程序法第35條與上開行政法院判決撤回申請應以書面為之，或言詞但作成筆錄。但是佩君亦可用不補檢附資料的方式，使得程序自然終結。

第六節　調查事實及證據

第36條（行政機關應依職權調查證據）
行政機關應依職權調查證據，不受當事人主張之拘束，對當事人有利及不利事項一律注意。

解說

　　本條規定行政機關應依職權調查證據。因為各國立法例對調查證據，大都採職權調查原則，本法亦採之。行政機關為調查確

定事實所必要之一切證據，應依職權調查事實，並決定調查之種類、範圍、順序及方法，不受當事人提出之證據及申請調查證據之拘束。但行政機關本其職權，對當事人有利及不利之事項，均應予以注意。行政機關進行程序時就當事人的各種主張與未主張之事務，可以不受其約束。但是必須善盡照顧當事人之義務，對其有利或不利的證據都必須蒐集，也是第9條應予注意且衡量原則的進一步法律應用。行政法通說認為，職權調查不受當事人陳述拘束，其目的在使行政機關就其行政決定的正確性，在法律上自我負責，以自己的觀點調查、評價作成行政決定相關重要的事實，並在理想狀態確認實質正確的事實。行政程序法第36條係賦予行政機關行政程序上的調查權限，行政機關可依職權運用可掌握之資料來源，以闡明事實之存在或不存在，故其得使用之證據方法，原則上應不受限制（法務部91年法律字第0910037755號函）。但其並非授權行政機關基於調查目的侵害人民自由權利的權限，亦非規定調查行為的種類及方式。

　　行政機關在作成決定前必須詳細且全面地調查事實，調查之方法與範圍則由行政機關在合義務性裁量下確定之；人民在法律上並無主觀上請求採取特定調查方法之權利。職權調查主義並非強制行政機關在任何情況下皆必須親自從事調查行為，法律上及事實上的必要性影響著行政機關是否本身親自調查。總之調查本身亦不可過度或偏廢，亦須遵守本書第一章所述總則篇的基本程序原則。

　　老謝中年喪偶，就其所繼承配偶之遺產與未成年子女進行分割登記，此時地政機關應如何作為？

內政部98年9月1日內授中辦地字第0980725326號令解釋地政機關受理父母與其未成年子女協議遺產分割登記案件，認為就該特定事件利益相反之父母與其未成年子女聲請法院選任特別代理人之義務。其中理由就有提到：「……次按行政程序法第36條規定：『行政機關應依職權調查證據，不受當事人主張之拘束，對當事人有利及不利事項一律注意。』及第40條規定：『行政機關基於調查事實及證據之必要，得要求當事人或第三人提供必要之文書、資料或物品。』行政機關依法得依職權調查證據，進而為事實認定並作成行政決定。地政機關審認土地登記申請案，自得依職權認定是否有利益衝突、代理權有無欠缺等情事，並按土地登記規則第56條之規定，通知申請人補正相關資料。」

當父母與其未成年子女在分配或分割被繼承遺產時，有可能發生利益衝突，此時按照民法不得為自己利益發生糾紛而為同事件他方代理的意涵，老謝不得同時擔任其子女分割遺產的法定代理人。地政機關應為未成年子女一方之利益聲請法院選任合適之代理人，以保護其未成年子女的利益。

隨堂測驗 28

下列何者為行政指導？(A)直轄市政府主管機關對販賣經稽查或檢驗為偽藥、禁藥者，依法登報公告其商號及負責人姓名。(B)稅捐稽徵機關調查人員為調查課稅資料，依法要求納稅義務人提示有關文件。(C)主管機關函請有線電視系統業者配合政策規劃時程將有線電視系統數位化。(D)直轄市環境保護機關於空氣品質有嚴重惡化之虞時，依空氣污染防制法規定發布空氣品質化警告。（108高考法制）

第37條（當事人得自行提出證據及向行政機關申請調查）
當事人於行政程序中，除得自行提出證據外，亦得向行政機關申請調查事實及證據。但行政機關認為無調查之必要者，得不為調查，並於第四十三條之理由中敍明之。

解說

　　行政機關不管怎樣努力以職權調查某事件的相關證據，由於畢竟不如當事人對自己的事務來得熟悉，都還是可能有掛一漏萬之處。因此為了保障當事人的程序利益，自必須保障其程序中申請調查對己有利事實及證據。並最後必須得到一個明確的結論，確信具有「高度之可能性」事實存在或不存在。

　　老謝到中國大陸旅遊後與當地女子火速成婚，回國後被戶政機關懷疑是假結婚，而不予結婚登記。老謝除提供中國官方出具的結婚證外，另請求調查在當地結婚時宴客的證人20人，戶政機關應該如何辦理？

　　如法務部民國93年8月17日法律字第0930032588號關於查獲假結婚之通知得否撤銷其結婚登記疑義函所指明，按行政程序法（以下簡稱本法）對於行政機關依職權或依申請作成行政決定前之調查證據、認定事實，係採職權調查主義，故行政機關對於應依職權調查之事實，負有概括調查義務，且應依各種合法取得之證據資料認定事實、作成行政決定（本法第36條、第37條及第43條規定參照），前經本部91年1月23日法律字第0090049092號函釋在案。至於與行政決定有關事實是否存在，行政機關應依各種合法取得之證據資料，本於其確信予以認定，而確信事實存在

之標準，必須具有「高度之可能性」，亦即經合理之思維而無其他設想之可能[2]。本件所詢戶政機關得否依據警察機關查獲當事人假結婚之通知或相關證據資料撤銷當事人之結婚登記乙節，請貴部參酌上開說明，就具體個案事實本於職權審認之。

　　因此戶政機關可以在事實情況清楚時，以無必要而不調查這些證人，以節省資源兼顧效率。

第38條（行政機關調查後得製作書面紀錄）
行政機關調查事實及證據，必要時得據實製作書面紀錄。

解說

　　行政機關所調查之事實及證據，必要時得據實製作書面紀錄以備日後核備，並且應盡可能給予相關人陳述意見之機會，俾保障當事人之程序利益。但是如果只是有無違規停車之類的小事情得以現場判斷，可能不必要製作書面紀錄。

第39條（行政機關得通知相關之人到場陳述）
行政機關基於調查事實及證據之必要，得以書面通知相關之人陳述意見。
通知書中應記載詢問目的、時間、地點、得否委託他人到場及不到場所生之效果。

2　吳庚，《行政法之理論與實用》（增訂8版），頁537；林錫堯，《行政法要義》（增修版），頁463。

解說

　　爲免日後引發不必要爭議，行政機關對調查行爲之事前通知與事後記錄，應盡可能以書面製作合法送達以茲愼重，特別是有可能之後據以要給與當事人或其相對人不利處分時，均必須嚴格遵守調查要式，並使其暢所欲言。事前通知更要詳載人事時地，以及可否委託他人與不到場所可能導致的後果，以利當事人依循辦理或自行評量，保障其固有程序基本權。事後記錄更依當場製作文書簽章，除機關自行存檔外，應當場給與當事人一份副本攜回，承辦人且須確實立即確認當事人之程序係出於其自由意志而非強制脅迫或變造僞造。

　　老張在自家門外懸掛自家事業廣告旗幟雖經過申請，但是又覺得原來的圖樣太難看臨時找人重新設計製作懸掛，因此就與申請時送交給主管機關的圖樣有所不合。主管機關發現此事後並未先行通知，就對老張依「廢棄物清理法」第27條第11款之規定開罰，請問是否合法？

　　臺北市政府法規委員會民國94年7月25日北市法三字第09431318500號函，認爲主管機關依據廢棄物清理法規定，將廣告物懸（繫）掛、釘釘或附於電桿認定爲污染環境行爲，並於核可函加註已盡告知義務，惟除有行政程序法第103條情形外，應依行政程序法第39條規定，給予陳述意見之機會。其理由解釋，關於本案貴局既依據「廢棄物清理法」第27條第11款之規定公告「……將廣告物懸（繫）掛、釘釘或附於電桿……。」爲污染環境行爲，若並於核可函加註「旗幟張掛期間，旗幟圖樣內容需與原申請樣張相同，若有變更請於張掛前函送本局備查，否則

視爲未經許可，將依法告發。」似已盡告知義務，惟逕予告發之行政處分前，除有行政程序法第103條所定各情形外，應依行政程序法第39條規定，給予當事人陳述意見之機會。

第40條（行政機關得要求提供文書、資料或物品）

行政機關基於調查事實及證據之必要，得要求當事人或第三人提供必要之文書、資料或物品。

解說

行政機關不是神，不可能自己知道某一事件完整的事實經過。尤其是在行政程序中所涉及證據中往往會出現偏在一方的現象。因此基於調查事實及證據之必要，得要求當事人或第三人提供必要之文書、資料或物品，以利釐清事實進行程序。

小六在Y拍網站上未經主管機關許可販賣菸品，主管機關如想要制止或裁罰此行爲，卻不知道該去何地找何人明確其處分對象，可以有什麼辦法處理？

政院衛生署國民健康局民國91年7月26日國健癌字第0910009165號函指示，爲查詢於網路上販售商品之業者資料，應依行政程序法第40條規定查詢調閱電信使用者資料。其理由稱經交通部電信總局電洽中華電信股份有限公司數據通信分公司，貴局爲查詢阿基網站申請人相關資料所引用之菸害防制法第5條及第20條規定並不符合「電信事業處理有關機關（構）查詢電信使用者資料實施辦法」第3條第2項規定之「法律依據」。

針對上述問題，該單位建請貴局依據「行政程序法」第40條「行政機關基於調查事實及證據之必要，得要求當事人或第三人提供必要之文書、資料或物品」之規定，查詢調閱電信使用者資料。

隨堂測驗 29

　　甲公司遭其員工檢舉有違反性別工作平等法之情事，主管機關通知甲公司提供相關資料，惟甲公司拒絕提供。而性別工作平等法對此種情形並未規範當事人之協力義務，惟主管機關認為行政程序法第40條既已規定行政機關基於調查事實及證據之必要，得要求當事人提供必要之文書、資料或物品，其應有一定之法律效果。關於此種法律效果，下列敘述，何者錯誤？(A)甲公司未提供相關資料，行政機關仍得逕行開始、終結或展延調查程序。(B)若嗣後因此案發生國家賠償訴訟，甲公司未提供相關資料得構成當事人與有過失之事由。(C)在嗣後因此案所生廢止行政處分而請求損失補償時，甲公司可能被認定為信賴不值得保護。(D)主管機關得對甲公司採取間接強制之執行手段。（104律師）

第41條（選定鑑定人）

行政機關得選定適當之人為鑑定。

以書面為鑑定者，必要時，得通知鑑定人到場說明。

解說

　　行政程序法之鑑定係一般性之規定，適用於各行政機關及各

種行政作爲。可使行政機關之行爲「透明化」，避免機關擅斷之作爲及恣意之判斷，以保障人民權益，並增進人民對政府之信賴。許多重要的專業技術問題如果會影響該相關領域重要行政行爲以及行政程序之結果，行政機關不一定有相關專業人力配置，就必須要請相關領域具備專業能力與公信力的專家學者協助。行政機關如果自爲鑑定，可能會被質疑是球員兼裁判。此種鑑定人與其報告會被認爲是重要的證據方法，因此在必要時會有到場說明並接受質詢的義務。

佩語開的KTV發生大火造成消費者傷亡，事後警方懷疑該KTV未使用防火材料違反消防法令，應如何解決？

依公共危險物品及可燃性高壓氣體設置標準暨安全管理辦法第15條第2款規定：「六類物品製造場所或一般處理場所之構造，應符合下列規定：……二、牆壁、樑、柱、地板及樓梯，應以不燃材料建造；外牆有延燒之虞者，除出入口外，不得設置其他開口，且應採用防火構造。」上開規定所稱「不燃材料」、「防火構造」爲何？當事人與行政機關之認知可能會有不同之見解或爭議，此時消防機關就該爭議可依行政程序法第41條規定，選定適當之人就系爭牆壁、樑、柱、地板及樓梯等鑑定是否爲不燃材料所建造或具有防火構造之功能。另依據消防法第26條、第27條規定：「直轄市、縣（市）消防機關，爲調查、鑑定火災原因，得派員進入有關場所勘查及採取、保存相關證物並向有關人員查詢。火災現場在未調查鑑定前，應保持完整，必要時得予封鎖。」而爲使鑑定具有公正性與客觀性，直轄市、縣（市）政府，得聘請有關單位代表及學者專家，設火災鑑定委員

會，調查、鑑定火災原因。此時應循有關機關的尋找公正第三人專家鑑定方式，釐清消防責任歸屬。

第42條（行政機關得實施勘驗）
行政機關為瞭解事實真相，得實施勘驗。
勘驗時應通知當事人到場。但不能通知者，不在此限。

解說

　　行政機關為瞭解事實真相，得依法到現場進行勘查檢驗，特別是在標的物過於巨大無法移至機關內行鑑定的情況。勘驗除以人體五官進行外，亦可借助於現代科學儀器進行勘查檢驗，以使勘驗更具客觀性及公正性。依上揭說明，行政機關以現代科學儀器進行勘查檢驗，可使人民對於機關之判斷更俱信賴感，且避免無謂之爭議及保障人民權益。

第43條（行政機關採證之法則）
行政機關為處分或其他行政行為，應斟酌全部陳述與調查事實及證據之結果，依論理及經驗法則判斷事實之真偽，並將其決定及理由告知當事人。

解說

　　行政機關為處分或其他行政行為，應斟酌全部陳述與調查事實及證據之結果，這點很清楚。但是在本條當中所謂的兩種法則來自於訴訟法，其概念如下：

一、論理法則

是指泛指人類思考事物作用之邏輯法則，本諸客觀事實與現存之證據資料，依一般推理必為當然之結果而不相違背。例如產製玻璃纖維製品的公司通常交易性質是批發給經銷商，或承製機關團體訂製產品而非零售與個人客戶（參照最高行政法院74年判字第2013號判決、83年判字第1881號判決及90年判字第1246號）。

二、經驗法則

通常人類日常生活經驗所歸納之一切知識或定則，包括科學方法觀察驗證自然現象所得自然定律、數學原理、社會生活義理慣例及交易習慣等。例如一般工程完工後，應繳納工程受益費之納稅義務人始有受益可言（參照最高行政法院76年判字第323號判例）。

老張騎車在路上撞到人，交通警察在作車禍過失責任原因釐清時，發現老張的機車是在人行道上，此時應下如何之判斷？

此時依斟酌全部陳述與調查事實及證據之結果，依論理及經驗法則判斷事實之真偽，交通單位應判斷老張的過失責任較重，因為依交通法規，機車不應於人行道上行駛。

第七節　資訊公開

第44、45條（刪除）：已於民國94年刪除，移列政府資訊公開法，見本書附錄一。

第46條（申請閱覽卷宗）

當事人或利害關係人得向行政機關申請閱覽、抄寫、複印或攝影有關資料或卷宗。但以主張或維護其法律上利益有必要者為限。

行政機關對前項之申請，除有下列情形之一者外，不得拒絕：

一、行政決定前之擬稿或其他準備作業文件。

二、涉及國防、軍事、外交及一般公務機密，依法規規定有保密之必要者。

三、涉及個人隱私、職業秘密、營業秘密，依法規規定有保密之必要者。

四、有侵害第三人權利之虞者。

五、有嚴重妨礙有關社會治安、公共安全或其他公共利益之職務正常進行之虞者。

前項第二款及第三款無保密必要之部分，仍應准許閱覽。

當事人就第一項資料或卷宗內容關於自身之記載有錯誤者，得檢具事實證明，請求相關機關更正。

解說

　　行政資訊公開制度是基於憲法上的知情權以及行政機關對人民的行政說明責任，自然人、法人或者其他組織有權獲得行使公權力機關在除外事項之外的任何資訊的制度。作為憲法第22條所保障概括性基本權利的知情權，是一種人民針對國家的防禦權，本身沒有立即直接的利益。也就是國家機關應該承擔法定義務─排除妨礙、積極作為主動公開信息、對公民的請求予以答覆以滿足公民知的要求。這種義務在不同的國家機關身上予以體現形成不同的制度，立法機關中的立法會議公開制度、法律公開制

度；司法機關中的審判公開制度、判決公開制度，反映在行政機關上，即表現為行政資訊公開制度。

本條規定申請閱覽卷宗請求權，係屬行政程序中「當事人或利害關係人」之「個案資訊公開」，與政府資訊公開法基於「人民有知的權利」中之「一般性資訊公開」制度有別。

為能使人民瞭解程序進行之情形，掌握案情資料，主張或維護其法律上利益之必要，有向行政機關申請閱覽、抄寫、複印或攝影有關資料或卷宗之權利，此為武器平等原則之落實，使人民與政府間資訊地位平衡。依本法第46條第1項規定，當事人或利害關係人就其主張或為維護其法律上利益之必要事項，得向行政機關申請閱覽、抄寫、複印或攝影有關資料或卷宗，解釋上，其閱覽範圍似不限於本案或相關之他案卷宗，然為維護第三人之權益或基於公益等特殊原因，仍得予以限制，故第2項即規定得拒絕之情形，本條所規範的是具備請求權範圍較狹窄的當事人請求資訊公開，其積極要件為要有法律上的必要利益，消極要件為不能有本條第2項第1款至第5款所列舉之保護事由。

這些要件背後所反映的制度爭議正是行政資訊公開制度中的公開與不公開的利益衡量體系，表現在行政資訊公開制度中的「例外事項」。比較各國的行政資訊公開制度，無論基本理念上以及具體規則存在何種差異，但一個基本框架是例外事項的規定，之所以有這種共同性，是因為現實法律世界是一個權利相衝突的世界，就行政資訊公開制度而言，其可能與國家安全、公務秘密、商業秘密、個人隱私、行政效率與過程等發生衝突。在保護知道的權利的同時，也同時必須對這些利益加以保護。知情權的行使雖然是社會生活中很重要的一環，但是公開原則並不是社會生活中唯一必須考慮的原則。在某些情況下，人民知情權的行使可能會和其他重要的利益相衝突。例如國家安全、行政活動效

率以及個人和商業中必不可少的秘密等發生利益衝突。在這些情況下，知情權的行使不符合公共利益。知情權的公共利益必須和不公開的公共利益相平衡。

各種不同利益的平衡是法律與行政運作的重要基礎。因此資訊的公開和限制公開同時構成資訊自由法制的主要內容，是同一事物的兩面。因此這些國家安全、公務秘密、商業秘密、個人隱私、行政效率與過程中必要的秘密，是為本條第2項第1款至第5款所列舉之保護事由之立法意旨。

當事人對其自身相關事項之記載發現有誤，為免該錯誤影響行政機關之判斷，而致受不利益，同條第4項並賦予更正請求權，惟應檢具相關事實證明之。

（當事人）閱覽卷宗資訊權亦屬程序權利，如當事人或利害關係人提出請求遭行政機關拒絕時，依本法第174條規定，僅得於對實體決定聲明不服時一併聲明之，不得單獨提起訴願。這與政府資訊公開法第20條所規定，申請人對於政府機關就其申請提供、更正或補充政府資訊所為之決定不服者，得依法提起行政救濟的獨立爭訟實體權利有所不同。

實例

老楊懷疑自己的小孩得腦癌，是因為鄰近的市政府管理垃圾焚化爐排出廢氣，他可以如何救濟？

老楊如果住在垃圾焚化爐的10公里內，依行政程序法第46條他可以以利害關係人身分得向行政機關申請閱覽、抄寫、複印或攝影焚化爐資料或卷宗。並且以主張或維護其法律上利益有必要者，在爾後的國賠程序或訴訟中使用。

隨堂測驗30

專利權人於舉發案件審查期間，為維護其法律上利益之必要，向經濟部智慧財產局（下稱智慧局）申請閱覽相關資料或卷宗時。下列何者情形，智慧局不得拒絕其申請閱覽？(A)智慧局作成審定前之相關擬稿文件。(B)涉及職業秘密，無保密必要之部分。(C)有侵害第三人權利之虞者。(D)涉及一般公務機密，依法規有保密之必要者。（112專利師）

第47條（公務員與當事人進行行政程序外之接觸）

公務員在行政程序中，除基於職務上之必要外，不得與當事人或代表其利益之人為行政程序外之接觸。

公務員與當事人或代表其利益之人為行政程序外之接觸時，應將所有往來之書面文件附卷，並對其他當事人公開。

前項接觸非以書面為之者，應作成書面紀錄，載明接觸對象、時間、地點及內容。

解說

公務員與當事人或代表其利益之人為行政程序外之接觸時，應將所有往來之書面檔附卷，並對其他當事人公開。以維護行政之法治廉能，受到人民的信賴。

實例

建商老楊與申請都更的承辦人公務員老張，假日剛好在餐廳吃飯時偶遇，老楊很熱情與他同桌吃飯，還多點了幾道菜大家一起吃。在下一上班日老張上班後，應為如何處置？

　　老張依行政程序法第47條第2、3項，此時應該把相關接觸的始末寫成報告作成書面紀錄，載明接觸對象、時間、地點及內容。並且經其主管認可後附卷，以利事後勾稽。

第八節　期日與期間

第48條（期間之計算）

期間以時計算者，即時起算。

期間以日、星期、月或年計算者，其始日不計算在內。但法律規定即日起算者，不在此限。

期間不以星期、月或年之始日起算者，以最後之星期、月或年與起算日相當日之前一日為期間之末日。但以月或年定期間，而於最後之月無相當日者，以其月之末日為期間之末日。

期間之末日為星期日、國定假日或其他休息日者，以該日之次日為期間之末日；期間之末日為星期六者，以其次星期一上午為期間末日。

期間涉及人民之處罰或其他不利行政處分者，其始日不計時刻以一日論；其末日為星期日、國定假日或其他休息日者，照計。但依第二項、第四項規定計算，對人民有利者，不在此限。

解說

　　一、本條規定期間之計算。

　　二、本條第1項至第4項規定各種期間始日及末日之計算方式。

三、第5項係本條第2項本文之例外規定。如行政機關為吊扣執照、或為停止營業等不利人民之行政處分，若始日不計算在內，或末日為星期日、國定假日或其他休息日者，以該日之次日為期間之末日，如此計算，均對人民不利，故設本項前段規定。但有時依第2項、第4項規定計算，對人民反較為有利，此時即仍依第2項、第4項之規定計算，爰設本項但書規定。

任何一種行政程序都是有期限的，國家資源有限，個人生命有限，都不可能永遠等下去。因此在法律上訂出合理公平的期日計算方法，就成為行政程序上簡單卻重要的事項，尤其是在對當事人的權益等至關重要的事務。原則上本條對期日時間的計算大都參照民法，讀者應參考之。

相關案例

內政部役政署民國94年9月27日署徵字第0940017720號函請釋役男申請出境後返國期限之計算疑義案，對本條所規範期日與逾期起算有明確解釋如下：「按役男出境處理辦法第6條後段規定：『出境及入境期限之時間計算，以出境及入境之翌日起算。』前揭條文規定，係指有關役男出境期限及入境期限之時間計算，以出境之翌日及入境之翌日起算，其意如同行政程序法第48條第2項規定：『期間以日、星期、月或年計算者，其始日不計算在內。』惟該辦法條文中並未對於期間之末日計算有所規定，致實務上產生疑義，爰對於『役男出境及入境期間之計算』，宜依據行政程序法第48條第3項規定：『期間不以星期、月或年之始日起算者，以最後之星期、月或年與起算日相當日之前一日為期間之末日。但以月或年定期間，而於最後之月無相當日者，以其月之末日為期間之末日』辦理。

關於貴市民國75年次役男翁員，前依役男出境處理辦法第4條第1項第3款規定申請觀光名義短期出境，其於94年6月27日出境，同年8月28日入境，其出境二個月之期限應如何計算？本案依上述說明二之計算方法，翁員於94年6月27日出境，以其出境之翌日6月28日起算，期間之末日計算至8月27日止為二個月，其應於94年8月27日（含當日）以前入境，方符合出境不得逾二個月之規定；翁員返國日期為94年8月28日入境，已屬逾期返國。」

如果以月計的話要次日起算，然後算兩個整月止。

第49條（郵送期間之扣除）
基於法規之申請，以掛號郵寄方式向行政機關提出者，以交郵當日之郵戳為準。

解說

本條規定郵送期間之扣除。因郵送期間往往非申請人所能掌握，故予以扣除。本條係規範期日之起算與結束，原則上都適用民法相關章節的採計方式。以及郵寄者應以郵戳為憑，也與民法同。

法務部中華民國90年2月27日法（90）律字第000452號函行政程序法規定人民申請案件期間計算方式之適用疑義指出，依本法第49條規定：「基於法規之申請以掛號郵寄方式向行政機關提出者，以交郵當日之郵戳為準。」其立法目的係因郵送期間往往非申請人所能掌握，故將郵遞期間予以扣除，俾免申請人因郵遞期間之延誤而遲誤法規規定期間。又行政機關對於人民申請事件之處理期間，本法雖未明定自何時起算，惟依訴願法第2條規

定：「人民因中央或地方機關對其依法申請之案件，於法定期間內應作為而不作為，認為損害其權利或利益者，亦得提起訴願（第1項）。前項期間，法令未規定者，自機關受理申請之日起為二個月（第2項）。」行政機關之處理期間係自機關受理申請之日起算，上開在郵期間之扣除並不影響行政機關之處理期間。〔本部88年11月19日法（88）律字第040516號函說明二(三)〕

第50條（回復原狀之申請）
因天災或其他不應歸責於申請人之事由，致基於法規之申請不能於法定期間內提出者，得於其原因消滅後十日內，申請回復原狀。如該法定期間少於十日者，於相等之日數內得申請回復原狀。

申請回復原狀，應同時補行期間內應為之行政程序行為。

遲誤法定期間已逾一年者，不得申請回復原狀。

解說

　　本條規定回復原狀之申請。當事人基於法規之申請固應於法定期間內提出，但若因天災或其他不應歸責於申請人之事由，致無法按期申請者，應有救濟之道，始為合理，爰有第1項得申請回復原狀之規定。並於第2項規定，申請回復原狀，應同時補行期間內應為之行政程序行為。

　　為防範各種權義關係久不確定之弊，於第3項規定遲誤期間已逾一年者，不得再申請回復原狀。參考民事訴訟法第164條、第165條第3項。本條係規範因為天災耽誤之時間扣除，得在十日或是更短之相等法定時間內申請回復原狀。

老王因收到機關通知時正因病住院，因此無法前來履行導致程序遲誤受不利處分，可否以行政程序法第50條不可抗力事由尋求繼續程序的救濟？

　　對於天災的判斷標準，行政法院認為除了至為明顯自然災害以外，其餘不可抗力因素應依客觀標準判斷之是否確實不可抗力。

　　最高行政法院95年判字第965號判決要旨指出：「行政程序法第50條規定：『因天災或其他不應歸責於申請人之事由，致基於法規之申請不能於法定期間內提出者，得於其原因消滅後十日內，申請回復原狀。如該法定期間少於十日，於相等之日數內得申請回復原狀。申請回復原狀，應同時補行期間內應為之行政程序行為。遲誤法定期間已逾一年者，不得申請回復原狀。』所謂天災者，係指風災、水災、地震或海嘯等天然災害而言，天災以外其他不應歸責於己之事由，應依客觀標準判斷之，凡以通常人之注意而不能預見或不可避免之事由皆在其列，但若僅是主觀上有所謂不應歸責於己之事由，則不得據之申請回復原狀。若申請人對於法令及行政實務認識非期待不可能時，則不得主張其欠缺法令或行政實務認識，而免除其遲延期間之責。」因此因病住院仍可以委請代理人履行程序，非屬行政程序法第50條規定不可抗力事由。

第51條（行政機關對人民申請之處理期間）
行政機關對於人民依法規之申請，除法規另有規定外，應按各事項類別，訂定處理期間公告之。

未依前項規定訂定處理期間者，其處理期間為二個月。

行政機關未能於前二項所定期間內處理終結者，得於原處理期間之限度內延長之，但以一次為限。

前項情形，應於原處理期間屆滿前，將延長之事由通知申請人。

行政機關因天災或其他不可歸責之事由，致事務之處理遭受阻礙時，於該項事由終止前，停止處理期間之進行。

解說

　　本條規範行政機關接受人民申請開始行政程序之後，應將各種必要處理的方式與期間公告。其處理期間如未公告，本法強制定為二個月。依最高行政法院98年6月份第一次庭長法官聯席會議(一)，若法定有公告期間內必須提出異議，則當事人必須在此期間內為之。實務上各政府機關也都會公告各種事務之處理期限，以免法律不安定期間過久。

第九節　費用

第52條（行政程序所生費用之負擔）

行政程序所生之費用，由行政機關負擔。但專為當事人或利害關係人利益所支出之費用，不在此限。

因可歸責於當事人或利害關係人之事由，致程序有顯著之延滯者，其因延滯所生之費用，由其負擔。

解說

　　行政程序所生之費用，以不加重人民負擔爲原則。但專爲當事人或利害關係人之利益所支出之費用，例如當事人或利害關係人申請閱覽、抄寫、複印或攝影有關資料、卷宗所生之費用，即應由該當事人或利害關係人負擔。以符使用者付費，避免慷公家之慨。

　　如果因可歸責於當事人或利害關係人之事由，致行政程序有顯著之延滯者，其因延滯所生之費用，應由該當事人或利害關係人自行負擔，以符使用者付費原則。因爲國家的寶貴資源也是來自於廣大納稅人，不能輕易浪費。

第53條（證人或鑑定人得請求給付費用）
證人或鑑定人得向行政機關請求法定之日費及旅費，鑑定人並得請求相當之報酬。
前項費用及報酬，得請求行政機關預行酌給之。
第一項費用，除法規另有規定外，其標準由行政院定之。

解說

　　本條規定證人、鑑定人得請求行政機關給付費用。證人或鑑定人係爲公益而到場作證或鑑定，自得請求法定之日費及旅費，鑑定人並得請求相當之報酬。此項請求權爲證人或鑑定人對國家得請求之權利，而非對當事人之權利，自得向行政機關請求。

　　證人或鑑定人有因無力墊付費用或鑑定報酬，而不能到場或鑑定者，在本條第2項規定，得請求行政機關預行酌給之。並於第3項規定費用計算標準，除法規另有規定外，由行政院定之。由各機關一體適用，以昭公信。

第十節　聽證程序

第54條（適用聽證程序）
依本法或其他法規舉行聽證時，適用本節規定。

解說

　　行政程序法作為整體行政行為所應適用的總法，在若干程序行為上必須適用於全體公權力機關的各種行政法行為。因此只要是依本法或其他法規舉行聽證時，均統一適用本節規定。

第55條（聽證之通知及公告）
行政機關舉行聽證前，應以書面記載下列事項，並通知當事人及其他已知之利害關係人，必要時並公告之：
一、聽證之事由與依據。
二、當事人之姓名或名稱及其住居所、事務所或營業所。
三、聽證之期日及場所。
四、聽證之主要程序。
五、當事人得選任代理人。
六、當事人依第六十一條所得享有之權利。
七、擬進行預備程序者，預備聽證之期日及場所。
八、缺席聽證之處理。
九、聽證之機關。
依法規之規定，舉行聽證應預先公告者，行政機關應將前項所列各款事項，登載於政府公報或以其他適當方法公告之。

聽證期日及場所之決定，應視事件之性質，預留相當期間，便
利當事人或其代理人參與。

解說

　　行政程序中的聽證制度是一項保障行政相對人申辯捍衛其權
利最關鍵的程序制度——聽證是現代行政程序法的核心制度，是
相對人參與行政程序的重要形式。聽證程序起源自英美法系的自
然公正原則。最初它適用於司法領域，由於其公正性，後逐漸
適用在立法領域，20世紀後，聽證程序被引進了行政領域，稱
之為行政程序中的聽證。行政程序中的聽證制度既是聽證制度的
一個重要分類，美國是最早在行政程序法律上確立聽證制度的國
家。

　　在美國聯邦行政程序法，聽證程序構成了的核心內容，並為
許多國家所仿效。由於行政機關在行政行為的過程中，有強大的
權力豐厚的資源，因而如何保證相對人一方的合法權益不受到非
法侵害，如何約束行政機關公正行使權力，這就成為現代行政法
要求依法行政中的一個重大問題。而聽證程序則為公民、法人或
其他組織充分行使和維護自己的合法權益，設置了一種程序上的
保障制度。在聽證程序中，當事人有權充分表達自己的意見和主
張；有權為自己辯解；有權要求行政機關提供證據和處罰依據；
有權與執法者進行對質和辯論。同時，聽證程序的運用，也可使
行政機關在執法時，防止執法人員主觀臆斷，濫用職權。有時因
為問題的專業性需要由律師、相關專業人員或其他熟諳法令之人
員在場協助主持人進行聽證。但是到底如何協助，行政程序法並
未有詳細的規定，應由各機關自行視情況決定。

相關案例

中央銀行民國93年9月3日臺央檢肆字第0930043906號函關於訂定「金融機構違反中央銀行主管法規之處分及處理事項作業程序」其程序中明確指示可以把違規事實之初步認定分為兩種：

一、逕予初步認定

本行相關業務主管單位對金融機構之違規情事，其有行政程序法第103條所列得不給予金融機構陳述意見機會之情形者，得逕予初步認定違規事實。

二、舉行聽證後初步認定

(一) 本行相關業務主管單位對金融機構之違規情事，其案情複雜，影響當事人權益重大而有公開聽取證人、鑑定人或專家學者意見之必要者，或給予金融機構陳述意見機會後仍無法初步認定違規事實者，應請檢查處舉行聽證。

(二) 檢查處舉行聽證，應邀請本行相關業務主管單位及法務室參加，並依行政程序法第55條至第66條規定程序辦理，並於聽證後會同相關業務主管單位決定是否初步認定違規事實。

(三) 有關聽證之舉行，由總裁指定檢查處處長擔任主持人。也就是說除非有特殊情況不得給予當事人聽證或陳述意見，在陳述意見後仍無法初步認定違規事實者，應請檢查處舉行聽證。

第56條（變更聽證期日或場所）

行政機關得依職權或當事人之申請，變更聽證期日或場所，但以有正當理由為限。

行政機關為前項之變更者，應依前條規定通知並公告。

解說

　　聽證期日或場所雖經通知或公告，惟如有正當理由，行政機關仍得依職權或當事人申請變更之，以符實際需要，爲本條第1項之規定。原則上行政機關不允許自己或當事人任意變更已經公告之聽證期日場所，若有正當理由而必須加以變更者，也必須及時通知各參加者。因此行政機關變更聽證期日或場所者，爲維護當事人之權益，仍應踐行前條通知或公告之程序，由設第2項之規定。參考民事訴訟法第159條第1項。

相關案例

　　行政院原委會中華民國95年11月7日放射性物料設施興建申請聽證程序要點，亦有與本法類似的處理程序（節錄）：「三、主管機關舉行聽證前，應以書面通知下列個人、機關或團體，提出出席聽證之申請：……。七、主管機關得依職權或申請設置設施者之申請，變更聽證期日或場所，但以有正當理由爲限。主管機關爲前項之變更者，應依第三點第二項規定通知並公告。」

第57條（聽證之主持人）
聽證，由行政機關首長或其指定人員爲主持人，必要時得由律師、相關專業人員或其他熟諳法令之人員在場協助之。

解說

　　在行政程序法規範的聽證程序中，聽證主持人是聽證會議的核心與靈魂，他擔負著重要的程序職能，必須切實保證聽證能順

利進行，確保當事人實現其實體與程序權利，使聽證制度發揮積極有效的作用。聽證主持人的來源與選拔、職責與許可權、性質與地位等方面，對行政聽證能否有效地發揮應有的作用，有著關鍵的直接影響。美國法學者認為「由公正、超黨派的審訊官主持的公正聽證是行政裁量程序的精髓。如同法院的法官所作的裁判一樣，行政官員在聽證中所作的裁決也必須由公正、超黨派的審訊官作出。如果審訊官或行政機關受到各種偏見的影響，那麼該行政裁量則是無效的。」可見行政程序中的聽證公正合理的進行，絕對依賴行政程序中聽證主持人的獨立性與優秀才能。

第58條（聽證之預備程序）
行政機關為使聽證順利進行，認為必要時，得於聽證期日前，舉行預備聽證。
預備聽證得為下列事項：
一、議定聽證程序之進行。
二、釐清爭點。
三、提出有關文書及證據。
四、變更聽證之期日、場所與主持人。
預備聽證之進行，應作成紀錄。

解說

　　我國行政程序法中的預備聽證，屬於正式聽證前的預備程序。其目的在於提高正式聽證的效率性，但在各國的形式和效果都不盡相同。在美國這一程序被稱為預備會議，「美國『聯邦行政程序法』規定了聽證前的會議制度，行政機關往往在舉行正式

的聽證會前召集由各方當事人參加的預備會議，如果當事人之間能夠在聽證前的會議中協商解決爭端，則聽證程序不必再舉行。」這一制度功能一方面是對爭議較少的事實達成合意以簡化爭端，另一方面當事人如果能夠在會議中達成協議解決爭端則可以避免正式聽證會召開帶來的資源浪費。但我國的預備聽證功能較美國的制度則狹窄許多，並不具有提前終結糾紛的功效，而只具備簡化爭端，為正式聽證順利進行程序準備的作用。

第59條（聽證公開之原則及例外）
聽證，除法律另有規定外，應公開以言詞為之。
有下列各款情形之一者，主持人得依職權或當事人之申請，決定全部或一部不公開：
一、公開顯然有違背公益之虞者。
二、公開對當事人利益有造成重大損害之虞者。

解說

　　本法鑑於公開聽證可藉公眾參加之監督，維持聽證之公平與客觀，且公開為言詞辯論較符合保障人民權益、擴大民眾參與之立法目的，故採聽證公開之原則。但法律另有規定應不公開者，當係立法者另有考量，自應不公開之。

　　如聽證之公開顯然有違背公益之虞，或對當事人利益有造成重大損害之虞者，例如：公開顯然有害於善良風俗與公共秩序或公開將嚴重影響當事人名譽、信譽或經濟利益等權利或利益，則主持人得依職權或當事人之申請，決定全部或一部不公開。本條第2項的公開原則在各國的適用則出現較大分歧。大致有兩種，

一種是以公開為原則不公開為例外，如我國；另一種是以不公開為原則公開為例外，以德國和日本為代表。值得思考的是，我國行政程序法移植於德國，但在公開聽證過程的規定上卻與德國大相逕庭，是否源自於對其本土行政機關公平性的不自信。因為顯然公開聽證過程必定會帶來行政資源和效率的浪費，而不公開則考驗著行政機關的公信力。所以事實上我國行政機關大多數情況下不使用具備法律拘束力的聽證程序，而僅以公聽會代替。

第60條（聽證之開始）
聽證以主持人說明案由為始。
聽證開始時，由主持人或其指定之人說明事件之內容要旨。

解說

　　由於行政程序中的聽證是類似司法訴訟審判的模式確立的，因此自然具有一種準司法的性質。在行政程序聽證過程中，行政聽證主持人是一個中立於聽證雙方當事人的公證人。相對於訴訟程序中檢、辯、審三方對立結構，聽證主持人對當事人雙方來說也具有一種「類法官」的性質。聽證主持人在雙方當事人陳述和爭辯基礎上，根據查明的案件事實，依照許可事項和有關的法律法規提出自己初步處理意見。整個聽證程序要遵循嚴格的規範，其自由裁量的餘地很小。因此聽證主持人應該具有類似法官的獨立性質，負責指揮舉證和質證。這就要求聽證主持人由調查人員或審查人員以外的其他工作人員擔任，以保證其獨立地位，不受所在行政機關的影響和干涉。但聽證主持人獨立和中立的地位又有其自身特點，畢竟聽證是整個行政程序的一部分，是作出行政

決定前提和基礎。這是體現在聽證主持人不能作出最後的決斷，而且其來源又大多數是行政機關的工作人員。因此要求行政聽證主持人完全脫離行政機關，是不太可能的，也會使機關感覺窒礙難行。從大多數國家的實踐來看，聽證主持人是處於一種相對而非絕對獨立的地位，依其專業與經驗，在聽證過程中發揮積極的主導作用。

第61條（聽證當事人之權利）

當事人於聽證時，得陳述意見、提出證據，經主持人同意後並得對機關指定之人員、證人、鑑定人、其他當事人或其代理人發問。

解說

　　當事人於聽證時，如何進行攻防方法，以維護其權益，宜於本法中明定，爰於本條規定當事人除得陳述意見、提出證據外，並可經主持人同意後對行政機關指定之人員、證人、鑑定人、其他當事人或其代理人發問，俾利於釐清兩造爭點，使當事人之權利得有完整週全之保護。

　　陳述意見在本處通常指的是以言詞對相關人員表達自己的意見，以補書面意見陳述之不足，或是對其他人即席言詞發表的看法而有所評價或補充。提出證據，則往往是要求傳喚證人或提示證據，並且進行調查。

第62條（聽證主持人之職權）

主持人應本中立公正之立場，主持聽證。

主持人於聽證時，得行使下列職權：

一、就事實或法律問題，詢問當事人、其他到場人，或促其提出證據。

二、依職權或當事人之申請，委託相關機關為必要之調查。

三、通知證人或鑑定人到場。

四、依職權或申請，通知或允許利害關係人參加聽證。

五、許可當事人及其他到場人之發問或發言。

六、為避免延滯程序之進行，禁止當事人或其他到場之人發言；有妨礙聽證程序而情節重大者，並得命其退場。

七、當事人一部或全部無故缺席者，逕行開始、延期或終結聽證。

八、當事人曾於預備聽證中提出有關文書者，得以其所載內容視為陳述。

九、認為有必要時，於聽證期日結束前，決定繼續聽證之期日及場所。

十、如遇天災或其他事故不能聽證時，得依職權或當事人之申請，中止聽證。

十一、採取其他為順利進行聽證所必要之措施。

主持人依前項第九款決定繼續聽證之期日及場所者，應通知未到場之當事人及已知之利害關係人。

解說

　　職權主義與當事人主義是現代公共程序的兩大模式，各有其自身優點。當事人進行主義是指只有當事人提出、主張或抗辯的

事由與證據，行政機關才有審酌的必要。職權主義是指不管當事人主張爲何，行政機關均不必然受其拘束，得獨立運作調查其證據，依職權進行程序。從保障程序公正的角度而言，當事人進行主義優於職權主義，因爲理論上沒有任何人比當事人更瞭解事情的全貌，與自己的權益所在，但從程序的經濟效益而言，職權主義優於當事人進行主義。就聽證模式而言各國大都採取職權主義模式，由聽證主持人主導整個聽證程序的進行，所有參與者必須受其指揮。原因有以下幾點：首先，出於公共事務管理的需要，行政活動本身講究效率，要求及時、迅速的作出決定，這是聽證採取職權主義模式的最主要原因。其次，行政行爲的決定並非全部程序終結，當事人如果覺得自己權益受損，還可以通過訴願與訴訟程序得到救濟。此外因爲行政機關所處的優勢地位和擁有的專業知識，若採用當事人進行主義，行政相對人和其他參加人將不可避免的實質上對行政機關處於弱勢地位，職權主義模式實際上達到利用客觀公正中立聽證主持人的權威對雙方實力進行平衡的作用。因此基於以上的考量，本條所規範的聽證還是採職權進行模式。

第63條（當事人聲明異議）
當事人認為主持人於聽證程序進行中所為之處置違法或不當者，得即時聲明異議。
主持人認為異議有理由者，應即撤銷原處置，認為無理由者，應即駁回異議。

解說

　　本條規定當事人對聽證程序得聲明異議及對該異議之處理。主持人依第62條之規定，享有廣泛之程序主導權。其所為處置如有違法或不當，自應予當事人異議之機會，爰於第1項明定當事人得即時聲明異議。

　　對於此項異議，主持人應即撤銷原處置或駁回，並應依前條之規定，記明於紀錄。除本法第62條所列十款行為，並設置一概括條款，以利主持人採取其他為順利進行聽證之必要措施。但是如果以上行為被當事人認為是行政程序權之濫用，當然必須也要給當事人相對應的救濟機會，方符武器平等原則。

第64條（聽證紀錄之作成及內容）

聽證，應作成聽證紀錄。

前項紀錄，應載明到場人所為陳述或發問之要旨及其提出之文書、證據，並記明當事人於聽證程序進行中聲明異議之事由及主持人對異議之處理。

聽證紀錄，得以錄音、錄影輔助之。

聽證紀錄當場製作完成者，由陳述或發問人簽名或蓋章；未當場製作完成者，由主持人指定日期、場所供陳述或發問人閱覽，並由其簽名或蓋章。

前項情形，陳述或發問人拒絕簽名、蓋章或未於指定日期、場所閱覽者，應記明其事由。

陳述或發問人對聽證紀錄之記載有異議者，得即時提出。主持人認異議有理由者，應予更正或補充；無理由者，應記明其異議。

解說

　　本條規定聽證紀錄之作成及其內容，並規定對聽證紀錄得聲明異議及對該異議之處理。

　　按聽證紀錄為行政機關作成決定之重要依據，爰於本條第1項規定應作成紀錄，並於第2項規定聽證紀錄應記載事項，俾利遵循。

　　為因應時代進步之需求，並確保紀錄之真實，特明定聽證紀錄得以錄音、錄影予以輔助，俾更周全，爰為第3項規定。

　　為使在場之陳述人或發問人得充分瞭解聽證紀錄之內容，爰為第4項、第5項規定。

　　聽證紀錄之記載攸關當事人權益，爰於第6項規定陳述人或發問人有聲明異議之權，並規定行政機關對異議之處理。主持人於主持聽證時，應本於公正超然之基本立場，採職權進行主義之原則，以確保當事人之權益，維護機關權威，並且可以供事後司法機關而為審查。

第65條（聽證之終結）

主持人認當事人意見業經充分陳述，而事件已達可為決定之程度者，應即終結聽證。

解說

　　為了避免工作事務久拖不決，已經到達可以可為決定之程度者，當然應即終結聽證，以避免浪費時間與資源。

第66條（行政機關得再爲聽證）
聽證終結後，決定作成前，行政機關認為必要時，得再為聽證。

解說

　　人民或行政機關發現新證據時，得再爲聽證，以保人民權益，不至於對一造或兩造都形成突襲事由，此有類似法院審理案件辯論終結後之「再開辯論」程序。

第十一節　送達

第67條（送達由行政機關爲之）
送達，除法規另有規定外，由行政機關依職權為之。

解說

　　爲顧及當事人程序利益，行政機關必須要確認相關文書已經送達至當事人，否則該行政程序仍未發生效力。因爲特定具體案件在行政程序上相關文書的合法確實送達於當事人，是整個行政程序眞正開始的信號。未經合法送達通知的當事人，就無法確知其是否可以與應當如何參與程序，很可能將嚴重傷害其程序利益與相關基本權。因此在行政程序法中對於各種情況下與在各種處所之人的送達有極詳盡的規定，方符行政機關對人民應善盡對人民保護義務之宗旨。

第68條（送達方式及送達人）
送達由行政機關自行或交由郵政機關送達。
行政機關之文書依法規以電報交換、電傳文件、傳真或其他電子文件行之者，視為自行送達。
由郵政機關送達者，以一般郵遞方式為之。但文書內容對人民權利義務有重大影響者，應為掛號。
文書由行政機關自行送達者，以承辦人員或辦理送達事務人員為送達人；其交郵政機關送達者，以郵務人員為送達人。
前項郵政機關之送達準用依民事訴訟法施行法第三條訂定之郵政機關送達訴訟文書實施辦法。

解說

　　由郵政機關送達者，目前在我國行政實務上，是最常見的一種送達方式。原則上文書傳遞都以一般郵遞方式為之。但是文書內容對人民權利義務有重大影響者，應為掛號，蓋得作為憑證，並且製作送達證書，以杜爭議。

　　行政機關在我國實務，可逕以掛號郵寄當事人簽領（雙掛號），不論當事人是否拒領，該雙掛號回執聯即代表已完成送達程序；如居住所不詳者，則可以「公示送達」方式完成送達，亦無需當事人之親自簽領。然依該法第72條規定，送達必須於「應受送達人之住居所、事務所或營業所為之」，當事人可能以「寄送處所非其居住所」而主張送達不當，因此也可依行政程序法第68條規定，由機關文書單位（發文）送交當事人簽領。

　　最高行政法院96年判字第1604號要旨稱，郵政法第22條固

規定「郵件無法投遞，應退還寄件人」，惟懲管處未收獲退還之郵件，其理由容有多端，尚不得據此結果推論郵件業已合法送達。

如果信件因為何種原因被退回，不論原單位有無得回，均尚不得據此結果推論郵件業已合法送達。

第69條（對無行為能力人之送達）
對於無行政程序之行為能力人為送達者，應向其法定代理人為之。
對於機關、法人或非法人之團體為送達者，應向其代表人或管理人為之。
法定代理人、代表人或管理人有二人以上者，送達得僅向其中之一人為之。
無行政程序之行為能力人為行政程序之行為，未向行政機關陳明其法定代理人者，於補正前，行政機關得向該無行為能力人為送達。

解說

本法第22條第1項第1款規定，依民法規定有行為能力之自然人，有行政程序之行為能力。未成年人或受監護人，依民法規定並無行為能力，故無行政程序之行為能力，依首揭規定，應向其法定代理人送達，不得向未成年人或受監護人為送達。但未成年人或受監護人為行政程序行為時，於未向行政機關陳明法定代理人前，依本法第69條第4項規定得向該未成年人或受監護人送達。又無行政程序行為能力之未成年人或受監護人之法定代理人有二人以上者，依本法第69條第3項規定得僅向其中一人送達即可。

第70條（對外國法人之送達）
對於在中華民國有事務所或營業所之外國法人或團體為送達者，應向其在中華民國之代表人或管理人為之。
前條第三項規定，於前項送達準用之。

解說

　　本條規定對於在我國有事務所或營業所之外國法人或團體之送達方法，原則上要儘量避免直接向我國主權所不及的外國（包括中國大陸、香港與澳門地區）。在我國境內之外國法人或團體，其在我國之代表人或管理人有二人以上時，得準用前條第3項規定，僅向其中一人送達，即可收送達之效，以利節省行政程序勞費。

第71條（對代理人之送達）
行政程序之代理人受送達之權限未受限制者，送達應向該代理人為之。但行政機關認為必要時，得送達於當事人本人。

解說

　　行政程序之代理人，除與本人有特別約定外，均有收受送達之權限，因此自應向代理人為送達，但行政機關若認有必要，亦得向本人為送達。參考民事訴訟法第132條。

相關案例

　　臺北市政府法規委員會民國93年11月8日北市法二字第9331584300號函：「關於建築法及性質上尚非屬不得委任代理人之案件，如起造人就申請建造執照或雜項執照案件委任建築師

辦理，該代理權授與除當事人另定外，應及於案件程序有關之全部行為，如受送達權限未受限，則送達應向建築師為之。」

其理由稱（節錄）：「二、查『當事人得委任代理人。但依法規或行政程序之性質不得授權者，不得為之。每一當事人委任之代理人，不得逾三人。代理權之授與，及於該行政程序有關之全部程序行為。但申請之撤回，非受特別授權，不得為之。行政程序代理人應於最初為行政程序行為時，提出委任書。代理權授與之撤回，經通知行政機關後，始對行政機關發生效力。』『行政程序之代理人受送達之權限未受限制者，送達應向該代理人為之。但行政機關認為必要時，得送達於當事人本人。』行政程序法第24條及第71條分別定有明文。再者，建築法第30條、第35條及第36條分別規定：『起造人申請建造執照或雜項執照時，應備其申請書、土地權利證明文件、工程圖樣及說明書。』『直轄市、縣（市）（局）主管建築機關，對於申請建造執照或雜項執照案件，認為不合本法規定或基於本法所發布之命令或妨礙當地都市計畫或區域計畫有關規定者，應將其不合條款之處，詳為列舉，依第33條所規定之期限，一次通知起造人，令其改正。』『起造人應於接獲第一次通知改正之日起六個月內，依照通知改正事項改正完竣送請復審；屆期未送請復審或復審仍不合規定者，主管建築機關得將該申請案件予以駁回。』因此有關申請建造執照或雜項執照案件，依建築法規定及性質上尚非屬不得委任代理人之案件，則如起造人就申請建造執照或雜項執照案件委任建築師辦理，參照上開行政程序法之規定，該代理權之授與除當事人另有限制外，應係及於該申請建造執照或雜項執照案件程序有關之全部行為，且如該建築師受送達之權限未受限制，則送達應向建築師為之，但貴局認為必要時，得送達於起造人，合先敘明。」

　　由於此時建築師與建築起造人即為當事人與代理人之關係，但是外觀上非專業人士未必那麼快容易看出來這種關係，茲舉本例以為解釋類似的專業當事人與代理人之關係。

第72條（送達之處所）
送達，於應受送達人之住居所、事務所或營業所為之。但在行政機關辦公處所或他處會晤應受送達人時，得於會晤處所為之。
對於機關、法人、非法人之團體之代表人或管理人為送達者，應向其機關所在地、事務所或營業所行之。但必要時亦得於會晤之處所或其住居所行之。
應受送達人有就業處所者，亦得向該處所為送達。

解說
　　第1項規定一般送達之處所，第2項則係規定對於機關、法人、非法人團體之代表人或管理人應送達之處所。又因現代社會中，在外就業者人數甚多，為便於行政機關送達及在外就業者收受送達，爰於第3項規定得向就業處所為送達。請參考民事訴訟法第136條第1項。

第73條（補充送達及留置送達）
於應送達處所不獲會晤應受送達人時，得將文書付與有辨別事理能力之同居人、受雇人或應送達處所之接收郵件人員。
前項規定於前項人員與應受送達人在該行政程序上利害關係相

> 反者，不適用之。
>
> 應受送達人或其同居人、受雇人、接收郵件人員無正當理由拒絕收領文書時，得將文書留置於應送達處所，以為送達。

解說

　　依法務部在行政機關文書送達問答手冊上之解釋，「同居人」係指與應受送達人居住一處共同為生活者。「受僱人」係指被僱服日常勞務有繼續性質而言。「有辨別事理能力」則係指有普通常識而非幼童或精神病人而言，並以郵政機關送達人於送達時，就通常情形所得辨認者為限，但並不以有行為能力人為限。「無正當理由」係專指文書之送達程序無拒絕收領之法律上理由而言，至於有無其他程序上之理由，則非所問。只要行政文書依法定程序送達並且交給該處所具備文書識別能力的常在該處所人員，來作客拜訪偶一在此之人不算，就會發生與交給本人相同之效力，除非該人與當事人在該案上的利害相反。此處的同居人與僱用人，應為例示而非列舉。原則上該收件人員無正當理由不得拒絕送達，機關遇其拒絕可以留置文書當作已送達。

　　國稅局將稅單掛號寄到老張住的大廈由管理員簽收，是否發生送達效力？

　　臺南市政府97年訴字第50號對稅務糾紛的訴願決定書，引用財政部94年4月13日臺財稅字第09404524570號令及法務部92年7月10日法律字第0920026106號函分別核釋：「在行政程序法公布施行後，得依稅捐稽徵法第1條適用行政程序法第73條第1項規定，將稅捐稽徵文書付與有辨別事理能力之同居人、受僱人

或應送達處所之接收郵件人員，資為送達。」「本法（行政程序法）第73條有關補充送達之要件應具備：1.於應送達處所不獲會晤應受送達人；2.補充送達之對象須為應受送達之人同居人、受僱人或接收郵件人員；3.為有辨別事理能力之同居人、受僱人或接收郵件人員；4.同居人、受僱人或接收郵件人員須非與應受送達人在該行政程序上利害關係相反之人。如符合上開要件，不論同居人、受僱人或接收郵件人員是否將文書交付本人，均自交付與同居人、受僱人或接收郵件人員（例如大樓管理員）時發生送達效力。」

　　訴願人自96年6月20日即遷入設籍於本市東區○街○巷○號○樓房屋內，訴願人所有上開房屋，96年房屋稅繳款書應納稅額6,372元（管理代號○○○、原開徵期間自96年5月1日至同年月31日、展延繳納期間至同年9月12日止），經原處分機關按訴願人戶籍地址交郵送達，郵局於96年7月30日送達訴願人戶籍地，因未獲會晤訴願人本人，乃將上開繳款書交與「○○新城國宅管理室管理員張○○先生」，以上事實有97年7月21日列印「戶政連線戶籍資料」、97年3月24日列印之「臺南市稅務局代收移送行政執行處滯納房屋稅稅款及財務罰鍰繳款書」、蓋有四維新城國宅管理室收發章及郵局勾選「受僱人」張○○簽名之「臺南市稅捐稽徵處送達證書」等影本各乙份附卷可憑，足以採據。

　　按行政程序法第73條第1項所稱「受僱人」係指為應受送達人服務之人，固然不以受有報酬或訂有僱傭契約為必要，但仍須其服勞務有相當之持續性始可。本件○○新城國宅管理室管理員張○○先生受僱工作兼及收受書信文件等各住戶之雜務，應為行政程序法第73條第1項所稱之受僱人。是以，原處分機關於96年7月30日將上開繳款書交與受僱人「○○新城國宅管理室管理員

張○○先生」時，不論有無轉交該文書或何時轉交與訴願人，應於96年7月30日已合法送達系爭繳款書與訴願人。

第74條（寄存送達）

送達，不能依前二條規定為之者，得將文書寄存送達地之地方自治或警察機關，並作送達通知書兩份，一份黏貼於應受送達人住居所、事務所、營業所或其就業處所門首，另一份交由鄰居轉交或置於該送達處所信箱或其他適當位置，以為送達。

前項情形，由郵政機關為送達者，得將文書寄存於送達地之郵政機關。

寄存機關自收受寄存文書之日起，應保存三個月。

解說

不能依前二條規定為送達時，得以寄存送達方式為之，但為增加對應受送達人之保護，訂定寄存送達，應製作送達通知書二份，一份黏貼於住居所、事務所或就業處所之門首，另一份應交由鄰居轉交或置於送達處所之信箱或其他適當位置，使應受送達人較易知悉寄存送達之事實。

行政機關所掌握到的當事人住居所地址，有可能在送達時因當事人已搬遷而過時，因為現在社會中人口流動性極高。當事人因為種種因素無法收送文書，故可送達至當事人所住地址之郵局，即於一段時間後發生送達效力。

至於第3項規定寄存機關代為保存文書之期間，旨在不使寄存機關代為保存文書成為漫無止境之負擔。

相關案例

　　財政部94年4月13日臺財稅字第09404524570號令意旨略以（節錄）：「二、……在行政程序法公布施行後，稅捐稽徵文書送達於納稅義務人之住居所、事務所或營業所不獲會晤納稅義務人，亦無受領文書之同居人、受僱人及應送達處所之接收郵件人員時，得依稅捐稽徵法第1條適用行政程序法第74條規定，辦理寄存送達。」

　　法務部93年4月13日法律字第0930014628號函釋意旨略以：「行政機關或郵政機關依行政程序法第74條第1項規定送達者，如於應送達處所確已完成文書寄存於送達地之地方自治、警察機關或郵政機關（限郵政人員送達適用），並製作送達通知書二份，一份黏貼於送達處所之門首，另一份交由鄰居轉交或置於送達處所信箱或其他適當位置時，無論應受送達人實際上於何時受領文書，均以寄存之日視為收受送達之日期，而發生送達效力。」

> **第75條**（對不特定人之送達方式）
> 行政機關對於不特定人之送達，得以公告或刊登政府公報或新聞紙代替之。

解說

　　為避免行政機關因不特定人人數眾多或住居所不明，以致無法一一為合法送達之困擾，特規定得以公告、刊登政府公報或新聞紙之方式代替送達。某些特殊的行政行為有可能涉及不特定人，例如行政機關要公告某些物品如管制藥品或煙火爆竹，必須

列入管制與查核，未經許可者甚至要加以沒入以利公共安全。事先行政機關不可能知道那些人會持有，持有者顯非特定，就必須使用本條規範之方法加以公告。

相關案例

　　高等行政法院93年訴字第253號認為，被告之行政作為亦非針對不特定之人，依行政程序法第8條、第34條、第35條、第68條及第75條之相關規定，被告自應以掛號方式將通知書送達租、佃雙方。本件被告辦理耕地申請續訂租約或收回自耕事宜，未遵守上開行政程序，卻僅以張貼公告方式，並以平信寄出通知書於相關當事人，經原告於本院審查中主張並未收受該項通知，被告復無他項證據可資證明原告確有收到該項通知，自不得主張已合法送達通知，不生期間已開始起算之效力。

第76條（送達證書之製作及附卷）

送達人因證明之必要，得製作送達證書，記載下列事項並簽名：

一、交送達之機關。

二、應受送達人。

三、應送達文書之名稱。

四、送達處所、日期及時間。

五、送達方法。

除電子傳達方式之送達外，送達證書應由收領人簽名或蓋章；如拒絕或不能簽名或蓋章者，送達人應記明其事由。

送達證書，應提出於行政機關附卷。

解說

　　送達證書之製作及附卷，參考民事訴訟法第141條。

　　行政機關送達之文書甚多，如有證明事實之必要，始予製作送達證書，以利節省勞費。送達證書足以證明送達是否合法等事項，自應送由行政機關附卷，以便日後查考。

　　由於電子傳達方式之送達較特殊，無法由收領人當場簽名蓋章，故予以除外；其他方式之送達，均應由收領人簽蓋，如不簽蓋者，得以記明事由代之。

　　對人民權利義務有重大影響之文書應由承辦人於信封背面黏貼送達證書後，交郵政機關或自行送達，送達證書應附卷存證。各行政機關均已訂有統一格式之送達證書，並且都會大量印製甚至供人下載，內容即為本條所規範之各種事項。

相關案例

　　法務部（91）法律字第0910032965號函，曾具體函釋：「行政機關之文書如以附有送達證書之掛號方式為送達，郵務人員將依送達證書內記載之方式為送達；如未附送達證書而以單掛號或雙掛號方式為送達者，因無有關送達方法之記載，故郵務人員將無從依行政程序法規定為留置或寄存送達。如以附有送達證書之掛號方式為送達，並由郵務人員為寄存送達者，不論當事人何時前往寄存機關領取，均已發生送達效果。惟如未附送達證書，則縱寄存於郵局招領，並以招領通知單通知應受送達人，因無法踐行上開寄存送達之程序，於應受送達人未領取前自不發生送達效力。」

第77條（對第三人送達之處理方式）

送達係由當事人向行政機關申請對第三人為之者，行政機關應將已為送達或不能送達之事由，通知當事人。

解說

行政機關於當事人申請對第三人為送達時，已送達或不能送達之處理方式。

當事人申請行政機關對第三人為送達時，其已否送達，通常攸關當事人之權益，行政機關自應將其已為送達或不能送達之情形通知該當事人知悉。行政機關應當向當事人負責的作法，對第三人之送達若已是當事人的責任，行政機關當然就有義務要把送到或不送到的情狀事由通報給當事人知道，後續行政行為才會能繼續有效進行。參考民事訴訟法第142條第2項。

第78條（公示送達之原因與方式）

對於當事人之送達，有下列各款情形之一者，行政機關得依申請，准為公示送達：

一、應為送達之處所不明者。

二、於有治外法權人之住居所或事務所為送達而無效者。

三、於外國或境外為送達，不能依第八十六條之規定辦理或預知雖依該規定辦理而無效者。

有前項所列各款之情形而無人為公示送達之申請者，行政機關為避免行政程序遲延，認為有必要時，得依職權命為公示送達。

當事人變更其送達之處所而不向行政機關陳明，致有第一項之情形者，行政機關得依職權命為公示送達。

解說

　　公示送達是在當事人所在處所不明，或當所有送達於當事人之手段都使用後，仍然無法使當事人簽收行政機關之文書或其他形式之意思表示，所使用為了終結該行政程序之最後送達手段。因為此種手段對當事人較為不利，是否能保障當事人程序利益的不確定性仍高，使用時應十分謹慎。

相關案例

　　臺灣高等法院95交抗字第529號判決指出，違反道路交通管理事件統一裁罰基準及處理細則第5條定有明文。行政程序法第78條第1項第1款復規定：「當事人應為送達之處所不明者，行政機關得依聲請，准為公示送達。」惟所謂「應受送達之處所不明」，須已用盡相當之方法探查，仍不知其應為送達之處所者，始足當之。而「不明」之事實，則應由聲請公示送達之人負舉證責任，並由法院依具體事實判斷。

第79條（行政機關依職權之公示送達）
依前條規定為公示送達後，對於同一當事人仍應為公示送達者，依職權為之。

解說

　　凡對同一當事人有再公示送達之原因者，行政機關即依職權為之，以資便捷。這是因為公示送達往往無法保證當事人一定有收到此一訊息，因此很容易有再公示送達之原因。此時機關應作職權判斷，是否再為公示送達。

第80條（公示送達之方式）
公示送達應由行政機關保管送達之文書，而於行政機關公告欄黏貼公告，告知應受送達人得隨時領取；並得由行政機關將文書或其節本刊登政府公報或新聞紙。

解說

　　公示送達，應由行政機關暫行保管應送達之文書，但應張貼公告，告知應受送達人得隨時領取；另為增加應受送達人知悉應送達文書之內容或要旨之機會，亦得將文書或節本刊登政府公報或新聞紙。

第81條（公示送達之生效日期）
公示送達自前條公告之日起，其刊登政府公報或新聞紙者，自最後刊登之日起，經二十日發生效力；於依第七十八條第一項第三款為公示送達者，經六十日發生效力。但第七十九條之公示送達，自黏貼公告欄翌日起發生效力。

解說

　　公示送達並非直接將文書送達於應受送達人，為恐該人一時不易知悉送達之事實，故予酌留二十日至六十日之生效期間，但若係再度為公示送達，即無此必要。

第82條（公示送達證書之附卷）
為公示送達者，行政機關應製作記載該事由及年、月、日、時之證書附卷。

解說

　　公示送達勢將嚴重影響應受送達人之權益，因為這是為了最後在一定期間內終結行政程序所設置，很難判斷應受送達人是否真的有收到。因此行政機關應製作證書記載公示送達之事由及時間等項，以示慎重，並利日後查考。

第83條（送達代收人之送達）

當事人或代理人經指定送達代收人，向行政機關陳明者，應向該代收人為送達。

郵寄方式向行政機關提出者，以交郵地無住居所、事務所及營業所者，行政機關得命其於一定期間內，指定送達代收人。

如不於前項期間指定送達代收人並陳明者，行政機關得將應送達之文書，註明該當事人或代理人之住居所、事務所或營業所，交付郵政機關掛號發送，並以交付文書時，視為送達時。

解說

　　本條規定對送達代收人之送達，行政機關命當事人指定代收人之要件及當事人不依限指定代收人時，行政機關之對應措施，參考民事訴訟法第133條。

　　指定送達代收人對送達之順利完成有極大之助益，因此當事人或代理人得指定送達代收人，行政機關亦得在一定要件下，命當事人或代理人指定代收人；若不依限指定代收人，行政機關亦不能不有代替方案，爰有本條各項之規定。

第84條（得爲送達之時間）

送達，除第六十八條第一項規定交付郵政機關或依第二項之規定辦理者外，不得於星期日或其他休息日或日出前、日沒後爲之。但應受送達人不拒絕收領者，不在此限。

解說

　　得爲送達之時間，參考民事訴訟法第140條。

　　送達，爲了要考慮到受送達人的生活不被打擾，原則上應於日出後、日沒前之上班日爲之，亦即避免於夜間爲之。倘於夜間送達，應受送達人得拒絕受領，惟應受送達人不拒絕時，亦得爲之。又送達係交付郵政機關，或以電子文件行之者，對應受送達人尙無不便之處，故其送達不限於白晝或夜間，均得爲之。

相關案例

【臺北高等行政法院92年8月29日91年度訴字第2341號判決】節錄

　　一、按行政程序法第84條規定：「送達，除第68條第1項規定交付郵政機關或依第2項之規定辦理者外，不得於星期日或其他休息日或日出前、日沒後爲之。但應受送達人不拒絕收領者，不在此限。」查臺灣警察專科學校之調訓通知函係於90年8月30日交由郵政機關送達，並經原告於同年9月1日收領，此爲原告所不爭，經查本件係交付郵政機關送達，所以雖9月1日爲星期六休息日，仍得爲之，縱違反行政程序法送達時間之規定，依該條但書規定，其法律效果僅係受送達人得拒絕受領，本件既經原告予以受領在案，該送達已屬合法送達，自生其效力，合先敘明。

　　二、另按民事訴訟及行政訴訟之在途期間及就審期間係爲訴訟當事人爲實施一定之訴訟行爲所應扣除之期間或應使當事人得

預作言詞辯論之準備而應預留之時間，僅係訴訟事件所特別規定之期間，並非一般法律原則，本件係屬人事行政程序行為，並無上開就審期或扣除在途期間之類推適用。是以原告主張臺灣警察專科學校之報到通知未給予準備報到之在途期間或比照就審期預留一段準備期間，係屬違法云云，自非可採。

第85條（不能為送達時之處理方式）
不能為送達者，送達人應製作記載該事由之報告書，提出於行政機關附卷，並繳回應送達之文書。

解說

　　如果不能為送達者，送達人應製作記載該事由之報告書，提出於行政機關附卷，以利事後查考。這樣使得行政機關可以另行送達，以維護當事人權益。

第86條（於外國或境外送達之方式）
於外國或境外為送達者，應囑託該國管轄機關或駐在該國之中華民國使領館或其他機構、團體為之。
不能依前項規定為送達者，得將應送達之文書交郵政機關以雙掛號發送，以為送達，並將掛號回執附卷。

解說

　　於外國或境外為送達，因並非本國統治權所及，自難依一般送達方式為之，爰予第1項規定，應囑託該國管轄機關或駐在該國之中華民國使館或其他機構、團體為之。

113

　　對於無邦交國家或大陸地區之送達，如不能依第1項規定辦理時，得將應送達之文書交郵政機關以雙掛號方式送達，解決實際困難，使行政程序可以繼續下去。

第87條（對駐外人員之送達）
對於駐在外國之中華民國大使、公使、領事或其他駐外人員為送達者，應囑託外交部為之。

解說

　　駐在外國之中華民國大使、公使、領事或其他駐外人員均為外交部的下屬。因此對這樣的人員為送達者，自應囑託外交部為之。

第88條（對現役軍人之送達）
對於在軍隊或軍艦服役之軍人為送達者，應囑託該管軍事機關或長官為之。

解說

　　在軍隊或軍艦服役之軍人大都身處軍事重地，行政機關或郵務人員不宜擅自進入。因此對此為送達者，自應囑託該管軍事機關或長官為之。

第89條（對在監所人之送達）
對於在監所人為送達者，應囑託該監所長官為之。

解說

　　在監所人，於監所管理單位的管轄下。爲送達者，應囑託該監所長官爲之。

第90條（對有治外法權人之送達）
於有治外法權人之住居所或事務所爲送達者，得囑託外交部爲之。

解說

　　對於有治外法權人之住居所或事務所之送達，有時亦得囑託外交部爲之。

第91條（對囑託送達結果通知之處理）
受囑託之機關或公務員，經通知已爲送達或不能爲送達者，行政機關應將通知書附卷。

解說

　　行政機關對於囑託送達結果通知之處理方式，不論如何都應該要把相關資料繳交出來，必使事後可以稽核究竟有無送達。

第一章隨堂測驗參考答案

第1題 解答：(D)

解析：如大法官釋字第714號解釋之原因事實，台鹼安順廠之「戴奧辛」及「汞」污染，表面上係由依公司法組設之台鹼公司造成，然因台鹼公司為國營事業，台鹼公司之董事皆由經濟部指派，該等董事實為經濟部之代表，係代其行使董事之職權，經濟部全權掌控台鹼公司董事會之運作、經營及預算。台鹼公司因純粹負責執行經濟部之命令，猶如經濟部之手腳。經濟部明知「汞」及「戴奧辛」污染嚴重，卻在台鹼公司已主動編列預算擬整治污染之際，將之裁撤，並依據國營事業管理法規定，命中石化公司合併台鹼公司，繼於80年間知悉行政院送請立法院審議之土污法，明定「污染行為人之責任採用溯及既往整治責任」；且環保署開始追查系爭土地污染整治責任，經濟部竟仍將中石化公司積極予以民營化，將國家所造成之台鹼安順廠污染，以金蟬脫殼方式，轉嫁予已民營化之中石化公司，使受害者求償無門。因此國家自不能以公法遁入私法之方式，放棄自己對人民基本權利應負的責任。

第2題 解答：(D)

解析：考試院考選部舉辦國家考試之行為，仍屬實質意義之行政的範疇。對相對人錄取為形成處分，不錄取為確認處分，均會對當事人的利益產生強烈影響，而得為行政救濟爭訟標的。

第3題 解答：(D)

解析：(A)(B)(C)均為行政程序法第3條第2、3項所明定不適用行政程序法之程序。司法院處理陳情之行為與司法權的程序無關，仍應適用本法第七章陳情之程序規定。

第4題 解答：(A)

解析：行政程序法第3條第2項第2款：「下列機關之行政行為，不適用本法之程序規定：二、司法機關。」

第5題 解答：(D)

解析：(A)(B)(C)分別請參見本法第7條、第6條、第8條；(D)參見本法第4條：「行政行為應受法律及一般法律原則之拘束。」

第6題 解答：(D)

解析：(A)(B)(C)分別為本法第7條第1、2、3款之原則；而(D)為本法第5條。

第7題 解答：(A)

解析：大法官釋字第710號解釋文指出：「……同條第2項規定：『前項大陸地區人民，於強制出境前，得暫予收容……』……，未能顯示應限於非暫予收容顯難強制出境者，始得暫予收容之意旨，亦未明定暫予收容之事由，有違法律明確性原則。」

第8題 解答：(D)

解析：行政程序法第6條：「行政行為，非有正當理由，不得為差別待遇。」行政自我拘束原則，係指行政機關作成行政處分時，對於相同或具同一性之事件，應受合法行政先例或行政慣例之拘束；如無實質正當理由，即應為相同之處理，以避免人民遭受不能預見之損害。對具體個案，上級行政機關為簡化行政裁量，往往會頒布「裁量性準則」的行政規則，當行政機關經常依「裁量性準則」的行政規則作成裁量時，乃形成一種行政慣例，使該行政規則具有對外效力。依行政自我拘束原則，行政機關在

沒有特別情事下，有義務創造出「要件上的平等」。要件有三：
一、合於行政目的之裁量性準則；二、須依該裁量性準則所為之
裁量已形成慣例；三、行政慣例係屬行政裁量實現之結果。

第9題 解答：(D)

解析：司法院釋字第603號解釋理由書：「指紋乃重要之個
人資訊，個人對其指紋資訊之自主控制，受資訊隱私權之保障。
而國民身分證發給與否，則直接影響人民基本權利之行使。戶
籍法第8條第2項規定：依前項請領國民身分證，應捺指紋並錄
存。但未滿14歲請領者，不予捺指紋，俟年滿14歲時，應補捺
指紋並錄存。第3項規定：請領國民身分證，不依前項規定捺指
紋者，不予發給。對於未依規定捺指紋者，拒絕發給國民身分
證，形同強制按捺並錄存指紋，以作為核發國民身分證之要件，
其目的為何，戶籍法未設明文規定，於憲法保障人民資訊隱私權
之意旨已有未合。縱用以達到國民身分證之防偽、防止冒領、冒
用、辨識路倒病人、迷途失智者、無名屍體等目的而言，亦屬
損益失衡、手段過當，不符比例原則之要求。戶籍法第8條第2
項、第3項強制人民按捺指紋並予錄存否則不予發給國民身分證
之規定，與憲法第22條、第23條規定之意旨不符，應自本解釋
公布之日起不再適用。至依據戶籍法其他相關規定換發國民身分
證之作業，仍得繼續進行，自不待言。」

第10題 解答：(C)

解析：行政程序法第8條：「行政行為，應以誠實信用之方
法為之，並應保護人民正當合理之信賴。」依題意B公司油槽滲
漏污染地下水，A市環保局已命其於8月30日前改善，也正在改
善中，卻於8月27日接獲A市政府環境保護局之罰單，對其污染
地下水之行為處以鉅額罰鍰。A市政府環境保護局之罰鍰處分顯
然出爾反爾，不符誠實信用原則。

第11題 解答：(A)

解析：爲保全公權力行政之公平公正，本法第9條明文規定，行政機關就該管行政程序，應於當事人有利及不利之情形，一律注意。而今A機關僅考量對B不利評量結果，而對B有利評量結果皆不加以考量，當然明顯有不當考量，違反本法第9條。

第12題 解答：(C)

解析：最高行政法院102年度3月第2次庭長法官聯席會議之決議：「財政部以98年12月8日台財稅字第09800584140號令修正發布之稅務違章案件裁罰金額或倍數參考表（下稱倍數參考表），係作爲下級機關行使裁量權之基準。其中針對98年5月27日修正公布所得稅法第114條第1款前段罰則規定之裁量基準：「扣繳義務人未依所得稅法第88條規定扣繳稅款，已於限期內補繳應扣未扣或短扣之稅款及按實補報扣繳憑單：(一)應扣未扣或短扣之稅額在20萬元以下者，處0.5倍之罰鍰。(二)應扣未扣或短扣之稅額超過20萬元者，處1倍之罰鍰。」就應處1倍之罰鍰部分，爲法定最高額度。稅捐稽徵機關如據以對應扣未扣稅額超過20萬元之過失行爲裁罰，因其較諸故意行爲應受責難程度爲低，非不得依倍數參考表使用須知第4點，將裁罰倍數予以調低，以示有別，而符合法規授權裁量之意旨。倘逕處1倍之罰鍰，未具體說明審酌應處法定最高額度之情由，可認爲不行使法規授與之裁量權，而有裁量怠惰之違法。」

第13題 解答：(D)

解析：行政程序法第11條第5項規定，管轄權非依法規不得設定或變更。故(A)錯。

行政程序法第15條第1項規定，上級機關將其權限之一部分，委由其下級機關辦理，屬委任而非委託，故(B)錯。

行政程序法第15條第1、3項規定，行政機關將其管轄權限委任其他機關辦理時，應將委任或委託事項及法規依據公告之，並刊登政府公報或新聞紙。最高行政法院認為若無踐行此項程序，尚不生權限委任，該委任係不生效力，而非效力未定；但若該受委任機關因此已為之處分，除非該處分之瑕疵已達同條第7款所規定重大而明顯之程度，諸如違反權力分立或職權分配情形，如最高行政法院103年度判字第605號判決，尚屬得撤銷而非無效，故(C)錯。

依最高行政法院96年判字1916號判例，有管轄權之機關除依行政程序法第18條規定喪失管轄權外，不因其將權限之一部委任其他機關辦理，而喪失管轄權之效果。故答案為(D)。

第14題 解答：(A)

解析：根據本法第12條，(A)錯，(B)(C)(D)皆正確。

第15題 解答：(C)

解析：本法第13條第1項：「同一事件，數行政機關依前二條之規定均有管轄權者，由受理在先之機關管轄(B)，不能分別受理之先後者，由各該機關協議定之(D)，不能協議或有統一管轄之必要時，由其共同上級機關指定管轄(A)。無共同上級機關時，由各該上級機關協議定之。」(C)則於法無據。

第16題 解答：(D)

解析：本法第16條第2項規定，(A)正確；而依據訴願法第10條：「依法受中央或地方機關委託行使公權力之團體或個人，以其團體或個人名義所為之行政處分，其訴願之管轄，向原委託機關提起訴願。」(C)正確、(D)錯誤。

第17題 解答：(B)

解析：參見本法第15條第2項規定。

第18題 解答：(C)

解析：依本條第1項：「行政機關得依法規將其權限之一部分，委託民間團體或個人辦理。」審查核准專利權乃是經濟部智慧財產局權限之一部分，也非核心權限，可委託。(A)錯。

本條第2項：「前項情形，應將委託事項及法規依據公告之，並刊登政府公報或新聞紙。」因此必須要另有具有法律或依法律授權之行政命令或法規依據公告之，才得將審查核准專利權之權限委託民間團體執行，不可直接以行政程序法作為法規依據，有授權明確性原則適用。(B)錯、答案為(C)。

(D)錯，另有組織及作用法專法為依據。

第19題 解答：(A)

解析：此為本法第16條第1項所規範的委託行使公權力。(A)正確。

(B)汽車修護廠可以用自己的名義作年度檢驗，並依檢驗結果，核蓋合格章並登錄於行車執照，不需要與其他行政主體一起搭配，因此不是行政助手。

(C)依檢驗結果，核蓋合格章並登錄於行車執照，對車輛主並不生法律效果，因此只是觀念通知，非行政處分。

(D)私人經營之汽車修護廠不是行政主體，因此不是職務協助。

第20題 解答：(B)

解析：(A)(C)(D)分別依據第13條、第18條、第11條第2項。而根據本法第17條第1項，(B)錯。

第21題 解答：(D)

解析：最高行政法院96年度判字第1916號判決：「有管轄權之機關除依行政程序法第18條規定喪失管轄權外，不因其將權限之一部委任或委託其他機關辦理，而發生喪失管轄權之效果。縱其未將委任或委託之權限收回，必要時仍得自行受理人民之申請案並為准駁之決定。」此即現行司法實務上認為委託或委任機關並未因此喪失管轄權，此時即委託或委任機關及受委託或受委任機關對於委託或委任權限範圍內皆具有管轄權。

第22題 解答：(C)

解析：(A)(B)(D)分別依據本法第19條第5項、第6項、第3項規定。(C)則參酌第19條第7項規定，被請求機關得向請求協助機關要求負擔行政協助所需費用。

第23題 解答：(C)

解析：根據本法第20條規定，行政程序之當事人，不包括行政程序之證人。

第24題 解答：(C)

解析：依據本法第20條第4款規定，(A)錯。本法第20條規定，行政機關當然具有行政程序之當事人能力，(B)錯。本法第28條規定，應各自為行政程序行為，(D)錯。而根據本法第22條規定，(C)正確。

第25題 解答：(D)

解析：(A)(B)(C)分別依據本法第27條第1項、第28條、第30條第1項為正確。根據本法第27條第4項前段：「經選定或指定當事人者，僅得由該當事人為行政程序行為，其他當事人脫離行政程序。」法文並無「一律」，故(D)錯。

第26題 解答：(A)

解析：本法第32條：「公務員在行政程序中，有下列各款情形之一者，應自行迴避：……」僅(A)正確。

第27題 解答：(C)

解析：參見本法第33條第3項規定。

第28題 解答：(C)

解析：依行政罰法第2條第3款，(A)為行政罰影響名譽之處分：公布姓名或名稱、公布照片或其他相類似之處分。(B)為行政程序法第39條至第42條行政調查。(C)為行政程序法第165條所稱之行政指導。

有關(D)發布空氣品質惡化警告性質：

一、法規命令：德國學者認其具有規制性質，可拘束人民，對象開放。

二、對人一般處分：有學者認為，公告時間、空間特定，內容亦限於確認特定空氣情況，故屬一般處分。

三、有拘束力之事實認定：空氣品質惡化警告本身未對人民直接產生法律上拘束力，不具規制性質，非法規命令或一般處分，僅係事實行為，但發布後主管機關應執行空氣品質防制措施，以限制人民自由權利，屬「有拘束力之事實認定」。

第29題 解答：(D)

解析：本法第40條：「行政機關基於調查事實及證據之必要，得要求當事人或第三人提供必要之文書、資料或物品。」所規範之「當事人協力負擔」，本質上並非義務，而屬程序上之負擔。若當事人拒絕協力，行政機關並不能強制其協力，行政機關仍得逕行開始、終結或展延調查程序，不受此拒絕之影響。

　　但此時當事人須自行承擔程序上之不利益結果，若嗣後因此案發生國家賠償訴訟，甲公司未提供相關資料，有可能得法院之心證構成當事人與有過失之事由。

　　在嗣後因此案所生廢止行政處分而請求損失補償時，甲公司可能依本法第119條對重要事項提供不正確資料或為不完全陳述，致使行政機關依該資料或陳述而作成行政處分者，而被認定為信賴不值得保護。故(A)(B)(C)正確，(D)則於法無據。

　　第30題 解答：(B)

　　解析：本法第46條第1項：「當事人或利害關係人得向行政機關申請閱覽、抄寫、複印或攝影有關資料或卷宗。但以主張或維護其法律上利益有必要者為限。」同條第2項第3款：「行政機關對前項之申請，除有下列情形之一者外，不得拒絕：三、涉及個人隱私、職業秘密、營業秘密，依法規規定有保密之必要者。」故(B)錯、(A)(C)(D)正確。

第二章

行政處分

第一節　行政處分之成立

> **第92條**（行政處分與一般處分之定義）
> 本法所稱行政處分，係指行政機關就公法上具體事件所為之決定或其他公權力措施而對外直接發生法律效果之單方行政行為。
> 前項決定或措施之相對人雖非特定，而依一般性特徵可得確定其範圍者，為一般處分，適用本法有關行政處分之規定。有關公物之設定、變更、廢止或其一般使用者，亦同。

解說

　　在行政機關所為的各種高權行為當中，最具備此一特徵的行政行為就是行政處分。法諺云：「有行政，就有處分；有處分；就有救濟。」我國現行司法實務認為[1]：「『行政處分』概念之產生，考究其歷史背景，不過是一個『讓行政作為能受司法審查』的功能性、技術性概念而已，具有『工具』特質，僅是人民

---

[1] 轉引自李建良，〈行政處分 2.0——法治國家的制度工具與秩序理念〉，載於黃丞儀主編，《2017 行政管制與行政爭訟——行政程序法 2.0》（中央研究院法律學研究所，2023 年 10 月），頁 1-66。

提起行政爭訟，而受理機關與法院在進行案件合法性審查時，引為說理之過渡性媒介而已。所以應該儘量朝合目的性方向來掌握此一概念，讓對人民實體權利造成衝擊、而有必要接受合法性檢證之行政作為，能儘早獲得司法審查。」

行政處分作為行政適用法律的一種制度工具[2]，基本上是一種「三段論式」的法律解釋適用過程——法律規定的解釋、法律事實的認定、事實與法律（要件與效果）的涵攝。

不同於私法自治的契約自由精神，行政機關要給與當事人的處分就必須要有一定的法定構成要件，否則即為違法。從本條第1項規定可以拆解為六個要件[3]：

一、公法上具體意思表示。

二、行政機關所為之行為。

三、公權力措施。

四、單方行政行為。

五、包含具體人事時地體事件。

六、對外直接發生法律效果。

這種處分可能是授益的如發給駕照，也可能是侵益的如違反交通規則而被開罰單。發給駕照與開罰單的前提都是當事人必須要具備一定的法定要件經行政機關確認，而不能完全聽由其意思表示。駕照必須要到達一定年齡與心智條件並經過考試方可獲得，不能光用錢買。罰單一旦開出且經合法送達給當事人，當事人除非尋求行政救濟打官司抗罰，否則在正常情況下也必須接受並履行。因為行政處分具備此種單方高權作為之特性，因此使用時必須十分謹慎以防不當侵害人民利益。

2　同前註，李建良教授這篇演講稿對行政處分觀念有極為精闢的論述，強烈建議讀者一閱。

3　陳敏，《行政法總論》（新學林，2019 年 11 月 10 版），頁 300-310。

「行政處分者，乃行政機關在行政法上，爲規制具體事件，以直接對外發生法律效果爲目的，所爲之單方公權力措施。」不論採取名目爲何，只要能影響相對人法律上地位即屬於行政處分之法律效果，而不以發生權利狀態變動必要。確認關係人權利之行政處分，雖未變動既有之權利狀態，但由此種確認處分，使其依據法律所獲得之地位，因此而明確的被宣示及具體化，已具有相當之「法律上利益」，應亦被涵蓋在行政處分之「法律效果」特徵內，亦得作爲爾後行政爭訟的對象。只要是有高權行爲的行使，就可能被承認爲行政處分。是以行政處分所發生之法律效果，應作較廣義之解釋，並不以造成既有權利義務之變動爲必要，只要對其法律上之地位予以認定或不認定，即爲已足。

另外必須參照訴願法第3條：「本法所稱行政處分，係指中央或地方機關就公法上具體事件所爲之決定或其他公權力措施而對外直接發生法律效果之單方行政行爲。前項決定或措施之相對人雖非特定，而依一般性特徵可得確定其範圍者，亦爲行政處分。有關公物之設定、變更、廢止或一般使用者，亦同。」

以上這兩條規定均屬於對於行政處分之最重要的基本立法定義，尤其是在對外公布後即發生規制力的行政行爲，都必須以行政處分視之。並且給予當事人事後尋求救濟的機會，因此在訴願法與行政程序法這兩條有完全相同的文字，規範行政處分對當事人的效力有包含如下：

一、對特定人經發布即生法律效力之高權行爲。如交通警察所告發之罰單，對違建之拆除與對某間公司撤銷股權變動之登記。都是屬於對特定人如行爲人、所有人或法人一經發布即生效力。

二、相對人雖非特定，而依一般性特徵可得確定其範圍之一般處分以及地方政府主管機關依法設置收費停車格，並且將收費

時間、收費方式與費率公告周知。例如對某一區段的土地進行地目變更，則相關地主即為本處所稱的可得特定之人。

三、公物之設定、變更、廢止或其一般使用。國家公園、公立學校或圖書館之設定、變更、廢止或其一般使用。

在科技昌明且人力成本極高的現時代，我們社會現在有大量行政處分，是由自動化機器所作成的，而且在特定領域如交通行政上，並不是罕見的新事物。

在城市生活中每天或者都會遇到的交通號誌紅綠燈，就是由自動化機器所作成的行政處分。每次綠燈表示一個可以通行的確認處分，紅燈則表示一個禁制通行的下命處分，來往人車有遵從的義務。

但現在其他很多事情並非如此簡單，謝碩駿指出[4]行政機關若係以機器全自動作成之大量決定，並非把機器當成所為不具法律意義的「行政用品」，而是行政機關所為之意思表示行為，並在當事人不服提起各種救濟時，建置之行政機關須對此負起最終法律責任。此等以機器全自動作成之決定，若符合本法第92條第1項之各種概念要素，即具有行政處分之性質。

就目前之人工智慧技術水準而言，個案取向之價值判斷，僅人類之心智思維方能準確最適化，無法由機器全自動代替。因此裁量處分即須適用不確定法律概念始能作成之行政處分，並不宜以機器全自動作成，以符法規範目的本旨。

行政機關若以機器全自動作成行政處分，涉及大規模個人資料集之處理，且對程序當事人之程序權造成不利影響，絕非僅是

---

4 謝碩駿，〈論全自動作成之行政處分〉，載於黃丞儀主編，《2017行政管制與行政爭訟——行政程序法2.0》（中央研究院法律學研究所，2023年10月），頁213-29。

單純之細節性、技術性事項，而應屬干預人民基本權利之重要事項，應有法律之明確授權範圍依據。因此行政機關若要以機器全自動進行行政處分之作成程序，應以專業法律（或自治條例）對此明文授權容許為前提。

就行政處分以全自動化方式作成，對行政程序中當事人或相關人之程序權利而言，會造成職權調查原則與當事人陳述意見權貫徹之困難。

因此以機器全自動作成之行政處分，必須給予相對人充分的事後尋求救濟或表達意見的機會，以符程序正義。

為保證人民不會收到瑕疵處分，除了定期定量以人工抽檢處分品質，法律可考慮要求行政機關建置「風險管理系統」（Risk Management System），讓系統自動判斷偵測，發現到「可能有問題」的個案時，向行政機關人員及時發出預警通知，並由行政機關人員接手介入查核該個案的基礎事實資料是否正確無誤。

另一問題是必須在程序上以特殊措施配套確保職權調查原則之確實履行。在處分作成當下要求當事人對機器表達意見，事實上並無意義。甚至相對人當下可能並不知道發生其事實，例如測速照相可能把車牌上字母或數字解讀錯了，事實上使相對人遭受無妄之災。

若要限制在程序進行中行使陳述意見權，應讓當事人在事後一定期間內仍得陳述意見，且全自動作成之行政處分須待該期間屆滿後始生效力。因為瑕疵處分的出現對機器而言，只是一個機率問題，但該處分對相對人來說，卻可能是百分之百的災難。

老張對核定稅捐之處分不服申請復查；對復查決定仍不服，但是過了二個月以後才提起訴願。遭到訴願機關以稅捐稽徵法第

34條第3項第2款規定，經復查決定納稅義務人未依法提起訴願者，原核定稅捐之處分（欠稅案件）即屬確定，而發函通知不受理其訴願。老張決定對該公函當成行政處分再提訴願，有無道理？

本院按稅捐稽徵法第35條第1項及第38條第1項規定，納稅義務人對於核定稅捐之處分如有不服，應申請復查；對復查決定如有不服，應依法提起訴願及行政訴訟。另依稅捐稽徵法第34條第3項第2款規定，經復查決定納稅義務人未依法提起訴願者，原核定稅捐之處分（欠稅案件）即屬確定。

準此，納稅義務人自不得於原核定稅捐之處分或復查決定確定後，再申請復查、訴願及提起行政訴訟，請求撤銷原處分或復查決定；且原核定稅捐之處分確定後，亦不得依訴願法第2條或依行政訴訟法第5條之規定，申請或訴請原復查決定機關作成撤銷原處分或復查決定之處分。本件抗告人主張得提起訴願及行政訴訟云云，已嫌無據。況系爭公函內容僅表示先前之行政處分業經提起復查，已遭駁回確定，係屬事實。述及理由之說明，不生任何法律效果，核與司法院釋字第423號解釋理由書所指「以通知書名義製作，……載明應繳違規罰款數額、繳納方式、逾期倍數增加之字樣」之情形不同；亦與訴願法第3條第1項、行政程序法第92條第1項規定之本旨不符；又本院44年判字第18號判例作成時之法律，事後雖有文字修正，然其立法旨趣並無變更，故仍屬有效可以援用之判例。上訴人主張系爭公函屬於行政處分云云，殊無足採。（最高行政法院92年10月30日92年度判字第1537號判決）

隨堂測驗 1

市政府衛生局因為新冠肺炎疫情，派員至公園及社區周邊噴灑消毒藥劑。此項行政行為之性質，屬於下列何者：(A)行政計畫。(B)行政指導。(C)行政事實行為。(D)行政處分。（111專利師）

隨堂測驗 2

下列何者非一般抽象之規定？(A)一般處分。(B)法規命令。(C)行政規則。(D)地方稅法通則。（104律師）

第93條（行政處分附款之容許性及種類）

行政機關作成行政處分有裁量權時，得為附款。無裁量權者，以法律有明文規定或為確保行政處分法定要件之履行而以該要件為附款內容者為限，始得為之。

前項所稱之附款如下：

一、期限。

二、條件。

三、負擔。

四、保留行政處分之廢止權。

五、保留負擔之事後附加或變更。

解說

附款的意義，常常使得讀者感到混淆。行政處分在有裁量權或有法律明文規定時，可以設置一些要件，也就是行政處分成立廢止及其範圍的前提。此種被附帶有一定的期限負擔及條件並使其在該情況下，方發生行政處分的效果，吾人稱之人為行政處

分之附款。附款之行爲根據，可是由法律明定，也可是由職權機關，進行行政裁量。附款之內在限制乃在於不得逾越裁量權，亦即附款應具合目的性與比例原則。附款有瑕疵時，可依前述行政處分之無效與撤銷之方式加以補正或去除，附款必須要與主內容有合理正當的關聯，不能恣意妄爲。

很多初學者一下搞不清楚期限、條件與負擔的差異，照我國學者林三欽教授的解釋是，期限係「行政處分本身時間上的效力範圍之界定」，可分爲：始期、終期、期間。

期限應由處分機關自行設定。例如外國人入境後之居留期間、在特定地區交通管制之期間，某一特定許可證有效期間與集會遊行之開始與結束時間。時點非必須爲特定之日期，亦得以特定必然發生之事實作爲時間點之標示，例如人之死亡即屬之。條件的設定，使規制內容之實現或消滅繫於將來不確定之事實。作爲條件內容之事實是否發生即使得由特定人來決定與影響，亦得作爲條件。另外參考民總的定義：

一、效力自某特定事實發生開始：停止條件。

二、效力止於某特定事實之發生：解除條件。

條件與期限之比較，一定會發生的事情是期限，而與各種主客觀因素高度相關，不一定會發生之事則爲條件。例如我國過去在現已廢止的反共抗俄戰士授田條例第11條所規定的戰士授田之前提要件時機爲反攻大陸時。「反攻大陸」此事實是否會發生，將在何時發生，隨不同政治立場者理解不同時，則該現象事實將會是條件抑期限則將發生爭議。

負擔是指附加於授益處分之特定作爲、不作爲或忍受義務，侵益處分導致的不利益本身就是負擔，因此不必再另外加上負擔。負擔爲最常見的附款類型。所謂負擔，指作成授益處分，另課予相對人一定之作爲或不作爲義務如：

一、准予大陸人民入境求學，但畢業後不得就業。

二、准予設廠，但應加裝有效廢水處理淨化設備。

保留行政處分之廢止權，是指許可行政機關作成特定內容（通常為授益）處分前就先聲明保留，未來將有可能將該行政處分廢止之權。例如許可設立工廠，附加如有排放有害物質影響附近居民健康時，將予以廢止設立許可的條文。嗣後如果確實有證明此種污染的情形，行政機關得單方面廢止先前設廠的允准處分。

A公司於民國87年7月間，以其工廠生產過程中產生大量廢水，必須增置污染防治設施，而原設廠用地無適當空間可資利用等由，向經濟部工業局（下稱工業局）提報「增置污染防治設施增加使用毗鄰之非都市土地（下稱系爭毗連用地）擴展計畫書」（下稱擴展計畫書），經工業局以89年1月11日函（下稱系爭核准函）核定其擴展計畫書，並發給工業用地證明書，俾A公司憑以辦理系爭毗連用地由特定農業區農牧用地變更編定為丁種建築用地，並於系爭核准函說明欄載明系爭毗連用地「應確實依所提報擴展計畫書規劃及配置使用，不得移作他用，否則應予註銷並恢復其原來變更用地前之土地編定」等內容，則系爭核准函究係附負擔之行政處分？或係附保留廢止權之行政處分？（參最高行政法院103年2月第2次庭長法官聯席會議）

本題工業局以系爭核准函核定A公司所提報擴展計畫書，並發給工業用地證明書，系爭核准函說明欄載明系爭毗連用地「應確實依所提報擴展計畫書規劃及配置使用，不得移作他用，否則應予註銷並恢復其原來變更用地前之土地編定」等內容，其中系

爭毗連用地「應確實依所提報擴展計畫書規劃及配置使用，不得移作他用」，固在促請A公司注意不得違反上揭法條規定，惟與其後記載之「否則應予註銷並恢復其原來變更用地前之土地編定」連貫整體以觀，其目的並非僅在單純地提醒A公司注意不得違反上揭法條規定而已，而是蘊含有將A公司「不得違反上揭法條有關毗連用地『應按照核定計畫完成使用，不得違反使用或不依核定計畫使用』之規定」與「核准增加使用毗連用地設置污染防治設施」連結在一起，而以興辦工業人「不得違反上揭法條有關毗連用地『應按照核定計畫完成使用，不得違反使用或不依核定計畫使用』之規定」作為決定「核准增加使用毗連用地設置污染防治設施」之前提要件的意思，則該內容直接發生一定程度之法律效果，故系爭核准函得以定性為附負擔之行政處分。

隨堂測驗 3

行政機關作成行政處分有裁量權時，得為附款，所稱附款不包括：(A)期限與條件。(B)負擔。(C)保留行政處分之撤銷權。(D)保留負擔之事後附加或變更。（112專利師）

第94條（行政處分附款之限制）
前條之附款不得違背行政處分之目的，並應與該處分之目的具有正當合理之關聯。

解說

附款之所以存在是因為要使行政處分更好地執行，因此不得違背行政處分之目的，並應與該處分之目的具有正當合理之關聯

是必然的。又尤其要預防行政機關假借行政處分的公權力，迫使人民屈從其意志，而有不當的舉措。

如果教育機關准許某間補習班開設的行政處分，附款是打掃門前一段路的清潔衛生，請問有無違反行政程序法第94條？

如果有證據顯示該補習班的學生會亂丟垃圾，開設補習班導致附近環境髒亂大增，則附款不違背行政處分之目的，應具體檢驗之。反之如沒有合理的事由，自違反本條之不當連結禁止之精神。

隨堂測驗4

有某法條有關道路交通安全之規定：「應於繳清罰鍰後始得發給行車執照」，司法實務上曾認為係違反下列何者原則？(A)明確原則。(B)誠信原則。(C)信賴保護原則。(D)禁止不當聯結原則。（104高考法制）

第95條（行政處分之方式）

行政處分除法規另有要式之規定者外，得以書面、言詞或其他方式為之。

以書面以外方式所為之行政處分，其相對人或利害關係人有正當理由要求作成書面時，處分機關不得拒絕。

解說

以道路交通事件為例，交通警察當場或事後開出的罰單是書

面行政處分。警察也可能以言詞，手勢或是哨音，命令行人或車輛停止或儘速通過某一路口。以上均得作為行政處分。為求慎重起見，與當事人有重大利益或不利益相關者，應盡可能以書面形式給予當事人行政處分，以利當事人之救濟。

相關案例

　　法務部民國91年12月6日法律字第0910046033號函有關書面行政處分應送達相對人及已知之利害關係人，倘以會知方式並經當事人簽章，是否亦發生送達之效力疑義乙案指出：「按行政程序法第95條第1項規定：『行政處分除法規另有要式之規定者外，得以書面、言詞或其他方式為之。』同法第100條第1項規定：『書面之行政處分，應送達相對人及已知之利害關係人；書面以外之行政處分，應以其他適當方法通知或使其知悉。』本件依來函所述情形係：行政機關因事務核定權責屬上級機關或其他主管機關，經陳報獲權責機關核定或否准之函復，以服務機關為受文者，並未另函知或副知當事人等情。準此，宜分別情形而定：

　　一、如上級機關或其他主管機關依法並非作成行政處分之機關，其函復僅具內部指示之性質，並非行政處分，而又假設服務機關係作成行政處分之機關，則服務機關以該復函會知當事人，仍屬同法第100條第1項後段所稱『以其他適當方法通知或使其知悉』。

　　二、如上級機關或其他主管機關依法係作成行政處分之機關，但因未將行政處分之相對人列為復函之受文者，即有委由服務機關代為轉知之意，故如該行政處分係法規有特別規定應以書面方式為之者，依同法第100條第1項前段規定，服務機關應以送達該書面予相對人之方式為之；另如法規未特別規定該行政處

分應以書面方式爲之者，則服務機關以『敬會』或『加會』方式使相對人知悉行政處分之內容，該『敬會』或『加會』似亦可解爲同法第100條第1項後段所稱『以其他適當方法通知或使其知悉』。上述各種情形並均依同法第110條第1項規定判斷其效力。」

　　本函意指原則上行政處分應盡可能以書面形式通知當事人，若以副本加會方式送達當事人，僅限於法規未特別規定該行政處分應以書面方式爲之者，方合行政程序法充分保障當事人程序利益之意。

隨堂測驗 5

　　下列有關行政處分之作成，何者正確？(A)行政處分一定要以書面爲之。(B)一般處分之送達，得以公告或刊登政府公報或新聞紙代替之。(C)行政處分如有誤寫、誤算之顯然錯誤時，該行政處分應爲無效。(D)行政處分如有一部無效之情形，雖除去該部分，行政處分仍能成立，其全部行政處分仍然應爲無效。（112專利師）

第96條（書面行政處分之應記載事項）
行政處分以書面爲之者，應記載下列事項：
一、處分相對人之姓名、出生年月日、性別、身分證統一號碼、住居所或其他足資辨別之特徵；如係法人或其他設有管理人或代表人之團體，其名稱、事務所或營業所，及管理人或代表人之姓名、出生年月日、性別、身分證統一號碼、住居所。

二、主旨、事實、理由及其法令依據。

三、有附款者，附款之內容。

四、處分機關及其首長署名、蓋章，該機關有代理人或受任人者，須同時於其下簽名。但以自動機器作成之大量行政處分，得不經署名，以蓋章為之。

五、發文字號及年、月、日。

六、表明其為行政處分之意旨及不服行政處分之救濟方法、期間及其受理機關。

前項規定於依前條第二項作成之書面，準用之。

解說

　　上面所述重要事由都必須於書面上記明，以保護相對人的權利並且便利其尋求救濟。若未記明或未補正，則可能構成無效或得撤銷事由。特別是要引用法條、如何救濟與救濟時日，以免當事人遲誤造成不利益。

相關案例

　　如臺北市政府法規委員會民國97年4月8日北市法二字第09730803000號覆臺北市政府都市發展局函，關於臺北市建照工程未領得使用執照及擅自使用，應依建築法第25條第1項規定及同法第86條第2款規定辦理，另依臺北市政府處理違反建築法事件統一裁罰基準予已裁罰一案表示：「核貴局96年12月10日北市都建字09674562400號函為具體發生公法上法律效果之行政處分，已發生形式確定力，如貴局為完全且重新審查本案後另為一新行政處分，應將原行政處分予以撤銷（行政程序法第110條參照），以資適法；如維持原行政處分時，該處分說明所援用之建

築法依據，似有顯然誤寫之違誤，應予更正，且該處分未記載
教示條款（行政程序法第96條第1項第6款參照），亦請併同補
正；這樣才能維持行政處分對人民權益的保護，因此完整無瑕發
生效力。

第97條（書面行政處分得不記明理由之情形）
書面之行政處分有下列各款情形之一者，得不記明理由：
一、未限制人民之權益者。
二、處分相對人或利害關係人無待處分機關之說明已知悉或可
　　知悉作成處分之理由者。
三、大量作成之同種類行政處分或以自動機器作成之行政處分
　　依其狀況無須說明理由者。
四、一般處分經公告或刊登政府公報或新聞紙者。
五、有關專門知識、技能或資格所為之考試、檢定或鑑定等程
　　序。
六、依法律規定無須記明理由者。

解說
　　有幾種特殊的行政處分態樣可以不需要記明理由如本條所示
的幾種情況，除非未侵害人民權益，或已經給予有效之告知理
由。或是無期待可能，以及考試檢定等。此時是否記明理由不構
成對人民權利與事實狀態的重大影響，可以節省公務資源，甚至
是因為在技術上不可能記明，例如交通警察臨機的指揮手勢，故
可以容許變通。但仍以盡可能記明理由為原則，不記明者為應予
嚴格限縮之例外。

　　本條在使用上要非常小心謹愼，因爲不記明理由就是對人民不利處分的一種重大妨礙其尋求救濟之舉措。

　　阿英是外籍配偶來臺簽證申請被駁回，且外交部對外籍配偶來臺簽證申請准駁，概認係屬政治問題，不受司法管轄。因此對外籍配偶簽證申請之拒絕處分，不採書面方式及未附理由暨未載明不服時如何救濟之教示條款。試問這種措施有無合於行政程序法第97條之規定，應否記明理由？

　　過去外交部對外籍配偶來臺簽證申請准駁，概認係屬政治問題，不受司法管轄，侵害當事人訴訟基本權，同時濫用外國護照簽證條例所賦予之裁量權，對外籍配偶簽證申請之拒絕處分，不採書面方式及未附理由暨未載明不服時如何救濟之教示條款，侵害當事人訴訟基本權，並有違武器平等原則，與正當法律程序有悖案，就在98年8月19日被監察院098000143（98外正4）外配簽證糾正案文糾正過。

　　外交部認爲簽證申請駁回之行政處分得以言詞方式爲之，但是監察院並不接受。監察院認爲惟按行政處分雖採方式自由原則，但基於書面方式具有明白、容易證明以及檔案管理方便等特點，係屬行政處分之通常方式。至於言詞或其他方式，僅於該方式適合達成行政處分之目的時，始得採用。例如警察以手勢指揮交通、以喊話及舉牌解散違規遊行等（陳敏，行政法總論，第383頁參照）。主管機關外交部所云不採書面方式，尚與行政程序法解釋機關法務部所提法律意見逕行適用行政程序法第96條書面行政處分（意見頁5～6）及大法官陳敏意見未盡相符，尚不足採。又外籍配偶申請簽證准駁係屬行政處分。行政處分原則上應附記理由，但其他法律規定無需記明理由者，不在此限（行

政程序法第97條第6款規定）。依外國護照簽證條例第12條第2項規定，拒發簽證時，得不附理由。構成行政程序法第3條第1項及第97條第6款之特別規定，依「特別規定優先適用」原則，外交部對外國人簽證准駁，得不附理由。惟如調查意見一所述，在保障真實婚姻原則下，外籍配偶對於來臺簽證申請被拒絕時，為維護武器平等原則及供外籍配偶及其法律上利害關係人（含臺籍配偶及未成年子女）有權提起訴願及行政訴訟，外籍配偶允宜知悉拒絕簽證之理由。然基於維護國家安全，必要時，對外籍配偶簽證拒絕處分，外交部得不記明理由。是則，對此拒絕處分仍應以記明理由為原則，不附理由為例外；又基於訴訟基本權之保障，仍應合乎正當法律程序，對外籍配偶簽證拒絕處分，外交部內部應詳載理由，對外得於何種情形不附理由，外交部仍應儘速制訂裁量基準之行政規則，始符法制。

第98條（告知救濟期間錯誤之處理及未告知救濟期間或告知錯誤未為更正之效果）

處分機關告知之救濟期間有錯誤時，應由該機關以通知更正之，並自通知送達之翌日起算法定期間。

處分機關告知之救濟期間較法定期間為長者，處分機關雖以通知更正，如相對人或利害關係人信賴原告知之救濟期間，致無法於法定期間內提起救濟，而於原告知之期間內為之者，視為於法定期間內所為。

處分機關未告知救濟期間或告知錯誤未為更正，致相對人或利害關係人遲誤者，如自處分書送達後一年內聲明不服時，視為於法定期間內所為。

解說

任何一個處分如果影響當事人之權利，都應該要附上教示救濟程序方法，使當事人即使相當不明白法律程序，也可以透過處分書上的附文知道該如何保障自己的權利，才能充分保障當事人法律上的程序利益。但是之前有說過行政處分在經過一定時間後就發生確定力，因此對於救濟期間的告知如果發生錯誤，導致當事人因信賴行政機關的教示而未於法定時間內請求救濟，則屬行政機關之重大違失，其不利益不應由當事人承擔。

本條旨在明示當行政機關通知救濟期日發生錯誤時之各種更正方法，並且給予相對不同時間應提起救濟期限的延長以示公平。

相關案例

臺北市政府法規委員會民國96年8月9日北市法二字第09631539200號函關於基於依法行政原則及法安定性之維護，本案管制區域內之其他業已核發建照之個案基地，其間存有差別對待與街道景觀不一致情形之裁量，在最後一點理由中有指出：「本府於96年3月19日府都設字第09630939200號准予核備函，其未依行政處分應具備之程序為之（行政程序法第96條第1項），且因未記載教示條款，故該行政處分尚未發生形式確定力（行政程序法第98條第3項）；另該函之附款記載，未臻明確，不免有背於行政行為應明確與法安定性之要求，建議以通案檢討改正，俾符合明確性原則。」

隨堂測驗 6

某甲向經濟部智慧財產局（下稱「智慧財產局」）申請發明專利，惟智慧財產局作成不予專利之審定。某甲不服向智慧財產

局申請再審查，惟智慧財產局再次作成不予專利之審定，該再審查審定書於110年4月20日送達某甲。智慧財產局於該再審查審定書中，將救濟期間誤植成20日。智慧財產局於110年4月25日發現誤植後立即發函通知更正，於110年4月30日送達某甲。請問某甲提起訴願之法定期間自何日起算？(A)110年4月21日。(B)110年4月25日。(C)110年4月30日。(D)110年5月1日。（110專利師）

第99條（未告知受理聲明不服之管轄機關或告知錯誤）

對於行政處分聲明不服，因處分機關未為告知或告知錯誤致向無管轄權之機關為之者，該機關應於十日內移送有管轄權之機關，並通知當事人。

前項情形，視為自始向有管轄權之機關聲明不服。

解說

與上條意旨相同，如果主管機關教示救濟的有管轄權機關出錯，也必須自行補救，不可因此斷送當事人的救濟機會。當事人已經發生的救濟行為仍然有效，並應盡快移送真正有管轄權機關。

 例

小張進口的一批3C電子產品要進行安全操作的認證，本來寄送到主管機關經濟部商品檢驗局，檢驗結果認為不過關而不發給銷售許可證。結果小張對此發出不服的聲明，卻誤送到名字很像的經濟部標準檢驗局。請問這時經濟部標準檢驗局收到該信函該如何處理？

　　經濟部標準檢驗局應於十日內移送有管轄權之機關，並通知當事人。

第100條 （行政處分之通知）
書面之行政處分，應送達相對人及已知之利害關係人；書面以外之行政處分，應以其他適當方法通知或使其知悉。
一般處分之送達，得以公告或刊登政府公報或新聞紙代替之。

解說

　　通知係行政機關基於自己之意思，使相對人及其他利害關係人可得知悉該處分之行為。通知不僅係行政處分之生效要件，且涉及法定救濟期間之起算，故有關應受通知人、通知方式，均應明定，以為準繩，爰予第1項明定以書面作成之行政處分，應送達於相對人以及其他已知悉之利害關係人；而書面以外之行政處分，則應以其他適當方式（例如：公告）通知或使其知悉。

　　第2項規定一般處分之送達，得以公告或刊登政府公報或新聞紙代替之，以符實際。

　　同樣的是為了保障當事人程序利益，書面或其他形式之行政處分均應使當事人知悉。此外與該處分有利害相關的當事人也必須要送達到使其知悉，以保障其程序利益。本條為送達在行政處分上的特別應用，行政處分一定要送達至當事人或公告周知以後才會對外發生效力，否則僅為機關內部之擬稿，不具法律效果。

　　最近之實務見解都認為這是行政處分的重要生效要件。

相關案例

　　大法官釋字第663號解釋認為，稅捐稽徵法第19條第3項規定：「為稽徵稅捐所發之各種文書，對公同共有人中之一人為送達者，其效力及於全體。」此一規定，關於稅捐稽徵機關對公同共有人所為核定稅捐之處分，以對公同共有人中之一人為送達，即對全體公同共有人發生送達效力之部分，不符憲法正當法律程序之要求，致侵害未受送達之公同共有人之訴願、訴訟權，與憲法第16條之意旨有違，也就是如果某一行政處分之當事人為多數時，必須每個人都要被送達到，該處分方能發生效力。

　　黃茂榮大法官在該號解釋之協同意見書中進一步明確指出，該項財產之各公同共有人均分別有直接收受送達之時效利益。該時效利益在稅捐連帶債務上之表現為：依稅捐稽徵法第21條，未受課稅處分送達者所享有之核課期間經過的利益。因此，稅捐稽徵法第19條第3項規定，除剝奪前述未受送達之公同共有人知悉文書內容及必要時在法定期間內提起行政救濟之權益外，亦剝奪其依同法第21條享有之核課期間的時效利益。上述訴訟權益及時效利益之剝奪，除違反憲法第16條關於訴訟權之保障規定外，尚非為與公同共有相關稅捐之稽徵所必要。故上開規定亦違反憲法第23條規定之比例原則。

第101條（行政處分之更正）
行政處分如有誤寫、誤算或其他類此之顯然錯誤者，處分機關得隨時或依申請更正之。
前項更正，附記於原處分書及其正本，如不能附記者，應製作更正書，以書面通知相對人及已知之利害關係人。

解說

　　當事人對行政機關之處分與裁量均有無瑕疵請求權，故有此顯然錯誤等均應隨時更正以保障當事人之實體利益。特別是有時此種數字或文字之失誤，將對當事人的權益造成重大影響，但是如果內容沒錯就只要補正文字部分就好。

　　臺北市政府戶地政機關發給老王新編的住址門牌時，戶地政機關不小心發錯了號碼，請問這個門牌可以補正嗎？

　　實務上發生過的戶地政機關誤發門牌號碼案，相關函示認定本條所規範對象，為可以迅速補正之「微量瑕疵」臺北市政府法規委員會民國93年12月27日北市法一字第09331879400號函關於有關誤發門牌之法律性質，指出有關誤發門牌之法律性質，依行政程序法第92條第1項規定：「本法所稱行政處分，係指行政機關就公法上具體事件所為之決定或其他公權力措施而對外直接發生法律效果之單方行政行為。」按本件之門牌是由戶政事務所發給，雖為誤發，但仍具有法效性，亦即，此為一對外直接發生法律效果之行為，故仍為行政處分……有關誤發門牌是否屬於違法之行政處分，按行政處分若不具形式或實質之合法要件，即為瑕疵之行政處分，本件戶政事務所誤發門牌之行為並不合法，故為瑕疵之行政處分，即為違法之行政處分。而其瑕疵並未達到重大明顯之瑕疵（行政程序法第111條參照），故並非無效；亦非屬於微量瑕疵（行政程序法第101條第1項參照）；故應屬中度及輕度之瑕疵，故屬於得撤銷之行政處分，而在未撤銷之前，仍為有效……。

隨堂測驗 7

　　專利權人於112年8月18日備具申請書及相關證明文件，依專利法第53條規定向經濟部智慧財產局（下稱智慧局）申請延長發明專利權期間五年，案經智慧局作成核准審定（下稱原處分），主文欄記載「發明專利權期間准予延長五年，至120年10月20日止」，理由欄卻記載「應准予延長發明專利權期間五年，至102年10月20日止」。關於原處分之更正，下列敘述何者錯誤？(A)原處分理由欄之記載有誤寫之顯然錯誤情形，智慧局須依相對人申請，始得更正。(B)智慧局為更正時，如不能附記於原處分書及其正本者，應製作更正書，以書面通知相對人及已知之利害關係人。(C)更正適用於「實際記載內容顯然與行政機關之意思不一致」之行政處分。(D)智慧局如更正原處分理由欄之誤寫情形，亦不影響原處分之效力。（112專利師）

第二節　陳述意見及聽證

第102條（作成限制或剝奪人民自由或權利之行政處分前給予
　　　　　相對人陳述意見之機會）

行政機關作成限制或剝奪人民自由或權利之行政處分前，除已依第三十九條規定，通知處分相對人陳述意見，或決定舉行聽證者外，應給予該處分相對人陳述意見之機會。但法規另有規定者，從其規定。

解說

為了要貫徹行政程序法保障當事人程序利益之意旨，避免對當事人造成程序上之突襲事由，在對於人民不利之處分前都必須給予當事人陳述意見之機會。

本條另一爭點在於，所稱限制或剝奪人民自由或權利之行政處分，是否也包括人民申請授益處分之准駁，機關實務多採否定說，理由為：就人民申請授益處分之准駁其本質上並非限制或剝奪當事人其原有之自由或權利之行政處分，而係就其申請授益處分，依據法令所為之准駁意思表示；除非依行政程序法第107條規定，法規明文規定應舉行聽證或行政機關認為有舉行聽證之必要者，而予當事人陳述意見外，尚非應強制踐行行政程序法第102條之陳述意見之程序。

相關案例

臺北高等行政法院91年度訴字第498號判決認為：「查本件原告前向被告申請第九梯次一般性中功率電臺之籌設許可，雖經原處分予以駁回，並業由其他業者取得系爭之FM105.5頻道。……按行政程序法第102條規定：『行政機關作成限制或剝奪人民自由或權利之行政處分前，除已依第39條規定，通知處分相對人陳述意見，或決定舉行聽證者外，應給予該處分相對人陳述意見之機會。但法規另有規定者，從其規定。』……上開條文適用之前提要件均以『行政機關作成限制或剝奪人民自由或權利之行政處分』為要件，本件屬原告申請被告作成授益處分之行政程序，故無上開條文之適用。又按行政程序法第114條第1項第3款及第2項規定：『違反程序或方式規定之行政處分，除依第111條規定而無效者外，因下列情形而補正：應給予當事人陳述

意見之機會已於事後給予者。』『前項第2款至第5款之補正行
為，僅得於訴願程序終結前為之；得不經訴願程序者，僅得於向
行政法院起訴前為之。』依此規定，縱使於行政機關作成限制或
剝奪人民自由或權利之行政處分之行政程序，如於訴願程序終結
前，行政機關已於事後給予其應給予當事人陳述意見之機會者，
行政程序法亦認其瑕疵已獲補正，況本件被告已於事後給予原告
陳述意見之機會，此有原告陳述意見摘要一覽表附卷可參，更何
況本件係原告請求被告作成授益處分，亦如前述。⋯⋯」依上開
判決見解，請求機關作成授益處分之准駁與否，尚非應強制踐行
行政程序法第102條陳述意見之程序。

隨堂測驗 8

　　依行政程序法之規定，行政機關作成限制或剝奪人民自由或
權利之行政處分前，應給予該處分相對人陳述意見之機會。下
列何者非屬例外之情形？(A)行政機關基於調查事實及證據之必
要，已通知處分相對人陳述意見。(B)決定舉行聽證者。(C)法規
另有規定者。(D)行政處分所根據之事實，情況急迫者。（108專
利師）

第103條（無須給予相對人陳述意見之情形）

有下列各款情形之一者，行政機關得不給予陳述意見之機會：

一、大量作成同種類之處分。

二、情況急迫，如予陳述意見之機會，顯然違背公益者。

三、受法定期間之限制，如予陳述意見之機會，顯然不能遵行
　　者。

四、行政強制執行時所採取之各種處置。

五、行政處分所根據之事實，客觀上明白足以確認者。

六、限制自由或權利之內容及程度，顯屬輕微，而無事先聽取相對人意見之必要者。

七、相對人於提起訴願前依法律應向行政機關聲請再審查、異議、復查、重審或其他先行程序者。

八、為避免處分相對人隱匿、移轉財產或潛逃出境，依法律所為保全或限制出境之處分。

解說

　　行政機關作成限制或剝奪人民自由或權利之行政處分時，宜給予相對人陳述意見之機會，藉以避免行政機關之專斷，並保障該相對人之權益。然而大量作成同種類之處分，基於行政經濟之考慮，無須給予相對人陳述意見之機會；或因情況急迫，如予相對人陳述意見之機會，顯然違背公益者；或受法定期間之限制，如予相對人陳述意見之機會，將坐失時機而不能遵行者；或如行政強制執行時所採取之各種處置，有迅速執行之必要者；又如行政處分所根據之事實，客觀上明白足以確認；或限制自由或權利之內容及程度，顯屬輕微，事先聽取相對人之意見，顯然並無任何實益者，均無需給予相對人陳述意見之必要。

　　依法在訴願前應先經先行程序者，實質已賦予相對人有再一次表達意見之機會，基於行政經濟之考慮，無須再給予相對人陳述意見之規定，避免造成行政程序之冗長。目前依法提起訴願前先經先行程序者，有專利法之再審查、植物種苗法之異議、稅捐稽徵法及各種內地稅法之復查、關稅法及海關緝私條例之聲明異議、藥事法之復核與貿易法之重審等，爰為第7款規定。

　為確保稅款或罰鍰之執行，稅捐稽徵法、關稅法或海關緝私條例有禁止財產移轉或設定他項權利等保全措施及限制出境之規定，其目的在避免處分之相對人隱匿、移轉財產或潛逃出境，以規避執行，有其時效性及急迫性，如於處分前先予陳述意見機會，將無法達成其原有目的，爰為第8款規定。

相關案例

　本條所描述的是幾種特殊的狀況，得不給予陳述意見之機會。

　一、大量作成同種類之處分→紅綠燈等交通號誌。

　二、情況急迫，如予陳述意見之機會，顯然違背公益者→對正在排放污染物事業之緊急處分，必須立即執行以避免不可回復之損害。

　如法務部民國91年1月9日法律字第0090048789號關於依行政執行法及水污染防治法處停工處分之執行等疑義函稱：「關於貴署所擬『重金屬污染源事業污染管制大執法行動專案計畫執行作業要點』草案（以下簡稱本草案）……本草案參、執行注意事項第1點規定，經稽查不符合水污染防治法規定，將依水污染防治法處分，屆時不完成改善，並將按日連續處罰等乙節，依行政程序法第102條及第103條規定，行政機關作成限制或剝奪人民自由或權利之行政處分前，除有下列情形之一者外，應給予該處分相對人陳述意見機會：『……，4.有該法第103條各款所定行政機關得不給予陳述意見機會之情形者。』準此，環保主管機關對於事業經稽查不符合水污染防治法規定，依法作成限制或剝奪人民自由或權利之行政處分前，除有上揭所述例外情形，否則應給予相對人陳述意見機會。至主管機關按其情節依行政執行法所

進行之強制執行措施，依行政程序法第103條第4款規定，則得不給予陳述意見之機會。」

三、受法定期間之限制，如予陳述意見之機會，顯然不能遵行者：如稅捐稽徵機關對於當事人稅捐之課計並命其繳納，受法定期間之限制，如予陳述意見之機會，顯將無法如期完成。

四、行政強制執行時所採取之各種處置→類似於第2款所稱有急迫性之情況，無法先行聽取當事人之意見陳述。如前述法務部民國91年1月9日法律字第0090048789號關於依行政執行法及水污染防治法處停工處分之執行等疑義函稱，另查本草案規定受處分人如仍不停工或停業時，地方環保主管機關應確實依行政執行法第28條進行直接強制執行乙節，按為充分保障義務人之權益，行為或不行為義務之執行，固應遵守間接強制優先於直接強制之原則，惟若其轉換執行之要件過於嚴格，將影響執行效能，行政執行法第32條乃規定，經間接強制不能達成執行目的，或因情況急迫，如不及時執行，顯難達成執行目的時，執行機關得依直接強制方法執行之。

五、行政處分所根據之事實，客觀上明白足以確認者：在我國實務上常見案例有，超速違規之處分縱未於事前通知相對人陳述意見，於法並無不合。空氣污染管制與廢棄物之清理，亦有類似之情形。如法務部民國90年2月27日（90）法律字第003667號函關於路邊攔檢汽機車排放空氣污染物事件之處分是否有行政程序法第103條第1款或第5款之適用疑義乙案，認為所謂「行政處分所根據之事實，客觀上明白足以確認者」，不以行為人之違規事實經裁罰機關當場查獲即屬之，仍須依具體事實個別判斷之（本部「行政程序法諮詢小組」第十五次會議紀錄參照）。本件有關貴府對於路邊攔檢汽機車排放空氣污染物事件所為之行政處分是否有行政程序法第103條第1款或第5款之適用，請參酌上開

說明本於職權審認之。

亦即本項之適用只要對其檢測結果十分明確，即可不必給予當事人陳述意見之機會而直接處分。要特別注意的是本條所稱，事實客觀上明白足以確認者，應不僅指行政機關調查事實之明確，尚應包括事實涵攝法律適用之明確而言，此從行政程序法第105條規定之陳述，應包括事實上之陳述及法律上之陳述可知。

六、限制自由或權利之內容及程度，顯屬輕微，而無事先聽取相對人意見之必要者：如交通警察以手勢命令轉彎車輛暫時停於原地，待直行過馬路之行人全部通過爲止。此時不過耽誤駕駛數分鐘之久之時間，自無事先聽取相對人意見之必要。

七、相對人於提起訴願前依法律應向行政機關聲請再審查、異議、復查、重審或其他先行程序者。此時既有先行程序，在這些程序中有給予其表達意見之機會，自無必要再給予其陳述意見之機會。

八、爲避免處分相對人隱匿、移轉財產或潛逃出境，依法律所爲保全或限制出境之處分：實務上通常是在稅法與緝私法令中關於稅捐與罰鍰之部分，必須要給予人身與財產之保全處分，以免無法執行。故因此事前無法通知相對人，以免使其提前行動。而使得主管機關保全措施流於具文。

隨堂測驗 9

行政機關作成處分前，在下列何種情形，得不給予處分相對人陳述意見之機會？(A)在行政強制執行時所採取之各種處置。(B)所作成之處分雖限制人民自由，但行政機關係本於公正、客觀的立場作出決定者。(C)所作成之處分雖限制相對人之權利，但相較於社會大眾之公益，相對人只有一人，其影響係屬輕微者。(D)情況急迫，爲求時效時。（107專利師）

第104條（通知相對人陳述意見之方式）

行政機關依第一百零二條給予相對人陳述意見之機會時，應以書面記載下列事項通知相對人，必要時並公告之：

一、相對人及其住居所、事務所或營業所。

二、將為限制或剝奪自由或權利行政處分之原因事實及法規依據。

三、得依第一百零五條提出陳述書之意旨。

四、提出陳述書之期限及不提出之效果。

五、其他必要事項。

前項情形，行政機關得以言詞通知相對人，並作成紀錄，向相對人朗讀或使閱覽後簽名或蓋章；其拒絕簽名或蓋章者，應記明其事由。

解說

　　行政機關依第102條作成限制或剝奪自由或權利之行政處分前，應預留相當期間，通知相對人陳述意見。此項通知，應以書面向相對人個別為之，必要時並應公告週知，以利充分保障相對人的權益。所謂必要時，係指行政處分可能涉及多數利害關係人，而有使其知悉。俾其亦得陳述意見之必要而言。

　　通知相對人之文書或公告，應載明本條各款所列事項，使相對人知悉案情，得於指定期間內，提出陳述書陳述意見。

　　為配合目前行政實務之運作，即行政機關得以言詞通知代替書面通知，但須作成紀錄，以為證明，爰為第2項規定。

相關案例一

法務部民國90年4月11日（90）法律字第009104號函關於行

154

政程序法第104條執行疑義，其理由明確指出：「按行政程序法第104條第1項規定：『行政機關依第102條給予相對人陳述意見之機會時，應以書面記載下列事項通知相對人，必要時並公告之：『三、得依第105條提出陳述書之意旨。四、提出陳述書之期限及不提出之效果。……。』來函附件二之『舉發違反消防法案件通知單』，其註三內容，並未記載『得依第105條提出陳述書之意旨』及『提出陳述書之期限及不提出之效果』等，核與上開規定不符……。』

內政部民國92年12月25日臺內地字第0920071614號函關於修正「申請土地徵收注意事項」之理由十三～十四有特別指明徵收土地時給相對人表示陳述意見書的形式要件為何：「(十三)申請徵收土地，應於徵收土地計畫書第11項載明與土地及土地改良物所有權人協議以價購或其他方式取得，及於申請徵收前依行政程序法第102條規定，以書面通知給予所有權人陳述意見機會之經過情形，並檢附協議通知、協議紀錄及給予所有權人陳述意見書面通知之影本或抄件；如所有權人對於協議取得或徵收有意見陳述時，或所有權人未參與協議亦未於一定期限內提出陳述書者，並應於該項下敘明。但如屬依本條例第11條因公共安全急需使用土地未及與所有權人協議，及依本條例施行細則第13條第1項但書規定得不給予所有權人陳述意見之機會，於申請徵收前已擬具理由報請目的事業主管機關許可，並敘明事由，通知所有權人者，得免檢附上開協議通知、協議紀錄及給予所有權人陳述意見書面通知之文件。但應於該項下敘明經過情形。(十四)第13點給予所有權人陳述意見之書面通知內容應依行政程序法第104條規定為之……。」

相關案例

【臺北高等行政法院92年2月27日91年度訴字第89號判決】節錄

　　原告訴稱：廣播電臺審議委員會第89次會議決議，原告未通過初審，惟被告於90年1月31日及90年2月9日兩次具函駁回原告之申請，均未敘明駁回之理由，並於90年3月26日公布通過審議名單並發給籌設許可，被告卻遲至90年4月23日始以正廣二字第05322號處分書按總體規劃等項敘明理由駁回原告之申請，顯然違反行政程序法第104條第1項第2款應以書面記載「限制或剝奪自由或權利行政處分之原因事實及法規依據」之規定云云。

　　惟查被告90年1月31日正廣二字第01203號函及被告90年2月9日正廣二字第01582號函僅係通知原告就駁回之結果陳述意見之觀念通知，並非行政處分，雖被告未於該函就駁回原告申請之法規依據詳予記載，惟已就原因事實為大略之敘述，且被告於上開二函中均有依行政程序法第102條請原告於文到十日內陳述意見，而原告亦分別在上述期間內於90年2月9日及同年2月18日提出陳述書，被告並將該陳述書提交廣播電臺審議委員會90年3月12日召開之第91次會議審議，經全體委員為不接受決議，並於90年3月26日公布通過審議名單並發給籌設許可。

　　再者，被告於90年1月31日及90年2月9日函覆原告未通過初審，未依行政程序法第104條第1項第2款規定將駁回原告申請之原因事實及法規依據予以充分詳細之說明，行政程序固未盡週延，惟被告既已於90年4月23日之行政處分中詳細敘明駁回之理由，依行政程序法第114條第1項第2款規定：違反程序規定之行政處分因「必須記明之理由已於事後記明者」而補正，則被告程序之違反業已因事後之記明駁回理由而獲得補正，原告質疑被告之程序瑕疵，即屬無據。原告雖引用同條第3項主張其回復原狀

之期間應自該瑕疵補正時起算，惟該項之適用必須以當事人因補正行為致未能於法定期間內聲明不服者為前提，本件原告並無遲誤聲明不服期間之情事，自無該項規定之適用，原告主張尚有誤會，應無可採。（本件被告雖引行政程序法第103條第1項第1款規定，主張其駁回通知函係以大量作成同種類之處分函覆各申設者，行政機關得不給予陳述意見之機會，而排除同法第104條第1項第2款之適用云云，惟該項見解尚有待商榷，為本院所不採）。（按：本件並涉及第114條得補正之程序行為）

第105條（陳述書之內容及不提出陳述書之效果）
行政處分之相對人依前條規定提出之陳述書，應為事實上及法律上陳述。
利害關係人亦得提出陳述書，為事實上及法律上陳述，但應釋明其利害關係之所在。
不於期間內提出陳述書者，視為放棄陳述之機會。

解說

　　本條意在規範可對行政機關於某特定案件提出陳述意見書者的資格，陳述意見書所載事項內容之形式要件，以及行政機關收到陳述意見書後之處理方式。要特別注意的是此處明確規範得提出陳述意見書者的資格，原則上為有收到行政機關書面通知之相關利害關係者及該行政處分相對當事人，並非與本案無關之任意第三人都可以前來陳述意見，製造行政機關不必要的負擔。因此第105條規定未受通知之利害關係人若提出陳述書時，釋明其利害關係之所在。各關係人或當事人於陳述意見書得表示之意見，

也僅限於行政機關於陳述意見通知書或公告中記載詢問之事項，不可對全然無關之事進行冗長之發言。其發動可由人民一方自行提出或由行政機關通知其提出，其陳述得以書面或言詞爲之。

陳述意見另一在實務上可能會發生的重大問題爲，當各相對人提出陳述意見書後，各主管機關對其所提出之陳述意見是否應予回覆？機關實務上經常發生的情況是，行政程序法雖未規定各機關對於相對人所提出之陳述意見應予以回覆，惟機關要求相對人陳述意見，相對人提出意見後，機關卻未爲任何回覆，仍逕自爲行政處分，往往會使各相對人產生各機關是否眞的有充分理解並考慮過相對人陳述意見之懷疑，並可能因此對機關所爲行政處分之合理性產生質疑。因此除非相對人所提出之陳述意見顯屬爲無關無理，否則機關仍應予以回覆，較爲妥適。但是機關該回覆函文本來僅爲一觀念通知，被相對人誤認爲行政處分，而對之提出行政救濟，將來機關爲行政處分後，相對人又對行政處分提出行政救濟，造成一案變二案，爲避免此種程序浪費重複機關可於回覆同時或回覆後立即爲行政處分，在行政處分函文理由中充分闡釋對相對人前所提出陳述意見之法律評價。屆時相對人如欲提起行政救濟，自可對該行政處分提起，不會導致程序上之錯誤與浪費。

第106條（相對人或利害關係人得以言詞代替陳述書）

行政處分之相對人或利害關係人得於第一百零四條第一項第四款所定期限內，以言詞向行政機關陳述意見代替陳述書之提出。

以言詞陳述意見者，行政機關應作成紀錄，經向陳述人朗讀或使

閱覽確認其內容無誤後，由陳述人簽名或蓋章；其拒絕簽名或
蓋章者，應記明其事由。陳述人對紀錄有異議者，應更正之。

解說

　　行政處分之相對人或利害關係人，因為時效或是自身能力的
問題，得於第104條第1項第4款所定期限內，以言詞向行政機關
陳述意見代替陳述書之提出，也可以算是表達意見以收便民之
效。只是在此種特殊情況下，行政機關應作成紀錄，經向陳述人
朗讀或使閱覽確認其內容無誤後，由陳述人簽名或蓋章；其拒絕
簽名或蓋章者，應記明其事由。陳述人對紀錄有異議者，應更正
之，表示慎重。

第107條（聽證之範圍）

行政機關遇有下列各款情形之一者，舉行聽證：
一、法規明文規定應舉行聽證者。
二、行政機關認為有舉行聽證之必要者。

解說

　　規定聽證之範圍。聽證的概念源於訴訟程序，後來亦適用於
行政程序，於行政決定作成前，給予當事人就重要事實表示意見
之機會，藉以避免行政機關之恣意專斷，保障當事人之權益。但
若規定任何行政處分作成前均應舉行聽證，恐對人力、財力造成
不必要之浪費，而影響行政效率，爰明定行政機關遇有本條各款
情形之一者，始舉行聽證。但是本條推定行政機關作成行政處分
是否須舉行聽證，除法規明文規定應舉行聽證外，可謂悉數由行

政機關裁量，因而保障人民接受聽審權利之理想將落空。因此未來應考慮增訂第3款由人民發起之聽證程序，以確保行政機關照護人民之意旨。

第108條（經聽證作成處分應斟酌之事項）
行政機關作成經聽證之行政處分時，除依第四十三條之規定外，並應斟酌全部聽證之結果。但法規明定應依聽證紀錄作成處分者，從其規定。
前項行政處分應以書面為之，並通知當事人。

解說

行政機關最後作成處分不一定非要受聽證結果的約束，除非有法規特殊規定為例外。注意此時應以書面作成處分交由當事人，若處分內容與聽證結論不同者，更應敘明不採聽證結果之原因。

隨堂測驗10

甲對乙之發明專利向經濟部智慧財產局（下稱智慧局）提起舉發，乙認有與甲進行相互詢答之必要，即申請舉行聽證，經甲同意後，智慧局即舉辦聽證，之後作成「舉發不成立」之審定，則下列敘述，何者正確？(A)因甲已同意舉行聽證，即捨棄救濟之機會，對舉發不成立之審定，不得聲明不服。(B)智慧局依行政程序法訂定之專利舉發案件聽證作業方案，智慧局依該聽證作業方案舉行聽證作成舉發審定時，此專利舉發案件即告確定，當事人均不得聲明不服。(C)專利舉發案件之聽證作業為特殊程

序，故甲可以選擇向經濟部提起訴願，或逕向法院提起行政訴訟。(D)本件係本於聽證作成之行政處分，免除訴願程序，甲對舉發不成立之審定，可逕向法院提起行政訴訟。（109專利師）

第109條（不服經聽證作成處分之救濟）
不服依前條作成之行政處分者，其行政救濟程序，免除訴願及其先行程序。

解說

當一個行政處分在形成過程中正反面意見已經充分被討論過，可以確認這項處分已經是行政機關反覆深思熟慮的結果時，就可以免除行政機關內部的自省程序，也就是不必經過訴願或其先行程序。當事人若仍有不服就直接由法院審查，以免重複浪費程序資源。第108條所稱行政機關作成經聽證之行政處分，由於在第109條所規定之救濟方法與通常程序不同，可以直接進入行政訴訟階段。

隨堂測驗11

甲向經濟部智慧財產局（下稱智慧局）就乙之專利提起舉發，經智慧局依專利舉發案件聽證作業方案，提供甲、乙陳述意見與相互詢答等機會，舉行聽證後，並作成舉發成立審定（下稱原處分）。乙隨即向智慧財產及商業法院提起行政訴訟，請求撤銷原處分。甲則抗辯：乙未提起訴願，不得提起行政訴訟等語，請問下列何者正確？(A)原處分係經聽證作成之行政處分，智慧局已經斟酌全部聽證之結果，則乙不服原處分，依行政程序法之規

定，其行政救濟程序，免除訴願程序。(B)原處分作成前之程序，係智慧局依專利舉發案件聽證作業方案，事前徵詢甲乙雙方之同意後始爲之，則依該作業方案之規定及訴訟法上之誠信原則，無論甲或乙均得直接提起行政訴訟，以爲救濟。(C)乙如認智慧局之原處分損害其權利或法律上之利益，應依訴願法第1條第1項規定提起訴願，本件行政訴訟既未經合法訴願前置程序，即不備起訴要件。(D)專利舉發案件聽證作業方案僅係智慧局爲日後可能採行之對審制所擬訂之行政計畫，於對審制立法通過之前，乙仍應循訴願及行政訴訟之救濟管道，不得直接飛躍起訴。（111專利師）

第三節　行政處分之效力

第110條（行政處分之效力）

書面之行政處分自送達相對人及已知之利害關係人起；書面以外之行政處分自以其他適當方法通知或使其知悉時起，依送達、通知或使知悉之內容對其發生效力。

一般處分自公告日或刊登政府公報、新聞紙最後登載日起發生效力。但處分另訂不同日期者，從其規定。

行政處分未經撤銷、廢止，或未因其他事由而失效者，其效力繼續存在。

無效之行政處分自始不生效力。

解說

一、效力的開始

行政處分一經送達或使特定或不特定當事人知悉起，就發生效力。在經過一定時間後如果當事人未提起行政救濟或有提起救濟卻仍敗訴，則該處分就將發生存續力，以維持其法律安定性。但是即使提起如復議、申訴、再審查等先行程序、訴願與行政訴訟等救濟程序，原處分仍以繼續生效並執行為原則，由當事人提起求為暫時狀態處分之程序保存，經裁定獲准暫時停止其執行為例外。故此時行政處分如本條第3項所規範，仍會有效進行。

因為行政機關往往必須要針對多數人迅速作成大量的行政處分，如繁忙的街頭交通警察的手勢與紅綠燈的變化，都可算是行政處分。因此為了節省公務資源，使行政程序運作的效力極大化，因此會極力避免行政處分之失效。但是如果行政處分本身罹有不得補正之重大瑕疵，那麼就會被直接認為自始無效，而非為僅是得撤銷而向後失效。

二、效力的種類

所謂行政程序存續力包含形式存續力、實質存續力、構成要件效力、確認效力，以及執行力五種定義，並一一解釋如下。

（一）形式存續力

行政處分生效後即產生存續力，所謂形式存續力即蒙受不利益之當事人，至此已不能用一般救濟方式加以救濟，而必須提起釋憲或類似於刑事訴訟法中非常上訴的手段。形式存續力又稱拘束力或自縛力，表示該結果可以拘束當事人、利害關係人、原處分機關，如果沒有相當重要的特殊原因，即使該機關自身也並不得加以撤銷或廢止。

（二）實質存續力

實質存續力陳敏大法官闡明概念有二：

1. 拘束力：即行政處分之條文內容對該處分相對人和作成機關均生法律上之拘束，原作成機關亦不能輕易出爾反爾。

2. 有限之廢棄可能性：基於依法行政原則，行政機關對自己或其下級機關作成之違法處分得為廢棄，惟亦須考慮法安定性及人民信賴保護，該廢棄可能性自應受限，否則若僅有拘束力但不限制行政機關之廢棄可能性，該拘束力則如同具文。

實務上認為處分經爭訟確定後始具實質存續力，即以判決之效力理論來認定處分之效力。

（三）構成要件效力

構成要件效力或稱要件事實效力，是指該處分之內容，也同樣受其他國家公權力機構、行政機關與法院的尊重。使之在其他行政行為中被認定為既存的構成要件事實，作為其本身決定之基礎。但有學說認為這此種處分只限於形成處分，若確認處分就無此效力。

（四）確認效力

是指該機關職權範圍內對受處分原因事實之判斷發生確認效力，並可在一定程度內拘束法院不為審查。這表示對於其他機關嗣後同一事件的認定，該處分在其事實認定部分，法律所明訂範圍內，拘束其他人、機關、法院，不得為與之相反或相異的認定。但在出現之前同一事件未經審酌的新事實證據時，仍有加以推翻的可能。

（五）執行力

執行力是指該處分作成後，因為本於自身的名義，當事人如未遵照執行，根據行政執行法，行政機關可以強制執行該處分。

發生類似於民事法院確定判決可以作爲強制執行名義的效力。此時行政處分可依循強制執行手段使該處分之內容得以實現之力量，不必請求法院裁可方能執行。但行政處分的執行力，須有在法律明定上的根據方可，若該處分沒有本身的法律規定許可其執行，則仍不具執行力。

越南配偶小桃是來臺數年後，經主管機關內政部處分核准，歸化我國取得中華民國國民身分證。嗣經滿足各種要件後，報名參加公職人員考試，試務機關在資料審查後，懷疑小桃是假結婚而並未取得我國身分，而無報名資格，此時應爲如何辦理？

小桃的中華民國國民身分，在經主管機關內政部處分核准歸化我國取得身分證後，已經發生構成要件效力。試務機關即使有所懷疑，也必須接受。

隨堂測驗12

有關行政處分，下列敘述何者錯誤？(A)僅對於相對人及原處分機關發生拘束力。(B)其作成係單方面。(C)無效之行政處分自始不生效力。(D)也可能對於關係人發生拘束力。（108專利師）

第111條（行政處分無效之判斷標準）

行政處分有下列各款情形之一者，無效：

一、不能由書面處分中得知處分機關者。

二、應以證書方式作成而未給予證書者。

三、內容對任何人均屬不能實現者。

四、所要求或許可之行為構成犯罪者。

五、內容違背公共秩序、善良風俗者。

六、未經授權而違背法規有關專屬管轄之規定或缺乏事務權限者。

七、其他具有重大明顯之瑕疵者。

解說

　　此處要先區分合法與有瑕疵的行政處分。

　　合法行政處分，係屬公法行為，除須先具備行政處分要素外，另須作成之機關有作成該行政處分之職權，作成之程序及方式符合相關規定，且該處分之內容合法、確定、可能，並符合行政之目的。

　　有瑕疵的行政處分是相對於完全合法的行政處分，行政處分作成後可能產生瑕疵之情形，依違法性程度主要可區分為無效（本法第111條）、得撤銷（本法第117條、第118條）或更正之情形，行政處分未經撤銷、廢止或未因其他事由而失效者，其效力繼續存在（本法第110條第3項）。以下依瑕疵程度及其法律效果分別予以說明：

一、無效行政處分

　　指行政處分有重大明顯瑕疵，無待行政機關或當事人申請宣告其失效，自始、當然、確定不生效力。

　　本法第111條臚列6類無效行政處分之情形，均屬之。另於同條明定一概括條款，以揭示無效行政處分特性，係具有重大明顯瑕疵情形，即第7款明定「其他具有重大明顯瑕疵者」為無效行政處分。

此處與訴訟法上所謂的當然違法一樣，第111條的第1款至第7款都是構成當然無效之事由。

本條第1款、第2款所規範的是形式上無效的問題，亦即作成機關不明，應發給卻未給予證書，都是在形式上的重大無效事由。第3款至第5款所規範的是根本不能實現（發給位在海底或地心的建築許可），犯罪或違反公序良俗的處分自然也必須是無效的。第6款違反管轄權範圍者自然也必須要給予無效的效果，例如教育局核給駕照，國防部核給餐飲營業許可均屬本款所稱之重大明顯瑕疵。第7款則為對重大明顯瑕疵之概括規定，規範第1款至第6款未具體規範之重大明顯瑕疵。

原則上行政處分之違法並不當然致使行政處分發生無效之後果，惟若該違法之情況嚴重，而具有重大且明顯之瑕疵時，則該行政處分亦屬於無效，則該無效行政處分之內容自始不發生規制作用。陳敏大法官：「行政處分無效之前提，乃以行政處分存在為前提。若行政處分自始不存在，則為『非行政處分』，既然無行政處分之存在自無效力有效無效之問題。」

二、得更正之行政處分

係指行政處分瑕疵輕微，係因誤寫誤算等顯然錯誤所造成之書面行政處分，行政機關得依職權或當事人之申請，附記於原處分書或作成更正書，不影響行政處分之效力（本法第101條）。例如受處分人「王小明」誤繕為「王小月」，或罰鍰金額「三千二百元」誤繕為「三百二十元」等情形。

三、得撤銷之行政處分

係指行政處分違法，惟其瑕疵未達重大明顯之無效行政處分程度，亦非屬輕微得以更正為之，故行政機關依當事人之請求或

依職權作成撤銷之行政處分。在行政機關作成瑕疵行政處分中，此種情形屬較常發生者。例如對欠稅金額計算錯誤，至對個人欠稅確定未達100萬元者，仍限制其出境，即屬違法行政處分，當事人得申請對該處分予以撤銷；原處分機關或其上級機關得依職權予以撤銷。

行政處分之撤銷，原則上溯及既往失其效力，但為維護公益或為避免受益人財產上之損失，為撤銷之機關得另定失其效力之日期（本法第118條）。並應注意信賴保護（本法第118條至第121條、第126條）及對不當得利之返還義務（本法第127條）。

行政處分撤銷時應審酌法則如下：

(一) 就行政機關而言：係以「依法行政」之角度，即公益原則。

(二) 就行政處分相對人權利保障而言：係以「信賴保護」之角度考量，其信賴保護之內容須以大法官釋字第525號、第589號及第605號等解釋意旨及本法第119條規定意旨為依據。

信賴保護原則攸關憲法上人民權利之保障，公權力行使涉及人民信賴利益而有保護之必要者，不限於授益行政處分之撤銷或廢止，即行政法規之廢止或變更亦有其適用。受規範對象如因法規施行而產生信賴基礎之存續期間內，對構成信賴要件之事實，有客觀上具體表現之行為，因信賴而生之實體法上利益受損害且有值得保護之利益者，即應受信賴保護原則之保障。應採取合理之補救措施，或訂定過渡期間之條款，俾減輕損害，方符憲法保障人民權利之意旨。

相關案例

最高行政法院98年判第757號判決指出，行政程序法第111條

各款規定，就行政處分之無效原因，採重大明顯瑕疵說，第1款至第6款是重大明顯之例示，第7款則為重大明顯之概括規定。所謂「重大明顯」，係指其瑕疵之程度重大。如瑕疵非重大明顯，尚須實質審查始能知悉者，則該行政處分並非無效，僅為「得撤銷」。被上訴人中壢市公所為系爭工程之招標處分時，及被上訴人桃園縣政府核發中壢市公所系爭工程之雜項執照處分時，行政程序法雖尚未施行，但前揭行政處分無效之法理，於行政程序法施行前亦有其適用。本件原審認處分並非達於重大明顯瑕疵之無效程度，處分縱有違法情事，亦應對之提起撤銷訴訟而不應提起確認行政處分無效訴訟，於法尚無不合。

隨堂測驗⑬

依行政程序法之規定，行政處分有下列何種情形並不當然無效：(A)不能由書面處分中得知處分機關者。(B)行政處分內容對任何人均屬不能實現者。(C)行政處分之內容，未記明理由者。(D)行政處分內容違背公共秩序、善良風俗者。（111專利師）

隨堂測驗⑭

行政處分應以證書方式作成而未給予證書者，該行政處分為：(A)無效。(B)得撤銷。(C)得廢止。(D)得更正。（102專利師）

第112條（行政處分一部無效之效力範圍）

行政處分一部分無效者，其他部分仍為有效。但除去該無效部分，行政處分不能成立者，全部無效。

解說

行政處分如果會輕易被判為失效，那麼光是行政程序所衍生的信賴保護等問題就會非常難以善後，故與之前提到要極力避免行政處分之失效原則類似，應盡可能使行政處分修復其瑕疵，而使其至少部分有效。

同樣在數量原則上也要儘量保持行政處分中能用的部分繼續有效，除非無效的部分太過嚴重。

實例

A縣B鄉鎮市之市公所，根據A縣政府頒布單行法規「A縣道路挖掘管理自治條例道路挖掘保證金收費標準」，向C工程業者徵收保證金15萬元，惟根據A縣政府所制定之該條例收費標準，C工程業者在該案所需繳納保證金最高僅得為10萬元，此時應如何處理？

B鄉鎮市公所之該行政處分因違反母法，超出之5萬元為無效，C工程業者仍需繳納10萬元。

隨堂測驗15

下列關於行政處分效力之敘述，何者正確？(A)行政處分作成前未給予當事人陳述意見之機會，雖事後給予機會表示意見，但當事人已喪失陳述意見之最佳時機，該處分仍應認為無效。(B)行政處分的作成違法，雖其瑕疵輕微，該處分仍屬無效。(C)行政處分一部分有效、一部分無效，雖除去無效部分，對於行政處分之成立並無影響，但該處分仍全部無效。(D)自書面處分中無法得知處分機關，該處分即屬無效。（110專利師）

第113條 （行政處分無效之確認程序）

行政處分之無效，行政機關得依職權確認之。

行政處分之相對人或利害關係人有正當理由請求確認行政處分無效時，處分機關應確認其為有效或無效。

解說

　　行政處分發生無效之事由，原處分或其上級機關為迅速保障當事人權益，應迅速依職權確認之，並且火速糾正。如果行政機關未曾察覺處分有無效事由或遲遲未作為，行政處分之相對人或利害關係人有正當理由者，亦可檢具相關意見，請求原處分機關確認該行政處分無效。

相關案例

　　法務部民國91年10月21日法律字第0910038586號函覆關於納稅義務人向稅捐稽徵處申請確認該處對其罰鍰處分無效，可否認其屬行政程序法所稱之未具正當理由案，其理由二稱按行政程序法第113條第2項規定：「行政處分之相對人或利害關係人有正當理由請求確認行政處分無效時，處分機關應確認其為有效或無效。」其所謂「正當理由」，應依社會通常觀念及客觀事實，由該處分機關依具體個案情況，自行審酌認定之。事實上是給予行政處分作成機關相當大的形成意思空間。

　　如果該處分機關在接受請求後仍遲遲未作為，上述該函理由三又提到：「次按行政訴訟法第6條第2項規定：『確認行政處分無效之訴訟，須已向原處分機關請求確認其無效未被允許，或經請求後於三十日內不為確答者，始得提起之。』該條係為配合行政程序法第113條第2項規定，亦屬代替訴願程序之設計，是以

當事人請求原處分機關確認而未被其允許之公文書，性質上本為行政處分，但因行政訴訟法上開特別規定之故，自不得以不服未受允許之處分，而提起撤銷訴訟，否則確認行政處分無效之訴將永無適用之餘地（吳庚，行政爭訟法論，1999年5月修訂版）。復依行政訴訟法第6條第3項規定：『確認公法上法律關係成立或不成立之訴訟，於原告得提起撤銷訴訟者，不得提起之。』法律關係因行政處分而發生者，當事人如有爭執，本應以撤銷訴訟訴請撤銷原處分，若當事人怠於提起訴願及撤銷訴訟，聽任行政處分確定，然後再提無起訴期間限制之確認訴訟者，則行政處分之效力將永遠處於不確定狀態（詳參前揭書，頁122）。依據上開說明，本件納稅義務人向原處分機關請求確認該處分無效，若原處分機關不允許該請求，不論理由為何，本質上仍屬行政處分，依行政訴訟法第6條第2項規定，請求人不服該行政處分僅能提起確認行政處分無效之訴，不能另行提起訴願請求撤銷之。至於是否具有同法第6條第3項規定之情形，受理之行政法院自當本於職權審酌之。」也就是當事人提起確認之請求後行政機關若未於一個月內答覆，根據行政院訴願審議委員會第1421次會議與法務部之見解，應儘速根據行政訴訟法第6條第2項規定將該處分向行政法院提起確認無效之訴。

隨堂測驗⑯

下列關於行政處分效力之敘述，何者正確？(A)行政處分一部分有效、一部分無效，雖除去無效部分，對於行政處分之成立並無影響，但該處分仍屬全部無效。(B)自書面處分中無法得知處分機關，該處分即屬無效。(C)行政處分作成前未給予當事人陳述意見之機會，雖事後給予機會表示意見，但當事人已喪失

陳述意見之最佳時機，該處分即應無效。(D)行政處分的作成違法，雖其瑕疵輕微，但屬不待調查即可認定的明顯瑕疵，該處分即屬無效。（107專利師）

第114條（瑕疵行政處分之補正）

違反程序或方式規定之行政處分，除依第一百十一條規定而無效者外，因下列情形而補正：

一、須經申請始得作成之行政處分，當事人已於事後提出者。

二、必須記明之理由已於事後記明者。

三、應給予當事人陳述意見之機會已於事後給予者。

四、應參與行政處分作成之委員會已於事後作成決議者。

五、應參與行政處分作成之其他機關已於事後參與者。

前項第二款至第五款之補正行為，僅得於訴願程序終結前為之；得不經訴願程序者，僅得於向行政法院起訴前為之。

當事人因補正行為致未能於法定期間內聲明不服者，其期間之遲誤視為不應歸責於該當事人之事由，其回復原狀期間自該瑕疵補正時起算。

解說

　　就如同前面多次提到的因為行政處分的失效將會浪費公務資源，因此必須盡可能使行政處分有效。因此將還可以補正的有瑕疵行政處分在一定時間內加以補正而生效，以免浪費公務資源，即為行政機關應辦理之要務。本法第114條即在規範可以補正的瑕疵處分種類有那些，以及可以補正的時點。我國學術通說與法院實務上把有關有瑕疵行政處分之效果，視不同程度之瑕疵而

異，有可以補正也有無法補正的。原則上除重大瑕疵會導致一部或全部無效外，均應盡可能補正或更正使之有效。全部存在之各種消極事由排列如下：

一、第一級：重大瑕疵。依其事由可分為：

(一) 重大明顯之瑕疵：即行政程序法第111條第7款之規定。

(二) 法律明定無效之事由：行政程序法第111條第1款至第6款。

二、第二級：中度及輕度瑕疵。依其事由可分為：

(一) 屬於行政程序法第114條各款之程序瑕疵而未補正者。

(二) 內容之技術瑕疵諸如裁量瑕疵、判斷瑕疵、涵攝瑕疵及違背論理與證據法則等。

三、第三級：微量瑕疵。依其事由可分為：

(一) 行政程序法第101條之瑕疵。

(二) 稅捐稽徵法第17條之瑕疵。

四、第四級：瑕疵之變體。行政程序法第98條之教示瑕疵，對處分之效力不生影響。

各種瑕疵之效果第一級重大瑕疵效果是直接無效，第二級效果是得轉換撤銷，第三級與第四級則可以經過補正後繼續生效。

行政處分程序瑕疵之補正，學說通說認為必須該程序瑕疵對於處分之實體內容不發生影響，則在於對實體決定無影響之前提下，該程序瑕疵方有補正之可能，否則若程序瑕疵影響行政處分之實體結果時，則該瑕疵即構成處分撤銷之事由，而不得補正。原則行政處分除因具有「重大明顯瑕疵」而無效者外，否則行政處分並不因其瑕疵而影響其效力，相對人除需服從外，該行政處分亦得作為執行之基礎。是故，違法行政處分並不當然無效，而僅為「得撤銷」或具有「廢棄可能性」而已。惟人民得對於有瑕疵而屬於違法之行政處分提起訴願或行政訴訟請求撤銷之，消滅

行政處分之效力。但在訴願機關或行政法院以訴願決定或判決撤銷該處分前，原行政處分仍屬有效。行政處分在程序或方式上可補正的概念是將一些應該於事前發動卻未作成的關鍵動作在行政處分發生後追加，使該處分得以完整而發生效力。

因此判斷那些處分還可以補正，那些處分則是一定無效，無法因補正而復活就相當重要。

老王在有一棟建物係屬未經申請許可，領得建築執照，擅自新建之違章建築，被主管機關催告辦理登記。補正期限卻未予詳載，老王因此遲誤了補正的期限被駁回，請問該處分是否有效？

臺中高等行政法院90年訴字第355號判決要旨認為：「查行政處分者，係指中央或地方機關就公法上具體事件所為之決定或其他公權力措施而對外直接發生法律效果之單方行政行為。行政處分之作用，在於使抽象之法律規定具體化，以適用於個別之事件。是設定義務之行政處分，其內容須明確，相對人始能正確履行其義務，於相對人不自動履行義務時，行政機關亦始得以行政執行之手段強制實現其內容。行政處分之不明確，如構成重大及明顯之瑕疵，行政處分亦因之而無效。被告所為系爭強制拆除處分，係依據臺中縣豐原市公所查報原告系爭建物係屬未經申請許可，領得建築執照，擅自新建之違章建築，而以88年2月9日工使字第55497號違章建築補辦手續通知單通知原告補辦建造執照手續之處分，然該『違章建築補辦手續通知單』，目的在通知原告系爭建物屬程序違建，應於行政處分機關即被告所定期限內補辦建造執照，使之成為合法建物，免遭拆除，是該補正期限，自屬該行政處分之要素，如未予詳載，即構成重大及明顯之瑕疵，

揆諸首揭說明，行政處分亦因之而無效。雖該補辦手續通知單文末『抄錄』違章建築處理辦法第5條條文，惟僅在揭示該補辦手續通知單（行政處分）之法律依據，非行政處分之本身，個別之行政處分，仍應就抽象之法律規定予以具體化，始符明確性原則，尚難憑該附帶抄錄，遂認行政處分業已明確。系爭強制拆除處分依憑之行政處分既因不明確構成重大及明顯之瑕疵而無效，其處分即因失其依據而不得執行強制拆除，被告據該處分定期拆除系爭建物，自有違誤。」

　　本案是因為行政機關未告示所定期限內補辦建造執照，使之成為合法建物，免遭拆除，構成重大及明顯之瑕疵，因此無法補正。如果是當事人申辦業務初始時文件不齊備，或屬類似性質之錯誤，通常都得以補正，以臻行政程序法完整保障人民權利，限制行政機關作為之基本原則。

隨堂測驗 17

　　依行政程序法之規定，行政處分有下列何種情形並不當然無效：(A)不能由書面處分中得知處分機關者。(B)行政處分內容對任何人均屬不能實現者。(C)行政處分之內容，未記明理由者。(D)行政處分內容違背公共秩序、善良風俗者。（111專利師）

第115條（違反土地管轄之效果）

行政處分違反土地管轄之規定者，除依第一百十一條第六款規定而無效者外，有管轄權之機關如就該事件仍應為相同之處分時，原處分無須撤銷。

解說

　　本條立意也是從程序經濟角度出發，保障國家資源與當事人的程序利益，盡可能使最後仍為相同處分之土地管轄錯誤得以治癒，從而避免勞民傷財的重複程序。但要注意前面有提及，假如是嚴重的業務管轄錯誤就沒救了。

相關案例

　　最高行政法院96年判字76號要旨認為：「按行政程序法第111條第6款規定：『未經授權而違背法規有關專屬管轄之規定或欠缺事務權限者。』其所謂『欠缺事務權限』，基於行政機關體制之複雜性及管轄權錯誤識別之困難性，及其立法意旨，為確保行政機關能有效運作，維護法之安定性並保障人民之信賴，當係指行政處分之瑕疵已達同條第7款所規定重大而明顯之程度，諸如違反權力分立或職權分配之情形而言。除此之外，其他違反土地管轄或事務管轄，尚屬得撤銷而非無效，甚至如有同法第115條規定之情形者原處分無需撤銷之。」

第116條（違法行政處分之轉換）
行政機關得將違法行政處分轉換為與原處分具有相同實質及程序要件之其他行政處分。但有下列各款情形之一者，不得轉換：
一、違法行政處分，依第一百十七條但書規定，不得撤銷者。
二、轉換不符作成原行政處分之目的者。
三、轉換法律效果對當事人更為不利者。
羈束處分不得轉換為裁量處分。
行政機關於轉換前應給予當事人陳述意見之機會。但有第一百零三條之事由者，不在此限。

解說

　　行政處分有較小問題的稱為瑕疵，可以因補正而治癒。如果問題已經很嚴重，已經顯然違法的，就必須加以轉換使之合法。行政處分的合法必須符合以下幾個要素：

一、主體合法

　　所謂主體合法是指作出行政處分的組織必須具有行政主體資格，能以自己的名義作出行政處分，並能獨立承擔法律責任。根據我國有關法律、法規規定，能夠成為行政主體的是行政機關或法律、法規授權的組織。並且該行政主體應當是依法設置的行政機關或是依法被授予行政職權的組織。

　　由於行政處分通常是由行政主體的具體工作人員實施的，因此這些工作人員應具備法定條件，才能保證行政處分的合法有效性。另外，主體合法除了要求處分主體必須是行政主體以外，還要求其處分必須在許可權範圍內。若行政主體的處分超出其許可權範圍，則其處分不合法。

二、內容合法

　　(一) 處分有確鑿的證據證明，有充分的事實根據。

　　(二) 處分有明確的依據，正確適用了法律、法規、規章和其他規範性基準文件。

　　(三) 處分必須公正、合理，符合授權法規立法目的和立法精神。

三、程序合法

　　程序是實施行政處分所經過的步驟、實現方式等，任何行政處分均須通過一定的程序表現出來，沒有脫離程序的行政處分。處分的程序是否合法，影響著行政處分實體的合法性。程序合法

要求：

(一) 行政處分符合行政程序法確定的基本原則和制度。

(二) 行政處分應當符合法定的步驟和順序。

四、處分必須在行政機關的職權範圍內，越權無效

國家之所以設官分職，就是把各種不同性質公務以不同專業人員與方式辦理，因此各機關之間自不能互相侵越職權。若由國防部在道路上取締駕駛人開罰單，教育部發給建物使用執照，都超出該機關原有的職權範圍，該處分自屬無效。

五、符合法定形式

本條此處的轉換，乃指將原先違法之行政處分轉變為另一合法之行政處分。轉換之法理基礎，在於使違法行政處分所包含之合法部分，繼續維持其效力，以確保行政處分合法部分之實效與安定，避免該行政處分遭受撤銷，該事件狀態又歸於不確定，迫使行政機關為達成行政目的必須另作成行政處分，浪費前程序中當事人與行政機關已投入的心力費用。

本條轉換之要件有三：

(一) 原處分必須係違法而得撤銷之行政處分。

(二) 與後來轉換成行政處分必須具有相同之法律效果，亦即要追求共同之價值利益。

(三) 具備作成他行政處分所需之方式或程序，同時原處分機關作成他行政處分必須具有合法管轄權。

隨堂測驗 18

私立學校A因經營不善，教育部乃依私立學校法解散原董事會，另組成公益董事會管理。甲為A校創辦人，以該校董事會嗣

經改選完成並報教育部核備，校務運作良好，已無接管必要。依行政程序法規定，向教育部申請何種處分，以解除接管？(A)申請原處分機關依職權撤銷原接管處分。(B)申請重新再開程序檢討原接管行政處分之廢止。(C)申請原處分機關依新事實更正接管處分。(D)申請原處分機關依職權轉換原行政處分。（102司）

第117條（行政處分之撤銷及其限制）

違法行政處分於法定救濟期間經過後，原處分機關得依職權為全部或一部之撤銷；其上級機關，亦得為之。但有下列各款情形之一者，不得撤銷：

一、撤銷對公益有重大危害者。

二、受益人無第一百十九條所列信賴不值得保護之情形，而信賴授予利益之行政處分，其信賴利益顯然大於撤銷所欲維護之公益者。

解說

原則上原處分機關在任何時間點上發現處分違法，基於依法行政原則之意旨，都應給予其自省改過之機會，原則上得撤銷該處分，以回復合法之狀態。即使當事人已經時效經過，而導致在程序法與訴訟法上的失權。行政機關不僅於法定救濟期間經過之前，得依職權撤銷之，根據本條與訴願法第80條第1項即使於法定救濟期間經過之後，亦即該處分已發生形式存續力之後，亦得為之。不過由於行政處分之撤銷，就會牽動既有法律狀態及當事人或第三人之權利義務，自當有其限制邊界方符合公眾利益與公平正義。因為法律畢竟也是一門權衡利益的科學，必須考慮所有

社會成員的利益。故在本條但書列出兩種因為保留原處分利益大於撤銷所得到利益時可以保留原處分的事由。

當撤銷原處分對公益有重大危害，或信賴利益與公益之間的大小顯然逾越比例原則，撤銷會出現得不償失的狀況，此時自以維持原處分為宜。

特別要注意的是撤銷時的效力是溯及既往還是指向後失去效力，可以由行政機關依職權定之。依行政機關得否撤銷行政處分，因違法行政處分屬於「侵益處分」或「授益處分」而有異同。侵益處分之撤銷，違法行政處分如對人民產生不利之法律效果者，由於不發生既得權利及信賴利益之保護問題，故原處分機關或其上級機關原則上得依職權為全部或一部之撤銷，俾使合法狀態得以恢復，至於其是否已屬確定，則非本條所問。違法侵益處分之撤銷，屬於行政機關裁量權之範圍，行政機關得基於依法行政原則與法安定性原則之考量，衡酌具體情況而為決定，惟本條但書規定，撤銷若對公益有重大危害者，則不得撤銷之，此為行政處分之撤銷最嚴重需考慮之問題，此時合法與不當均可能需要退讓。

授益處分之撤銷，違法之行政處分，基於依法行政原則之旨趣，固有撤銷之必要，以恢復合法之狀態，惟該處分如授予人民一定之利益者，由於人民通常會信賴該處分所授予之利益或法律地位，基於信賴利益之保護，自不宜率然撤銷此類處分，而應有所限制，於此涉及依法行政原則之貫徹與人民信賴保護之調和問題，對此本但書設有規定，以資規範，據此規定，行政機關對於違法之授益處分，原則上固得予以撤銷，惟須具備如下要件：

一、撤銷對於公共利益並無重大危害：是否有危害公益之情形，則屬事實認定之問題。

二、原處分之撤銷對當事人的私人利益傷害是否過鉅：有無

違反比例原則,與撤銷後所能維護的公益是否相當。

三、有無可以替代該撤銷處分的其他手段,並且該手段所造成的損害更小。

四、當事人因此撤銷處分所受的損害有無加以補償、有無可能導致其人格法益受損且不可彌補。

相關案例

臺北市政府法規委員會民國94年8月15日北市法一字第09431433700號函認為依行政程序法第117條之規定:「違法行政處分於法定救濟期間經過後,原處分機關得依職權為全部或一部之撤銷;其上級機關,亦得為之。」

按行政處分之撤銷係指就業已成立且發生效力之行政處分,因其有得撤銷之原因,由行政機關依職權予以全部或一部撤銷,使其效力溯及既往,或向將來失去效力。本案於參酌前述法院判決理由及職權調查相關事證後認定「公業○○○」非為祭祀公業之情形下,貴局自得依行政程序法第117條之規定予以撤銷前述(一)之行政處分……。

本條但書雖然有規定得不撤銷之事由,但是運用時要十分謹慎,尤其是牽涉到當事人或第三人重大利益時,且必須注意時效問題。因為臺北市政府法規委員會民國94年9月13日北市法一字第09431639800號函曾指出:「行政機關知悉違法之行政處分,應撤銷卻故意不為撤銷,致除斥期間經過而不得撤銷,則行政機關係違法失職,應懲處失職人員,且不撤銷,致財產又遭非權利人處分致真正權利人遭受損害時,恐應負損害賠償責任。」並進一步說明如下:「有關目前原處分機關暫不撤銷違法之行政處分,後續之影響為何,以及原處分撤銷前是否得再由信義區公所

受理其相關申報案件之問題，本會說明如下：『1.暫不撤銷違法行政處分之後續影響：依行政程序法第117條規定，行政機關於法定救濟期間經過後得依職權撤銷該違法之行政處分，按行政處分是否撤銷，應考量依法行政原則、信賴利益之保護、社會公益的考量及法安定性之考量……等因素，故該條僅規定「得」撤銷，並於但書明定不得撤銷之情形，亦即，倘行政機關於考量上述因素之後，認為以撤銷為宜，則仍應撤銷該違法之行政處分，惟仍應注意行政程序法第121條撤銷權得行使之期限。倘行政機關於知悉該違法之行政處分，於考量上述因素認為應撤銷，卻故意不為撤銷，致除斥期間經過而不得撤銷，則行政機關係違法失職，應懲處失職人員。且若不撤銷，致財產又遭非權利人處分致真正權利人，遭受損害時，恐應由貴局負損害賠償責任。』」

隨堂測驗⑲

違法行政處分於法定救濟期間經過後，原處分機關或其上級機關於下列何者時間，得依職權為全部或一部之撤銷？(A)自原處分機關或其上級機關知有撤銷原因時起二年內。(B)於法定救濟期間經過後二年內。(C)自原處分機關或其上級機關知有撤銷原因時起五年內。(D)於法定救濟期間經過後五年內。（111專利師）

第118條（行政處分撤銷之效力）

違法行政處分經撤銷後，溯及既往失其效力。但為維護公益或為避免受益人財產上之損失，為撤銷之機關得另定失其效力之日期。

解說

　　本條所言也是信賴保護原則的一種態樣，違法行政處分被撤銷失效時間，要權衡公益與受益人財產上的利益。要給相對人一段緩衝期間去安排其財產。

相關案例

　　臺北市政府法規委員會民國94年10月17日北市法一字第09431886800號函指示，撤銷授益行政處分有其限制，循依法行政原則及信賴保護原則考量，其處理方式爲撤銷授益處分或因人民信賴行政處分而取得某種權益而受到限制，故必須就兩者作利益衡量，以決定是否撤銷。說明中並更一步指出，有關無合法房屋證明之建物誤發2樓以上之鋁質門牌法律疑義乙案，前經本會93年12月27日北市法一字第09331879400號函（如附件）復貴局有關誤發門牌之法律性質略以：……此爲一對外直接發生法律效果之行爲，故仍爲行政處分。……戶政事務所得否依職權撤銷該違法行政處分之問題，按授益行政處分之撤銷有其限制，必須考量到以下兩點：(一)授益處分既屬違法，則依照依法行政原則及信賴保護原則，所應爲之處理方式分述如下：1.依法行政原則：授益處分既屬違法，自應撤銷。2.信賴保護原則：人民因信賴行政處分而取得某種權益，若欲撤銷此行政處分，則必須受到限制。(二)上述二原則相互衝突，故必須就兩者作利益衡量，視授益處分撤銷所追求之公益與人民信賴利益之孰輕孰重，以決定是否撤銷。

第119條（信賴不值得保護之情形）

受益人有下列各款情形之一者，其信賴不值得保護：

一、以詐欺、脅迫或賄賂方法，使行政機關作成行政處分者。

二、對重要事項提供不正確資料或為不完全陳述，致使行政機關依該資料或陳述而作成行政處分者。

三、明知行政處分違法或因重大過失而不知者。

解說

在受益人有故意或重大過失使行政機關被誤導，或是該處分本就有重大的瑕疵且受益人事先知情，因此其信賴有瑕疵甚至是偽造，故不值得保護。

在通常的情況下，人民信賴一項合法的行政處分固然具有正當性，其信賴應予保護；但若完全不審酌信賴是否值得保護的問題，此項損失補償請求權可能被濫用。例如因受益人自己的行為導致行政處分的基礎事實改變，或受益人於明知已發生廢止事由後，仍為重大的財產處分，於此例外情形，受益人的信賴不應受到保護。因而本文認為，於合法授益處分廢止時原則上推定受益人之信賴值得保護，但若原處分機關能舉證證明受益人有信賴不值得保護之情事，則仍得全部或部分拒絕給予補償。

但若該處分之受益人此時並無信賴利益可言，或其信賴利益此時已消失，或其信賴利益尚未大於撤銷該處分所欲維護之公益，授益處分之受益人是否對於該處分有所信賴，原則上應依個別情形判斷之，本條對此訂有消極要件，據此規定之反面解釋，受益人若無上述三款之情形，即可推定其享有值得保護之信賴利益。

隨堂測驗20

下列何種情形非屬所定受益人之信賴不予保護之情形？(A)明知行政處分違法者。(B)因過失而不知行政處分違法者。(C)以賄賂方法，使行政機關作成行政處分。(D)對重要事項爲不完全陳述，致使行政機關依該陳述而作成行政處分。（109專利師）

隨堂測驗21

甲取得執照經營一座加油站，一年後主管機關以該加油站未維持相關設備，消防安全檢查不合格，違反相關法規爲由，廢止其營業許可，甲主張信賴保護是否有理由？(A)有理由，因爲甲並無行政程序法第119條所列信賴不值得保護之情形。(B)有理由，因爲甲無法預見其營業許可被廢止。(C)無理由，因爲甲可預見其營業許可因違反相關法規而被廢止。(D)無理由，因爲甲有詐欺行爲，信賴不值得保護。（106高考法制）

第120條（違法授益處分經撤銷後之信賴補償）
授予利益之違法行政處分經撤銷後，如受益人無前條所列信賴不值得保護之情形，其因信賴該處分致遭受財產上之損失者，爲撤銷之機關應給予合理之補償。
前項補償額度不得超過受益人因該處分存續可得之利益。
關於補償之爭議及補償之金額，相對人有不服者，得向行政法院提起給付訴訟。

解說

與行政程序法第8條所揭示的信賴保護原則相符，應對當事

人因此所受的損失加以補償。通常以金錢爲原則，其他方式爲例外。

　　第2項要規範的是不能使當事人所得之補償大於實際損失；第3項則給予當事人不服時，有機會接受司法審查。

　　當事人的正當信賴如受侵害以使行政機關之行爲能及時處理情勢變更而作有效之因應，兼顧公益與當事人之利益。並且要給予當事人接受司法機關公正裁判的機會，以免行政機關球員兼裁判。

相關案例

　　大法官釋字第525號解釋，是我國解釋文中對志願役預官等人參加公職考試的優待問題作出指示：信賴保護原則攸關憲法上人民權利之保障，公權力行使涉及人民信賴利益而有保護之必要者，不限於授益行政處分之撤銷或廢止（行政程序法第119條、第120條及第126條參照），即行政法規之廢止或變更亦有其適用。行政法規公布施行後，制定或發布法規之機關依法定程序予以修改或廢止時，應兼顧規範對象信賴利益之保護。除法規預先定有施行期間或因情事變遷而停止適用，不生信賴保護問題外，其因公益之必要廢止法規或修改內容致人民客觀上具體表現其因信賴而生之實體法上利益受損害，應採取合理之補救措施，或訂定過渡期間之條款，俾減輕損害，方符憲法保障人民權利之意旨。至經廢止或變更之法規有重大明顯違反上位規範情形，或法規（如解釋性、裁量性之行政規則）係因主張權益受害者以不正當方法或提供不正確資料而發布者，其信賴即不值得保護；又純屬願望、期待而未有表現其已生信賴之事實者，則欠缺信賴要件，不在保護範圍。

隨堂測驗 22

依行政程序法之規定，下列何種行政處分，相對人得依據信賴保護原則請求補償？(A)撤銷負擔行政處分。(B)因未履行負擔而廢止授益行政處分。(C)因違反法令而廢止授益行政處分。(D)撤銷違法授益行政處分。（106高考法制）

第121條（撤銷權之除斥期間與受益人信賴補償請求權之時效）
第一百十七條之撤銷權，應自原處分機關或其上級機關知有撤銷原因時起二年內為之。
前條之補償請求權，自行政機關告知其事由時起，因二年間不行使而消滅；自處分撤銷時起逾五年者，亦同。

解說

不管是主管機關的撤銷權，或是人民一方因為信賴保護原則產生的補償請求權，都必須要給與一定的請求權時效限定，以使得處分狀態儘快確定。雖法定救濟期間已過，主管機關仍有權限主動撤銷。

相關案例

法務部民國94年8月25日法律字第0940024586號函關於追繳溢領老年農民福利津貼，已逾五年公法上請求權案件是否不再追償疑義，其理由四、本件依貴局來函說明五所述觀之，原受領人係於87年4月28日依死亡宣告判決推定死亡，迨其家屬於93年12月間向貴局申請農喪葬津貼，貴局始知受領人死亡之事實；倘係如是且貴局斟酌本案具體情形及相關規定後認為應撤銷原核定處

分者，此項撤銷權之除斥期間，依行政程序法第121條第1項之
規定，應自原處分機關知有撤銷原因時起二年內為之。於撤銷原
處分後，應自撤銷時起五年內行使給付返還請求權（行政程序法
第131條第1項規定參照）；至於請求之內容及範圍，係以原受
領人死亡之次月起計算其溢領之數額均得請求，非謂僅得請求自
撤銷原處分時起回溯計算五年之額。

　　在撤銷處分以後，受領人死亡之次月起計算其溢領之數額，
對其實際領取者產生所謂公法上不當得利，應自撤銷時起五年內
行使給付返還請求權。

隨堂測驗23

　　授益行政處分適用法令錯誤，依現行實務見解，撤銷權之除
斥期間應自何時起算？(A)自有權撤銷之機關可得知悉撤銷原因
時起算。(B)自行政處分作成時起算。(C)自有權撤銷之機關確實
知悉撤銷原因時起算。(D)自有權撤銷之機關略加調查而不難得
知時起算。（104律師）

第122條（非授益處分之廢止）
非授予利益之合法行政處分，得由原處分機關依職權為全部或
一部之廢止。但廢止後仍應為同一內容之處分或依法不得廢止
者，不在此限。

解說

　　此類行政處分若屬侵益或給予當事人負擔之處分，既對於人
民之權益造成不利之結果，或至少並無給與當事人利益。則行政

機關予以除去，對於相對人自屬有利，或至少無害，就保障當事人權益之角度理應無不許之理。但基於依法行政原則與維護法安定性之考量，廢止後如主管機關仍應為同一內容之處分或依法不得廢止者，原處分機關依本條但書乃不得廢止之。換言之，非授益處分之廢止，受有如下兩種限制：

一、廢止後仍應為同一內容之處分，不得廢止

此項限制係基於廢止之目的所設，蓋法律授權行政機關享有廢止權，旨在讓行政機關得以衡酌事實及法律之變更，藉行政處分之廢止，以達符合現行法規狀態之目的，而非廣泛授予行政機關享有恣意之廢止權。是以，依照行政機關廢止時之法律規定，原處分必須存在者，自無許其廢止之理，否則廢止後反生違法之狀態。準此以言，侵益處分之廢止，原則上僅發生於裁量處分身上，至於羈束處分則較無廢止之問題。不過，裁量處分如有裁量收縮之情形，仍不得任意廢止；反之，羈束處分之基礎法規若有變更，則非不得予以廢止。

二、依法不得廢止者，不得廢止

所謂「依法不得廢止」者，除法律明文規定某種處分不得廢止外，尚包括基於法律之規範意旨不得廢止者，例如侵益處分之廢止將違反平等原則；廢止某一拆除違章建築之處分，將造成執法不公之結果；或基於處分之性質不得廢止者，例如公務員之任命處分。

第123條（授益處分之廢止）

授予利益之合法行政處分，有下列各款情形之一者，得由原處分機關依職權為全部或一部之廢止：

一、法規准許廢止者。

二、原處分機關保留行政處分之廢止權者。

三、附負擔之行政處分，受益人未履行該負擔者。

四、行政處分所依據之法規或事實事後發生變更，致不廢止該處分對公益將有危害者。

五、其他為防止或除去對公益之重大危害者。

解說

　　前述無效行政處分、對行政處分所作之更正、撤銷，則係指違法行政處分。廢止係針對合法行政處分為之，二者應加以辨異。針對合法授益處分，若符合本法第123條規定，得由原處分機關依職權為全部或一部之廢止，惟「廢止」時應審酌行政處分相對人既得利益之信賴是否值得被保護。凡是對當事人授益處分之廢止，情況都會比較複雜。因為授予利益之合法行政處分，其作成之時既屬合法，就有前述信賴保護原則的適用。因此若合法授益處分一經生效，受益人對其信賴之程度猶較違法之處分為大，故對於此類處分之廢止，自應受到嚴格之限制。據本條規定，原處分機關原則上不得廢止授益之合法處分，僅於法律所明定之要件下，始例外允許廢止。茲簡述法定之廢止要件如下：

一、法規准許廢止者

　　法規若明文准許原處分機關在所列舉情況條件下得廢止行政處分者，就已經發生公示之效力，行政機關自得為之，而不會傷害當事人之合法信賴利益。例如漁業法第29條第1項規定：「有

下列各款情形之一者，主管機關得變更或撤銷其漁業權之核准，或停止其漁業權之行使：一、國防之需要。二、土地之經濟利用。三、水產資源之保育。四、環境保護之需要。五、船舶之航行、碇泊。六、水底管線之舖設。七、礦產之探採。八、其他公共利益之需要。」其中「撤銷（正確應為廢止）漁業權核准」之規定，即屬法規准許廢止授益行政處分之例。

二、原處分機關保留行政處分之廢止權者

指行政機關作成處分時，保留未來廢止行政處分之可能性（保留行政處分之廢止權），屬於行政處分附款之一種。由於此種附款之存在，受益人對於行政處分之廢止已有所預見，故較無信賴保護之問題。

三、附負擔之行政處分，受益人未履行該負擔者

附負擔之行政處分，指行政機關作成授益處分時，課予相對人一定之作為、不作為或容忍義務之謂。受益人依該處分既負有一定之義務，則其未履行該義務，自與核給該授益處分之本旨，有所不符，原處分機關自得予以廢止。

四、行政處分所依據之法規或事實事後發生變更，致不廢止該處分對公益將有危害者

所謂「法規事後發生變更」者，係指法律、法規命令或自治法規有所新訂、修改或廢止而言，不包括法院判決見解之改變、不具對外效力行政規則之變更、行政函示見解之改變，或大法官宣告法規無效等情形（行政訴訟法第273條第2項參照）。所謂「事實事後發生變更」者，係指作成行政處分之基礎事實，於行政處分作成後有所改變者而言。以上兩種情形皆須發生若不廢止該處分將有害於公益之情形，始得廢止之。

五、其他爲防止或除去對公益之重大危害者

此一廢止要件乃是廢止之概括原因，旨在補充前述各款之不足。惟因行政機關原則上不得廢止合法之授益處分，故對於此款之解釋與適用，宜從嚴爲之，同時應參酌實體法上是否對公益之維護有所規定，而非可單純以維護公益爲理由而廢止授益行政處分。

小周繼承遺產以後，其所徵收遺產稅應以現金繳納。但是小周因爲手頭很緊現金繳納確有困難，因此申請以實物抵繳，則稅捐稽徵機關核定准許抵繳之處分，並命小周所定期限辦理實物抵繳完畢，以完納稅捐終結本案。但未於稅捐稽徵機關所定期限辦理實物抵繳完畢，請問此時稅捐稽徵機關對小周拖延不繳的行爲，有何處置的方法？

最高行政法院97年判字第1081號要旨：「依遺產及贈與稅法第30條之規定，遺產稅應以現金繳納，必須現金繳納確有困難時，始得申請以實物抵繳，則稅捐稽徵機關核定准許抵繳之處分，即發生延長繳納期限之效果，自屬授予利益且附有負擔之行政處分。如納稅義務人未於稅捐稽徵機關所定期限辦理實物抵繳完畢，則稅捐稽徵機關依行政程序法第123條第3款及第125條之規定，即得依職權爲全部或一部之廢止，並溯及既往失其效力。」

授予利益之合法行政處分，依行政程序法規定，有特定情形，得由原處分機關依職權爲全部或一部之廢止，請問下列何

者不屬於該特定情形：(A)附解除條件之行政處分，解除條件成就。(B)法規准許廢止。(C)原處分機關保留行政處分之廢止權。(D)行政處分所依據之法規事後發生變更，致不廢止該處分對公益將有危害。（109專利師）

隨堂測驗25

主管機關核准甲在某地號興建市場後，因都市計畫變更將該地號變更為學校用地，基於那一項原則，須補償甲因此所受之損失？(A)比例原則。(B)法律不溯及既往原則。(C)信賴保護原則。(D)必要衡量原則。（105司法官）

第124條（授益處分行使廢止權之除斥期間）
前條之廢止，應自廢止原因發生後二年內為之。

解說

本條是規範授益處分的廢止權除斥期間，至於負擔或侵益處分的廢止則無期限，隨時可以進行。這也是促使行政機關應該早為自我省察，使當事人的權利義務狀態早日確定，尤其是授益處分更應及早通知，以便利當事人安排其生活秩序與財產運用。

第125條（行政處分廢止之效力）
合法行政處分經廢止後，自廢止時或自廢止機關所指定較後之日時起，失其效力。但受益人未履行負擔致行政處分受廢止者，得溯及既往失其效力。

解說

　　本條所規範原則是自廢止時起向之後與將來發生效力,但書所規範的例外為可以溯及既往失效。適用於「附負擔而相對人未履行負擔時」以及類推適用的「行政契約未履行」。

 例

　　小周開了一間工廠,並且申請使用原有危險性機械及設備之安全裝置檢查合格,並且發給證書記錄在案。後來有的損壞有的拆除,主管機關如果發現此事後因此應為如何的處置?

　　勞委會民國90年5月16日(90)臺勞檢二字第0022352號有關危險性機械及設備之安全裝置等損壞或將其拆除,原有檢查合格之事實已消滅函之理由指出:「有關危險性機械及設備之安全裝置等損壞或將其拆除,喪失其原有功能,已不具檢查合格之狀態,原有檢查合格之事實已消滅,應依行政程序法第125條規定廢止其合格證明,如檢查發現事業單位仍繼續使用,應以違反勞工安全衛生法第8條第1項規定,並以同法第33條第2款規定處理。請查照。」

隨堂測驗26

　　行政程序法有關行政處分廢止之規定,下列敘述何者錯誤?(A)廢止係針對自始合法的行政處分。(B)廢止僅能向後發生效力。(C)行政處分的廢止如具裁罰性質者,應優先適用行政罰法。(D)廢止權發生事由包含「附負擔授益行政處分之相對人未履行負擔」。(106律師)

第126條（廢止授益處分之信賴補償）

原處分機關依第一百二十三條第四款、第五款規定廢止授予利益之合法行政處分者，對受益人因信賴該處分致遭受財產上之損失，應給予合理之補償。

第一百二十條第二項、第三項及第一百二十一條第二項之規定，於前項補償準用之。

解說

　　規定目的也在保障合法行政處分受益人的信賴利益，並將損失補償限制在第4款與第5款，這是因為第1款至第3款通常對相對人來說都是可預期可能被廢止的，而第4款至第5款才有情事變更的問題。在此應注意的是，此時仍應考量信賴是否值得保護；但既然對於一個合法行政處分，人民加以信賴是理所當然的，因此可以推定當事人之信賴係值得保護。本條2項並且明定在其操作要件上第120條第2項：「補償不超過履行利益（行政處分存續可得之利益）。」

　　第120條第3項：「救濟管道：行政法院、給付訴訟。」

　　第121條第2項：「補償請求權之時效期間：自告知時起二年，自行政處分廢止時起五年。」

相關案例

　　大法官釋字第589號解釋聲言：「法治國原則為憲法之基本原則，首重人民權利之維護、法秩序之安定及信賴保護原則之遵守。行政法規公布施行後，制定或發布法規之機關依法定程序予以修改或廢止時，應兼顧規範對象信賴利益之保護。除法規預先定有施行期間或因情事變遷而停止適用，不生信賴保護問題外，

其因公益之必要廢止法規或修改內容致人民客觀上具體表現其因信賴而生之法律上利益受損害，應採取合理之補救措施，或訂定過渡期間之條款，以減輕其損害或避免影響其依法所取得之法律上地位，方符憲法公益與私益平衡之意旨。受規範對象如已在因法規施行而產生信賴基礎之存續期間內，對構成信賴要件之事實，有客觀上具體表現之行為，且有值得保護之利益者，即應受信賴保護原則之保障（本院釋字第525號解釋參照）。至於如何保障其信賴利益，究係採取減輕或避免其損害，或避免影響其依法所取得法律上地位等方法，則須衡酌法秩序變動所追求之政策目的、國家財政負擔能力等公益因素及信賴利益之輕重、信賴利益所依據之基礎法規所表現之意義與價值等為合理之規定。如信賴利益所依據之基礎法規，其作用不僅在保障私人利益之法律地位而已，更具有藉該法律地位之保障以實現公益之目的者，則因該基礎法規之變動所涉及信賴利益之保護，即應強化以避免其受損害，俾使該基礎法規所欲實現之公益目的，亦得確保。」

第127條（受益人不當得利返還義務）

授予利益之行政處分，其內容係提供一次或連續之金錢或可分物之給付者，經撤銷、廢止或條件成就而有溯及既往失效之情形時，受益人應返還因該處分所受領之給付。其行政處分經確認無效者，亦同。

前項返還範圍準用民法有關不當得利之規定。

行政機關依前二項規定請求返還時，應以書面行政處分確認返還範圍，並限期命受益人返還之。

前項行政處分未確定前，不得移送行政執行。

解說

本條規定所欲規範者，稱為「公法上不當得利」案例類型中受領利益者之返還義務。我國學者也有參考德國學說將此種請求權稱為「公法上返還請求權」（öffentlich-rechtlicher Erstattungsanspruch）者。

一般通說上認為公法上不當得利之成立要件如下：

一、須有財產之移動：即二主體間，一方財產減少，並直接導致他方財產增加。

二、須無法律之原因：所謂「無法律上之原因」，又可分為「自始無給付目的」、「給付目的嗣後不存在」以及「給付目的不達」等三種。

三、須在公法範疇內發生：由於公法上不當得利係指「欠缺法律原因」的財產利益移動案件，既然無原因如何判斷該原因係公法或私法，即成為問題。其實學說於此處所指出的「須在公法範疇內發生」之案例，係指想像上之法律原因。

四、本條適用於以「行政處分」作為給付原因的案例類型中。例如主管機關先作成核准社會救助給付之申請，而後依據此一核准發給當事人救助金。此種行政處分吾人稱之為給付裁決（Leistungsbescheid）。至於若所給付者為其他物品，則應適用第130條之規定。

104年本條有修正，行政機關請求人民返還公法上不當得利，不必提起訴訟。

行政程序法第127條是規範授予利益行政處分的內容，為提供一次或連續的金錢或可分物的給付，經撤銷、廢止或條件成就而溯及既往失效，以及行政處分經確認無效所生公法上不當得利的返還，及其返還範圍準用民法有關不當得利的規定。按授予利

益行政處分，經撤銷、廢止等原因而有溯及既往失效，或有行政處分經確認無效之情形時，受益人受有不當得利，自應予以返還。例如違法受領獎勵金、定期發給的補貼等等，應予返還，才符合公平正義。然行政機關請求這些不當得利受領人返還之方式，得否作成行政處分命其返還，或應提起一般給付訴訟，現行學說及實務見解尚有爭議。過去實務上行政機關對此類公法上不當得利的返還方式，多以行政處分方式辦理，因司法實務見解分歧，有同意以作成行政處分方式命其返還，也有認應提起一般給付訴訟。而最高行政法院104年度6月份第1次庭長法官聯席會議決議則認為：現行條文並未明文規定應返還之給付，以書面之行政處分為之，即採取否定見解。為避免為數可觀的授予利益行政處分經撤銷後，請求返還這些不當得利案件，均須逐案向法院提起行政訴訟請求，且造成民眾必須跑法院，負擔訴訟費用的勞費，也因而嚴重影響行政效能，法務部有鑑於避免各級行政機關動輒須向人民起訴請求返還上述公法上不當得利之窘境，乃研提行政程序法第127條修正案，提請行政院轉立法院三讀通過第127條修正草案，增訂第3項，明定行政機關於授予利益行政處分因撤銷等原因，而請求受益人返還公法上不當得利時，應以書面行政處分確認返還範圍，並限期命受益人返還之，以符行政經濟原則，並杜爭議。

　　另考量受益人或有對前開命返還之處分不服而提起行政救濟之情形，為避免行政機關於上開處分未確定前，即移送行政執行，並增訂第4項，在命返還之行政處分未確定前，不得移送行政執行，以保障受益人權益。

　　老朱是一個退休老師，領取終身俸度日，他百年之後子女並未通知主管機關此一事實，而是繼續領取其每月的匯入退休金。如行政機關發覺後應可以如何作為？

　　行政機關應先廢止該處分，並將老朱去世後次月起所領的退休金請求其領取者返還，應以書面行政處分確認返還範圍，並限期命受益人返還之。

隨堂測驗 27

　　下列何種行政處分於確定前，不得移送行政執行？(A)行政機關以書面確認投標廠商應追繳之押標金數額，並限期給付之。(B)行政機關以書面確認處分受益人應返還因處分所受領給付之範圍，並限期給付之。(C)行政機關以書面確認固定污染源應補繳空污費之數額，並限期給付之。(D)行政機關以書面確認交通違規人應繳納之罰鍰數額，並限期給付之。（108律師）

第128條（申請撤銷、廢止或變更處分之要件與期間）
行政處分於法定救濟期間經過後，具有下列各款情形之一者，相對人或利害關係人得向行政機關申請撤銷、廢止或變更之。但相對人或利害關係人因重大過失而未能在行政程序或救濟程序中主張其事由者，不在此限：
一、具有持續效力之行政處分所依據之事實事後發生有利於相對人或利害關係人之變更者。
二、發生新事實或發現新證據者，但以如經斟酌可受較有利益之處分者為限。

三、其他具有相當於行政訴訟法所定再審事由且足以影響行政
　　處分者。
前項申請，應自法定救濟期間經過後三個月內為之；其事由發
生在後或知悉在後者，自發生或知悉時起算。但自法定救濟期
間經過後已逾五年者，不得申請。
第一項之新證據，指處分作成前已存在或成立而未及調查斟
酌，及處分作成後始存在或成立之證據。

解說

　　一個特定內容的行政處分，若逾越法律救濟期間而處分的相
對人未提起救濟、或經當事人拋棄救濟權利、或是窮盡法律救濟
途徑仍未獲得救濟、或案件本身就不許人民提起救濟等情形。

　　基於法律安定性，以及紛爭應盡速確定停止爭議之原因，行
政處分會產生「形式存續力」之拘束效果。涉及行政處分之「不
可爭訟性」，也就是說人民不得再以訴願、行政訴訟等一般法律
救濟程序請求撤銷該處分。

　　然而在一定情況下，行政處分之形式存續力並非絕對禁止動
搖。由於縱然是法院判決，亦可經由「再審」制度重為審查，相
較之下，作成行政處分所經過之行政程序，其正確性與嚴謹性
固然不如法院判決作成之過程，而為了矯正有不法瑕疵之行政程
序，並填補權利救濟之漏洞，立於「依法行政原則」與「人民權
利保障」角度，因此，參照訴訟法理之再審程序，立法者在行政
程序設計「行政程序重開」此一非常救濟途徑之制度，目的係在
廢止或撤銷行政處分之存續力。

　　110年修法本條新增第3項，釋明第1項之新證據，在時間點
上的定性。先前實務適用行政程序法第128條規定（以下稱系爭

規定），就該法文中之「新證據」應限於「作成行政處分之時業已存在，惟未經斟酌之證據」。此次修正「新證據」之定義，擴大申請程序重開之範圍，加強對人民權利之保護，確保行政之合法性。所稱「新證據」，以往多數實務見解將「新證據」限縮解釋，係指於作成行政處分時業已存在，但為申請人所不知，致未經斟酌之證據而言，而不包括「作成行政處分後始發現之證據」（參照最高行政法院99年度判字第261號判決），顯增加法律所未有之限制，並不合於該法之立法目的，有違反法律保留原則及憲法保障訴訟權之虞。

依民國84年行政院函請立法院審議之「行政程序法草案」總說明，以及後續立法過程，立法者從未就系爭規定中第2款之「新證據」，是否必須限於「作成行政處分之時業已存在，惟未經斟酌」之情形有所討論或爭執，此有相關文書可稽。惟依過去實務適用系爭規定時，多以改制前行政法院69年判字第736號判例針對行政訴訟再審事由所闡釋之見解，將系爭規定中之「發現新證據」，限縮於「作成行政處分之時業已存在，但未經斟酌」之範圍，並不包括「作成行政處分後始發現之證據」，顯已增加法文所無之限制。

鑑於系爭規定之立法目的既係為加強對人民權利之保護，確保行政之合法性，是凡足以推翻或動搖原行政處分所據以作成事實基礎之證據，皆應屬系爭規定「發現新證據」之適用範圍，自應包括「於行政處分作成後始存在或成立之證據」在內，此始合於前揭所敘之立法目的，然實務所增加法文所無之限制，並無助於加強對人民權利之保護以及確保行政之合法、正當，且導致諸多案件無法獲得法院救濟，實有違反法律保留原則及憲法保障訴訟權之虞。是為落實立法本旨，乃將系爭規定中「新證據」之範圍明示之，本次修法新增第3項，明定「新證據」不再限於處

分作成前已存在或成立而未及調查斟酌之證據，亦可以包含處分作成後始存在或成立之證據，以求杜絕爭議，確保人民權利之實現。

一個已經具有形式確定力之行政處分，即便其內容或形式上係屬違法，然相對人已無法對其提起行政爭訟，因爲該處分已經逾期提起救濟或救濟被駁回而告確定。

這時相對人所能期待者，僅剩原處分機關依據行政程序法第117條規定爲職權撤銷，且根據我國行政法院之見解行政處分之相對人對於行政機關是否爲職權撤銷並無申請之權利。

但可以據以進行申請重開程序的情況，只有本條規範的三款事由。根據第128條第1項，若處分相對人所受有之行政處分爲具有持續效力之行政處分時，則可能就可以申請程序重開。

第128條第1項第2款，所稱新事實、新證據，一般司法上的理解[5]，限於「在原因事件中從未被斟酌之新事實與新證據」。新事實會動搖之前客觀上的認定，足以改變舊事實。先前在原因事件中從未被斟酌的新證據的出現，足以認定原處分違法不當。

由於程序再開屬於一種非常救濟途徑，原則上不允許當事人任意聲請，須符合以下程序再開之申請要件，相對人或利害關係人得向行政機關申請撤銷、廢止或變更原處分，依據本法法第128條規定分別論述如下：

一、申請主體

必須是原處分的相對人或利害關係人。

5　林佳和，〈新事實、新證據與行政機關的舊障礙——最高行政法院109年度判字第628號判決評析〉，《月旦實務選評》，第2卷第8期（2022年8月），頁96-105。

二、被申請機關

作出原處分的原機關。

三、申請要件

(一)須法定救濟期間經過後。然具備形式存續力之原因並不限於「法定救濟期間經過後」，還包括「窮盡訴訟途徑遭敗訴判決確定」與「人民捨棄救濟權利」情形在內。而該要件應如何解釋，分成兩派見解：

1.限縮見解：立於文義解釋角度認為，立法者有意排除其他情形，法定救濟期間經過文義上不包括「已經過訴願、訴訟途徑過程」之情形，行政處分既然經終局敗訴判決確定，而具有確定力，自然不能申請程序重新進行。

2.寬鬆解釋：該見解認為，程序再開制度之目的在於除去行政處分之形式存續力，故應包括「法定救濟期間」與「人民捨棄救濟權利」之情形，至於，倘若行政處分已經法院實體確定判決予以維持者，該處分除因已窮盡訴訟途徑而具有形式存續力，加上判決本身具有確定力，如欲透過程序重新變動原處分，應循再審程序為之，而非行政程序再開之程序（最高行政法院99年度判字第1016號判決參照）。

(二) 具備以下再開事由之一，得申請撤銷、廢止或變更之：

1.行政處分之事實發生有利變更：具有持續效力之行政處分所依據之事實事後發生有利於相對人或利害關係人之變更者（同條第1項第1款），所謂持續效力之行政處分，係指「繼續性行政處分」，不包括「一次性行政處分」。

2.新事實、新證據：發生新事實或發現新證據者，但以如經斟酌可受較有利益之處分者為限（同條第1項第2款）。不同於第一款之行政處分性質，本款適用之處分性質為「一次性行政處

分」。又所謂「新證據」，新法明文規定包括「處分作成前已存在或成立而未及調查斟酌」以及「處分作成後始存在或成立」之證據（同條第3項）。所謂「新事實」，雖法未明定，但係指行政處分作成後發生有利於人民的新事實而言。

3.相當於再審事由：其他具有相當於行政訴訟法所定再審事由且足以影響行政處分者（同條第1項第3款）。

(三)相對人或利害關係人非因重大過失而未能在行政程序或救濟程序中主張其事由（同條第1項但書）。

四、申請期間

再開申請，應自法定救濟期間經過後三個月內為之；其事由發生在後或知悉在後者，自發生或知悉時起算。但自法定救濟期間經過後已逾五年者，不得申請（同條第2項）。

最高行政法院99年度判字第1161號判決指出，所謂「新事實或新證據」者，係指於作成行政處分之時業已存在，但未經斟酌之事實或證據而言，且以如經斟酌可受較有利益之處分及非因申請人之重大過失而未能在行政程序或救濟程序中主張其事由者為限。

本次修法已揚棄過去多數實務見解過於限縮之見解，擴大範圍包括到「處分作成後始存在或成立之證據」，以符對人民權利保障完備之意旨。

何謂「具有持續效力之行政處分」？

最高行政法院95年度判字第1729號判決指出，所謂「具有持續效力之行政處分」，乃係指該處分合法性之維持，持續與處分作成後之時空背景相結合者而言，例如以工廠使用之機具設備違反環保標準，而命令停工者，命令處分之合法性與該工廠之機具設備是否具有環保標準相連結，該工廠可在機具設備通過檢驗

後，請求再開行政程序，廢止原來之停工處分。但本案之第一次裁決（退休金之核給）並無此等特性。故不符合行政程序法第128條第1項第1款所定之程序再開要件。

至於本條第2款、第3款所規範的情況均類似於再審的情形，尤其是在更有利於行為人的情況下可以使用新發現而前次處分行政機關未審酌的證據。但是仍有時效的規定。

例如法務部民國91年2月25日法律字第0090047973號函理由二稱，按行政程序法第128條規定：「行政處分於法定救濟期間經過後，具有下列各款情形之一者，相對人或利害關係人得向行政機關申請撤銷、廢止或變更之。……（第1項）。前項申請，應自法定救濟期間經過後三個月內為之；其事由發生在後或知悉在後者，自發生或知悉時起算。但自法定救濟期間經過後已逾五年者，不得申請（第2項）。」其所稱「法定救濟期間經過後」，係指行政處分因法定救濟期間經過後，不能再以通常之救濟途徑，加以撤銷或變更，而發生形式確定力者而言。本件依來函所述，原處分相對人提起行政救濟，經最高行政法院於90年5月4日以程序不合法予以裁定駁回。其裁定理由認定，原處分相對人申請復查「已逾法定復查期限…原告對已確定之行政處分提起行政訴訟，即為法所不許」。準此，本件於申請復查之法定救濟期間經過後，原處分已發生形式確定力，上開所定「法定救濟期間經過後三個月內」之申請期限，即應自該時起算。但「其事由發生在後或知悉在後者，自發生或知悉時起算」。

「行政程序重新進行」在本質上，是一個相當於訴訟法上「再審」的制度，讓人民得對一個已經不得循通常法律救濟途徑救濟之行政處分，即「已確定」、「已生形式存續力」之處分，有請求行政機關將其廢棄變更之權利。我國目前行政法院的實務穩定見解認為，一個特定內容的行政處分，若已經過實際確定判

決維持。倘此時得以循行政救濟中的再審程序尋求救濟，則不得申請行政程序重開。因為一個特定內容的政處分，當事人或第三人提起行政救濟，已經行政法院實體判決確定者，此時產生訴訟上的既判力。我國法院實務見解認為，此時若任由行政機關再對該處分為廢棄變更重為處分，勢將動搖法院判決的既判力，影響法安定性。故此時當事人只能尋求訴訟上的開啓再審，不能再回頭找行政機關，要求重開處分。其中所隱含的是對權力分立憲法高度的原則下，行政機關與司法體系的關係，各自要對對方職權謙抑尊重，彼此相維。

行政程序法第128條的文字，將此制度侷限在「法定救濟期間經過」的情形，於是本次修法產生了所有「經行政訴訟判決」而告確定的處分，是否均有其適用的爭議。學說認為[6]還有一些情況下的論理或定義不明，例如「經訴願程序被駁回後未續行行政訴訟而告確定」的處分，得否申請程序重新進行？

由於此種情況下原處分與事件並未進入司法體系，更未經過法院實質審查，訴願仍為廣義行政程序一部。故學說認為若讓當事人申請行政程序重開，行政機關重新審酌事實情狀作出處分。此時並不生對權力分立原則下，對司法體系職權與判決既判力的挑戰。但目前最高行政法院，對於「經訴願程序被駁回後未續行行政訴訟而告確定」的處分，得否申請程序重新進行。尚未有明確而穩定的見解，而仍有以待將來。

6　黃銘輝，〈經行政訴訟裁判確定之行政處分不許申請程序再開？——最高行政法院 109 年度判字第 135 號判決簡評〉，《月旦實務選評》，第 2 卷第 1 期（2022 年 1 月），頁 104-111。

正成在軍中服役時，遭受班長乙不當管教，而於軍中自殺。正成的家人悲憤之餘，要求國防部認定正成係遭不當管教而自殺，並給予家屬合理撫卹。

國防部後認定不當管教與自殺二者間並無相當因果關係。乃據軍人撫卹條例第8條第3項前段規定：「軍人服現役期間自殺致死亡者，以因病死亡辦理撫卹。」作成核定處分。由於覺得非常傷心失望，正成的家人回家後，一起抱棉被痛哭一場，之後因心力交瘁又都生了大病。這件事就算了。正成的家人未於法定救濟期間內，提起行政救濟。

後刑案部分另經法院審理，認定正成在軍中服役時，遭受班長不當管教，致生急性壓力疾患而自殺，判決該班長觸犯凌虐部屬致死罪並告確定。

這時正成的家人又重燃希望，認為依該確定判決，正成的去逝符合軍人撫卹條例第7條第1項第4款「因公死亡」之要件，申請國防部重新核定，又遭拒絕。現在正成的家人除繼續回家抱棉被哭之外，在法律上還可以怎麼作呢？（改編自106年調查局考試）

這是一個令人悲傷的實際故事，上本案例小兵家人最後把官司打到最高行政法院，仍遭到駁回請求程序重開之判決定讞，即最高行政法院104年度判字第252號判決。經查敗訴理由，是受限於舊「行政程序法」第128條規定，不含作成行政處分後始發現的「新證據」。

在司法救濟途窮後，立法院則在109年底修正公布本條，因此如按照新法，正成家人現在可以此刑事判決中的相關資料，當成前次行政處分後始發現的「新證據」求為再開程序，要求國防部認定正成係遭不當管教而自殺，並給予家屬合理撫卹。

隨堂測驗28

　　甲為遺產稅納稅義務人，於遺產稅核定通知後逾六個月，始獲法院判決確定所繼承之債權，因債務人死亡無財產可供執行，債權未獲實現。甲據以向國稅局申請依行政程序法第128條重開程序，國稅局以其非屬新事證，不合重開程序要件，予以否准。甲得循下列何項程序救濟？(A)提起訴願、課予義務訴訟。(B)提起訴願、撤銷訴訟。(C)提起確認公法上法律關係不存在之訴訟。(D)提起公法上一般給付訴訟。〔102律〕

第129條（申請撤銷、廢止或變更原處分之處置）
行政機關認前條之申請為有理由者，應撤銷、廢止或變更原處分；認申請為無理由或雖有重新開始程序之原因，如認為原處分為正當者，應駁回之。

解說

　　只要人民一方提出重開程序之申請，不管有理由無理由，行政機關都必須為合適之決定，並仔細審查以保障人民之權益。

　　承同法第128條，本條規定，行政機關就程序再開申請之處置方式，說明如下：

一、申請遭駁回

　　(一)申請不合乎程序要件，行政機關應駁回申請。

　　(二)申請合乎程序要件，但無理由，行政機關應駁回申請。

二、申請有理由，行政機關應撤銷、廢止或變更原處分

　　最高行政法院97年裁字第5406號要旨更進一步闡明行政程

序法第128條、第129條重開程序之決定可分為兩個階段，第一階段准予重開，第二階段重開之後作成決定將原處分撤銷、廢止或仍維持原處分。若行政機關第一階段即認為重開不符合法定要件，而予以拒絕，就沒有第二階段之程序。上述二種不同階段之決定，性質上皆是新的處分。受處分不利影響之申請人依法自得提起行政救濟。

　　法務部民國95年1月17日法律字第0940048235號函解釋本條：「三、次按本法第129條規定：『行政機關認前條之申請為有理由者，應撤銷、廢止或變更原處分；認申請為無理由或雖有重新開始程序之原因，如認為原處分為正當者，應駁回之。』查人民對已不可爭訟之行政處分，請求行政機關予以撤銷或廢止時，其實包含兩項請求：其一，請求行政機關重新進行行政程序；其二，請求行政機關經由重新進行之行政程序，廢棄該原已不可爭訟之行政處分（高雄高等行政法院92年2月27日91年度簡字第270號裁判意旨參照）。」是以，程序之重新進行可分為兩個階段：第一階段為是否准予重開，第二階段為重開之後作成決定將原處分撤銷、廢止或仍維持原處分。如第一階段即認為不符法定要件而拒絕重開程序，就無進行第二階段之可能。上述各階段之不同決定，性質上皆屬新的處分，受處分不利影響的申請人或第三人均可提起爭訟[7]。

第130條（證書與物品之繳還）

行政處分經撤銷或廢止確定，或因其他原因失其效力後，而有收回因該處分而發給之證書或物品之必要者，行政機關得命所

7　吳庚，《行政法之理論與實用》（增訂9版），頁414。

有人或占有人返還之。

前項情形，所有人或占有人得請求行政機關將該證書或物品作成註銷之標示後，再予發還。但依物之性質不能作成註銷標示，或註銷標示不能明顯而持續者，不在此限。

解說

　　本條是規範行政處分經撤銷或廢止後，有可能該處分作成時有發給證書或物品。為了避免衍生後續其他問題，保護交易第三人，而可能必須要申請人繳回因該處分而發給之證書或物品較為妥當。

　　A公司向主管機關申請籌設觀光旅館核准後，該公司解散或經廢止公司登記，核准籌設之觀光旅館的證書應如何處理？

　　法務部民國95年1月10日法律字第0940049588號函解釋公司申請籌設觀光旅館核准後，該公司解散或經廢止公司登記，其處理疑義，理由二提到另按公司之權利能力原則上終於清算完結，是以公司清算完結後，其法人格消滅，原以該公司為相對人之行政處分即因公司法人格消滅失其效力，主管機關並得依本法第130條收回或註銷因該處分而發給之證書或物品。本件貴局核准籌設之觀光旅館業者，嗣該公司解散或經廢止（或撤銷）登記，依上開說明，如公司清算完結，則原籌設許可處分即因其法人格消滅而失其效力，主管機關自得依本法第130條規定收回或註銷因該處分而發給之證書（如執照或印章）或物品（如標識等）。

第131條（公法上請求權之時效與中斷）

公法上之請求權，於請求權人為行政機關時，除法律另有規定外，因五年間不行使而消滅；於請求權人為人民時，除法律另有規定外，因十年間不行使而消滅。

公法上請求權，因時效完成而當然消滅。

前項時效，因行政機關為實現該權利所作成之行政處分而中斷。

解說

　　新修正之行政程序法第131條，其立法意旨係考量「政府在公法上請求占有證據保持及公權力行使的優勢，而人民往往因其訊息與行動能力上的劣勢，常有請求權罹於時效的情形發生」、「人民取得資訊之能力亦弱於行政機關，且人民對法律之掌握亦不若行政機關為佳。因此，人民並不一定清楚知悉其究有何公法上請求權存在，往往導致時效期間已滿仍未行使之」，而將人民對行政機關之公法上請求權時效，由舊法所定五年延長為十年。

　　本次修法確定將人民公法上請求權延長為十年。為了避免人民與政府的實力不對等而導致人民權益受侵害，此後舉凡土地徵收款發放請求權、補發薪津請求權、退伍金請求權、眷舍配住請求權、警察慰問金發放或補足請求權、土地或地上物補償費發放請求權、自動拆遷獎勵金等，各種所謂人民對政府的公法上請求權的行使期間，一概都將延長為十年，以確保「人民」公法上請求權的行使（102年修正僅針對人民請求權時效為延長）。

　　是以，人民對行政機關之公法上請求權時效，除法律另有規定外，於上開新舊法之適用上，可就以下情形，分別論斷：

　　一、人民對行政機關之公法上請求權，於民國102年5月23

日（含該日）以前發生，且其時效並於民國102年5月23日（含
該日）以前已完成者，因新法未有溯及適用之明文，基於法律不
溯既往原則，其已消滅之公法上請求權不受影響。

　　二、人民對行政機關之公法上請求權，於民國102年5月23
日（含該日）以前發生，惟其時效於民國102年5月23日（含該
日）以前尚未完成者，自民國102年5月24日（含該日）起適用
新法，其已進行之時效期間不受影響，接續計算其時效期間合計
為十年。

　　三、人民對行政機關之公法上請求權，於民國102年5月24
日（含該日）以後發生者，適用新法，其時效期間為十年。

實例

　　老孫2010年1月因欠稅而移居國內他處，則稅捐稽徵機關追
繳欠稅之行政處分，其在公法上請求權，依法應於何時消滅？

　　稅捐稽徵機關若在五年內未發動追繳欠稅之行政處分，則依
本法第131條第2項規定，該納稅義務會在2015年1月因時效完成
而消滅，即使稅捐稽徵機關之後要求老孫補稅，老孫也可以拒
繳。

隨堂測驗 29

　　公法上請求權，下列有關時效之敘述，何者正確？(A)公法
上請求權為人民對國家之請求權，無消滅時效之規定。(B)公法
上請求權之消滅時效同民法上一般請求權消滅時效之規定為十五
年。(C)公法上請求權為國家對人民之侵害，同民法上侵權行為
之消滅時效為二年。(D)公法上請求權，於請求權人為人民時，
除法律另有規定外，因十年間不行使而消滅。（112專利師）

第132條（時效不中斷）
行政處分因撤銷、廢止或其他事由而溯及既往失效時，自該處分失效時起，已中斷之時效視為不中斷。

解說

　　第131條至第134條之立意為仿效民法，僅於規範公法上之請求權時效，與其中斷與否及重行起算之失效時間。以免當事人與相對第三人之程序與實體利益遲遲不能確定，公權力機關的權威也一再被挑戰。例如人民土地被徵收所得之補償金請求權，或是政府對退休公務員退休金溢領的部分，即有此種行政處分所導致時效上之計算原則適用。如果催繳的行政處分因撤銷、廢止或其他事由而溯及既往失效時，當然自該處分失效時起，已中斷計算之時效視為不中斷。

　　老孫2010年1月因欠稅而移居國內他處，若稅捐稽徵機關於2011年1月提出追繳欠稅之行政處分，因為文字有誤被老孫提起訴訟，經行政法院確認後無效。則稅捐稽徵機關追繳欠稅之行政處分在公法上請求權，依法應於何時消滅？

　　如果稅捐稽徵機關忠實履行其職務，老孫自2010年1月開始欠稅，稅捐稽徵機關即於2011年1月作成追繳稅款之行政處分。此時依照本法第131條第3項，老孫納稅義務之消滅時效即因稅捐稽徵機關提出行政處分而中斷，該時效必須自2011年1月重新起算五年。若稅捐稽徵機關於2011年1月所提出追繳欠稅之行政處分，經老孫向法院提出訴訟判為「無效」，而使追稅之行政處分被撤銷時，則消滅時效「五年」之計算，仍由原來一開始欠稅的2010年1月開始算起，即原被中斷之時效視為不中斷。

第133條（時效之重行起算）

因行政處分而中斷之時效，自行政處分不得訴請撤銷或因其他原因失其效力後，重行起算。

解說

　　當某一個請求權因為後來行政處分出現而中斷之時效，自行政處分不得訴請撤銷或因其他原因失其效力後，就完全停止。因為這個行政處分的出現，請求權時效重行起算。

　　老孫2010年1月因欠稅而移居國內他處，若稅捐稽徵機關於2011年1月提出追繳欠稅之行政處分，但是因為文字有誤被老孫提起訴訟確認無效之訴，經行政法院判決老孫敗訴，則稅捐稽徵機關追繳欠稅之行政處分在公法上請求權，依法應於何時消滅？

　　老孫向法院提出異議，以訴請求法官判決該行政處分為「無效」，但是被法院判決敗訴，自判決確定時起，該行政處分之消滅時效「五年」之計算，由稅捐稽徵機關發出處分的2011年1月開始算起。即原被中斷之時效重新起算，連續計算五年而到2016年1月完成。

隨堂測驗30

　　關於行政程序法就公法請求權時效之規定，下列敘述何者錯誤？(A)公法上請求權，因時效完成而當然消滅。(B)公法上之請求權，於請求權人為行政機關時，除法律另有規定外，因十年間不行使而消滅。(C)公法請求權時效，因行政機關為實現該權利所作成之行政處分而中斷。(D)因行政處分而中斷之公法請求權

時效，自行政處分不得訴請撤銷或因其他原因失其效力後，重行起算。（109專利師）

第134條（重行起算之時效期間）
因行政處分而中斷時效之請求權，於行政處分不得訴請撤銷後，其原有時效期間不滿五年者，因中斷而重行起算之時效期間為五年。

解說

　　原本公法上政府對人民的請求權，依本法第131條第1項通常的時效是五年。但是在這五年期間會因為政府對人民進行催繳或類似性質的行政處分，重新開始計算五年期間。

第二章隨堂測驗參考答案

　　|第1題| 解答：(C)

　　解析：機關派員至公園及社區周邊噴灑消毒藥劑，此項行政行為之性質，屬於行政事實行為。

　　|第2題| 解答：(A)

　　解析：此題須仔細整體掌握行政處分之概念。(A)為本第92條第2項，(B)為本法150條，(C)為本法159條，(D)為立法院制定之法律。

第3題 解答：(C)

解析：本法第93條第2項各款中，(A)(B)(D)都是附款，僅(C)不包括。

第4題 解答：(D)

解析：最高行政法院90年度判字第1704號判決：「行政法所謂『不當聯結禁止』原則，乃行政行為對人民課以一定之義務或負擔，或造成人民其他之不利益時，其所採取之手段，與行政機關所追求之目的間，必須有合理之聯結關係存在，若欠缺此聯結關係，此項行政行為即非適法。而汽車行車執照須在一定期限內換發，主要目的在於掌握汽車狀況，以確保汽車行駛品質進而維護人民生命、身體、財產法益；而罰鍰不繳納涉及者為行政秩序罰之執行問題，故換發汽車行車執照，與汽車所有人違規罰鍰未清繳，欠缺實質上之關聯，故二者不得相互聯結，前開道路交通安全規則第八條有關罰鍰繳清後始得發給行車執照之規定，亦有悖『不當聯結禁止』原則」。

第5題 解答：(B)

解析：參見本法第97條第4款，(B)正確。

本法第95條第1項：「行政處分除法規另有要式之規定者外，得以書面、言詞或其他方式為之。」(A)錯。

本法第101條第1項：「行政處分如有誤寫、誤算或其他類此之顯然錯誤者，處分機關得隨時或依申請更正之。」(C)錯。

本法第112條：「行政處分一部分無效者，其他部分仍為有效。但除去該無效部分，行政處分不能成立者，全部無效。」(D)錯。

第6題 解答：(D)

解析：本法第98條第1項：「處分機關告知之救濟期間有錯誤時，應由該機關以通知更正之，並自通知送達之翌日起算法定期間。」故本題應由主管機關發函通知更正，於送達某甲次日亦即110年5月1日起算。

第7題 解答：(A)

解析：參見本法第101條第1項，(A)正確。(B)參見本法第101條第2項。(C)(D)參見法務部102年8月23日法律字第10203509120號函要旨：「行政程序法第101條規定參照，依司法實務見解，該條所謂『顯然錯誤』者，係指行政處分所記載的事項，顯非行政機關所欲規制者，或行政處分漏載行政機關所欲規制之事項。另所謂『顯然』者，係指相當明顯而言，其通常可從行政處分之外觀上或從所記載事項之前後脈絡明顯看出。故行政處分若存有錯誤，須該錯誤乃顯然錯誤，且該錯誤更正後亦不影響原處分效力，該等錯誤始可更正。」

第8題 解答：(D)

解析：本法第102條：「行政機關作成限制或剝奪人民自由或權利之行政處分前，除已依第三十九條規定，通知處分相對人陳述意見(A)，或決定舉行聽證者外(B)，應給予該處分相對人陳述意見之機會。但法規另有規定者(C)，從其規定。」(D)於法無據。

第9題 解答：(A)

解析：在行政強制執行時所採取之各種處置中，只有行政執行法第17-1條的禁奢令發布前，應以書面通知義務人到場陳述意見；而其他都沒有要先聽當事人講話的法源，不然當事人不就先跑了嗎？

(B)行政機關當然會說自己一定係本於公正、客觀的立場作成處分，人民相信嗎？

(D)(C)與本法第103條第2、6款規定均尚有間：「有下列各款情形之一者，行政機關得不給予陳述意見之機會：二、情況急迫，如予陳述意見之機會，顯然違背公益者。六、限制自由或權利之內容及程度，顯屬輕微，而無事先聽取相對人意見之必要者。」

第10題 解答：(D)

解析：依本法第108條與第109條規定，此時雙方當事人均得聲明不服，且免除訴願程序，甲對主管機關舉發不成立之審定處分，可逕向法院提起行政訴訟。

第11題 解答：(A)

解析：參見本法第109條。

第12題 解答：(A)

解析：當行政處分包含有主管機關對於某一要件事實的認定，或一方面授予相對人利益，另一方面卻使第三人蒙受不利益之情形，就可能例外對於相對人及原處分機關以外之人或行政機關發生拘束力。此時在第三人權利救濟時，得特別允許其提起行政爭訟作為爭執之手段，故(A)錯、(D)正確。(B)依據本法第92條第1項規定。(C)則是依據本法第110條第4項規定。

第13題 解答：(C)

解析：(A)(B)(D)參見本法第111條，(C)則參見本法第114條第2款：「違反程序或方式規定之行政處分，除依第一百十一條規定而無效者外，因下列情形而補正：二、必須記明之理由已於事後記明者。」所以若行政處分之內容，未記明理由者已於事後

（通常是在訴願決定作出前）記明者，即可補正而不因此當然無效。

第14題 解答：(A)

解析：參見本法第111條第2款：「行政處分有下列各款情形之一者，無效：二、應以證書方式作成而未給予證書者。」

第15題 解答：(D)

解析：本法第114條第1項第3款：「違反程序或方式規定之行政處分，除依第一百十一條規定而無效者外，因下列情形而補正：三、應給予當事人陳述意見之機會已於事後給予者。」(A)錯。

如果書面行政處分只是不小心把姓名寫錯或地址誤植，因為仍可從行政處分外觀或前後脈絡中看出，此種誤寫誤算的瑕疵程度仍屬輕微，因此治癒瑕疵的方式便是更正錯誤的部分，附記於原處分書或另作成更正書，原行政處分效力不受影響，故(B)錯。

本法第112條：「行政處分一部分無效者，其他部分仍為有效。但除去該無效部分，行政處分不能成立者，全部無效。」(C)錯。

本法第111條第2款：「行政處分有下列各款情形之一者，無效：二、應以證書方式作成而未給予證書者。」(D)正確。

第16題 解答：(B)

解析：參見本法第111條第1項規定，(B)正確。

本法有關行政處分效力規範於第112條：「行政處分一部分無效者，其他部分仍為有效。但除去該無效部分，行政處分不能成立者，全部無效。」(A)錯。

（C)(D)錯，參見本法第114條第1項第3款：「違反程序或方式規定之行政處分，除依第一百十一條規定而無效者外，因下列情形而補正：三、應給予當事人陳述意見之機會已於事後給予者。」及同法第111條第7款：「行政處分有下列各款情形之一者，無效：七、其他具有重大明顯之瑕疵者。」必須要重大明顯兩要件均滿足才會無效，但此處僅為輕微瑕疵。

第17題 解答：(C)

解析：(A)(B)(D)參見本法第111條第1、3、5款而當然無效。(C)參見本法第114條第2款：「違反程序或方式規定之行政處分，除依第一百十一條規定而無效者外，因下列情形而補正：二、必須記明之理由已於事後記明者。」所以若行政處分之內容，未記明理由者已於事後（通常是在訴願決定作出前）記明者，即可補正而不因此當然無效。

第18題 解答：(B)

解析：依本法第116條、第117條之規定，原處分內容因情事變更而「撤銷」及「轉換」均由主管機關依職權主動為之，並無當事人得申請以發動此種程序之規定。而就本題發生「新事實」情形，係符合本法第128條第1項第2款程序再開之要件，發生新事實或發現新證據者，且經斟酌可受較有利益之處分者。而非依本第101條行政處分如有誤寫、誤算或其他類此之顯然錯誤者，處分機關得隨時或依申請「更正」之程序，故(A)(C)(D)錯、(B)正確。

第19題 解答：(A)

解析：參見本法第117條：「違法行政處分於法定救濟期間經過後，原處分機關得依職權為全部或一部之撤銷；其上級機關，亦得為之。但有下列各款情形之一者，不得撤銷：一、撤銷

新白話六法
行政程序法

對公益有重大危害者。二、受益人無第一百十九條所列信賴不值得保護之情形，而信賴授予利益之行政處分，其信賴利益顯然大於撤銷所欲維護之公益者。」第121條第1項：「第一百十七條之撤銷權，應自原處分機關或其上級機關知有撤銷原因時起二年內為之。」

第20題 解答：(B)

解析：(A)(C)(D)為本法第119條各款事由，(B)於法無據。

第21題 解答：(C)

解析：甲取得執照經營一座加油站，一年後主管機關以該加油站未維持相關設備，若根據相關法規明文規定之構成要件與法規效果，消防安全檢查不合格，違反相關法規，主管機關即應廢止其營業許可，甲為取得執照經營加油站之專業相關業者，應無不知其法規而無法預見其營業許可被廢止之情狀，故其信賴並無正當合理之基礎，甲主張信賴保護非有理由。

第22題 解答：(D)

解析：單純法條題。依本法第120條第1項：「授予利益之違法行政處分經撤銷後，如受益人無前條所列信賴不值得保護之情形，其因信賴該處分致遭受財產上之損失者，為撤銷之機關應給予合理之補償。」第120條基於同法第8條所揭示的信賴保護原則，政府作成行政處分時難免有錯，即使該處分授予人民利益。因此授予利益但違法的行政處分經撤銷後，應對當事人因此所受的損失加以補償。以維護政府機關的公信力，避免相對人感覺自己被政府欺騙構陷。補償通常以金錢為原則，其他方式為例外。

第23題 解答：(C)

解析：最高行政法院102年2月份第2次庭長法官聯席會議認為，行政程序法第121條第1項規定：第一百十七條之撤銷權，應自原處分機關或其上級機關知有撤銷原因時起二年內為之。」法文明示「知」為撤銷權除斥期間之起算點，在授益行政處分之撤銷，且其撤銷純係因法律適用之瑕疵時，尚非僅以原處分機關或其上級機關可得知悉違法原因時，為除斥期間之起算時點，仍應自有權撤銷之機關確實知曉原作成之授益行政處分有撤銷原因時，起算二年之除斥期間。又是否確實知曉有撤銷原因者，乃事實問題，自應具體審認。故本法第121條「知有撤銷原因時起」，撤銷權之除斥期間，乃行政機關確實知悉行政處分違法時起算。

第24題 解答：(A)

解析：(B)(C)(D)為本法第123條第1、2、4款規定，(A)於法無據。

第25題 解答：(C)

解析：參見本法126條第1項：「原處分機關依第一百二十三條第四款、第五款規定廢止授予利益之合法行政處分者，對受益人因信賴該處分致遭受財產上之損失，應給予合理之補償。」某甲先前獲得之受益處分，因都市計畫變更將該地號變更為學校用地，符合行政程序法第123條第4、5款所規範之為公益所為變更，應有信賴保護原則之適用。

第26題 解答：(B)

解析：參見本法第125條：「合法行政處分經廢止後，自廢止時或自廢止機關所指定較後之日時起，失其效力。但受益人

未履行負擔致行政處分受廢止者，得溯及既往失其效力。」(B)錯。

(A)參見本法第122、123條規定。(C)因行政罰法在行政處分的廢止具有裁罰性質時，為行政程序法之特別法，故應優先適用。(D)參見本法第123條第3款規定。

第27題 解答：(B)

解析：行政處分之執行力，原則上自處分生效後即發生，例外於法律有特別規定時，從其規定，行政程序法第127條第2～4項規定，此種公法上不當得利之返還請求權，行政機關以書面確認處分受益人應返還因處分所受領給付之範圍，並限期給付之，行政處分未確定前，不得移送行政執行。

第28題 解答：(A)

解析：依據最高行政法院97年度裁字第5406號裁定：「重開程序之決定可分為兩個階段，第一階段准予重開，第二階段重開之後作成決定將原處分撤銷、廢止或仍維持原處分。若行政機關第一階段即認為重開不符合法定要件，而予以拒絕，就沒有第二階段之程序。上述二種不同階段之決定，性質上皆是新的處分。受處分不利影響之申請人依法自得提起行政爭訟。……抗告人申請函之真意為申請行政程序重開。……抗告人對於復審決定不服，提起本件課予義務訴訟，訴之聲明『1.復審決定及原處分均撤銷。2.命被上訴人作成准上訴人退休金種類變更為月退休金之行政處分。』即訴請撤銷關於程序重開第一階段之行政處分，並請求判命相對人第二階段重開之後作成決定將原處分變更為月退休金之行政處分，程序上並無不合。」

第29題 解答：(D)

解析：依本法第131條第1項：「公法上之請求權，於請求權人為行政機關時，除法律另有規定外，因五年間不行使而消滅；於請求權人為人民時，除法律另有規定外，因十年間不行使而消滅。」(A)(B)(C)則均於法無據。

第30題 解答：(B)

解析：依本法第131條第1項：「公法上之請求權，於請求權人為行政機關時，除法律另有規定外，因五年間不行使而消滅；於請求權人為人民時，除法律另有規定外，因十年間不行使而消滅。」(B)錯。(A)依同條第2項規定。(C)依同條3項規定。(D)依本法第133條規定。

第三章

行政契約

第135條（行政契約的容許性）
公法上法律關係得以契約設定、變更或消滅之。但依其性質或法規規定不得締約者，不在此限。

解說

　　行政契約即法律主體間，以設定、變更或消滅公法上法律關係為目的，互為意思表示而合致成立之法律行為。相對於私法上契約，行政契約乃以公法上法律關係為契約標的，而此處所謂「公法」，即指「行政法」而言。行政契約，依契約標的（內容）判斷締約當事人間是否事實上處於對等關係或上下隸屬關係，得區分為對等契約與隸屬（不對等）契約。例如，釋字第533號解釋指出，為擔保特約醫事服務機構確實履行其提供醫療服務之義務，以及協助中央健康保險局辦理各項保險行政業務，除於合約中訂定中央健康保險局得為履約必要之指導外，並為貫徹行政目的，全民健康保險法復規定中央健康保險局得對特約醫事服務機構處以罰鍰之權限，使合約當事人一方之中央健康保險局享有優勢之地位。因此，此項合約具有隸屬關係行政契約之性質。

　　至於行政契約之法定類型中的隸屬契約，係締約當事人間事實上處於上下隸屬（不對等）之關係，而行政機關得與本欲對之為行政處分之相對人訂立行政契約。此種行政處分的變形取代

態樣，有本法第136條規定和解契約，第137條規定雙務契約，兩者係行政機關與人民締結之行政契約，為避免人民處於不利地位，均將其歸類為隸屬契約之範圍，亦同受本法規範內容之拘束。

本條但書指出，若原本為法律所不許之事項，或行政機關本來需要法律之授權但卻欠缺授權之情況下，則行政機關得否與相對人以合意之方式，作成該內容之行為。亦即，得否以「出於自願者即不構成損害」之理由，使行政機關得對人民作成欠缺法律授權之行為？

另一方面，行政機關得否主張契約自由原則，而任意與人民就無法律授權之事項締結行政契約？行政契約所得規範事項之界線為何？我國行政法通說認為基於依法行政原則，行政機關在法律保留之範圍內本即須以法律為依據，不論行為形式為何，均應受法律之拘束。行政機關原本無法律授權根本不能為特定內容之行政處分，影響人民之權利義務，自不得以契約之形式變相逃避法律保留之要求，即使契約之簽訂係經雙方當事人之同意，行政程序法第142條仍強制規定使契約無效。即使認為人民得支配、拋棄其基本權，但其基本權仍無法取代法律保留所要求之干涉授權。

佩君開設了一家保養廠與監理處間簽訂了代驗車考照的契約，可否許可？如果他想要兼營交通警察的業務可否訂立行政契約？

代驗車考照的行政契約，原則上可許可。交通警察的業務不適宜訂立行政契約進行，故不應許可。

隨堂測驗 1

甲爲乙公立學校之教師,乙認爲甲教學不力,作成解聘之決定,並報請主管教育行政機關核准。依司法實務見解,下列敘述何者錯誤?(A)甲與乙間之聘任關係爲行政契約關係。(B)解聘之決定爲機關就公法上具體事件所爲對外發生法律效果之單方行政行爲,具有行政處分之性質。(C)解聘決定應報請主管教育行政機關核准,故提起訴訟應以該主管機關爲被告。(D)甲對於解聘決定之救濟,經提起申訴、再申訴未果,得逕行提起行政訴訟。 (107律師)

第136條 (締結和解契約之特別要件)

行政機關對於行政處分所依據之事實或法律關係,經依職權調查仍不能確定者,爲有效達成行政目的,並解決爭執,得與人民和解,締結行政契約,以代替行政處分。

解說

和解契約乃行政機關與人民一方依其職權調查付出相當勞費後,仍就無法確定之事實或法律狀態。爲了節省成本時間起見,雙方加以合意以確定最後結果狀態之契約類型。原則上在行政程序中,行政機關對於事實之調查,應受「職權調查原則」之支配。而職權調查原則在本法第36條定有明文,因此行政機關得自行決定調查方法之種類、調查證據範圍,是否調查以及調查如何之證據,「證據方法」亦由行政機關自行依裁量決定之,並不受相對人意思之拘束,相對人也不具有「要行政機關使用特定證據方法」之請求權。我國通說認爲,在行政程序中,凡與該案件

有關之事實，而可認為與應作成之個案決定有關者，行政機關均有調查之權限與義務，即任何與個案決定有關之事實，均有調查之必要性。但是有時行政機關會遇到無法調查出真相的情況，包含下列所述者：

一、事實或法律關係不明確：對於行政處分所依據之事實或法律關係，係客觀上存在且不明確，而非僅主觀上之臆測或假設。

二、依職權調查仍不能確定：事實或法律關係之不明確，經依職權調查仍不能確定。基於行政程序效率與經濟之考量，所謂「職權調查仍不能確定」，應指行政機關已盡法定之調查責任，特別係符合本法第一章第六節「調查事實及證據」（第36條至第43條）之規定，或欲完全明確事實或法律關係必須耗損過度之行政成本時。注意此者和解契約之締結，須能有效達成行政目的。蓋代替行政處分之行政契約，與被代替之行政處分間，應有相同或類似之行政目的，僅因在事實或法律關係經依職權調查仍不能確定之不明確狀態下，若貿然直接以行政處分為之，恐造成後續因行政處分本身瑕疵所延伸之救濟程序之耗損，而更不利於行政目的之有效達成。行政機關是否與人民和解，係行政機關之裁量權，而對於行政機關請求締結和解契約之提出，人民亦有表示意見之權利。可以表示希望修改的約款，乃至於是否要接受締約。

這種契約類型常見於稽徵機關對於稅務案件中，租稅債權是否成立、其範圍如何之相關構成要件事實，均應依職權加以調查，而不得不經調查即任意與相對人合意。和解契約乃行政機關與人民雙方就不確定之事實或法律狀態加以合意，相互妥協有讓步，始有「和解」可言。因此和解契約的成立，乃以雙方至少有一方讓步妥協為前提，讓步不需具有「相互性」，亦無需具備

「等價性」。

但應特別注意者，關於和解標的之限制，對於「非獨立性因素」或「先決問題」，不得作為和解之標的。此外為求公平公正，對於法律之解釋與適用，基於依法行政原則，雙方亦不得成立和解。

佩君如就前年執行業務所得作為稅基母數，與稅捐稽徵機關的計算有所出入，雙方應該如何解決此一爭議？

雙方可以就其認知的應課稅收入範圍形成合意，簽定行政程序法第136條之和解契約。

隨堂測驗 2

下列何者屬行政契約之和解契約？(A)因違規車輛之駕駛人為何，無法查知，警察命同車之人確認。(B)警察命令違法集會之群眾立即解散，民眾隨即離開。(C)違法侵害他人權益者與被害人成立賠償協議。(D)因業者十年前之進口清單已減失，徵納雙方就無法查得之課稅原因事實達成協議。（106高考法制）

第137條（雙務契約之特別要件）
行政機關與人民締結行政契約，互負給付義務者，應符合下列各款之規定：
一、契約中應約定人民給付之特定用途。
二、人民之給付有助於行政機關執行其職務。
三、人民之給付與行政機關之給付應相當，並具有正當合理之

　　關聯。

行政處分之作成，行政機關無裁量權時，代替該行政處分之行政契約所約定之人民給付，以依第九十三條第一項規定得為附款者為限。

第一項契約應載明人民給付之特定用途及僅供該特定用途使用之意旨。

解說

　　本條所規範之雙務契約，即契約當事人雙方均彼此互負給付義務。實務上經常被設定作為某一種特定內容行政處分的替代品，而減緩了行政處分的強制性給人民一方的壓迫感。注意雙方其實仍在隸屬關係之下的雙務契約，亦稱互易契約或交換契約，釋字第348號解釋指出，行政機關基於其法定職權，為達成特定之行政上目的，於不違反法律規定之前提下，自得與人民約定提供某種給付，並使接受給付者負合理之負擔或其他公法上對待給付之義務，而成立行政契約關係。

　　為了避免行政機關之一方任意濫用公權力，對人民依法本可請求之給付，任意加以法令所無規範之負擔。甚或出售出租公權力。即行政機關一方之給付或要求顯然不合理，而強迫人民一方接受。在某些情況下，即行政機關之過度給付，形同人民已顯不相當之對價換取行政機關公權力之服務，本條第1項乃規定有此種契約類型之各種要件，以防堵行政機關之濫用雙務契約。同條第2項明定行政機關作成行政處分本無裁量空間可言，其本即負有依法作成特定內容之授益行政處分時，人民既然有請求作成該授益處分之請求權，則自不應允許行政機關在利用雙務契約之形式，而增加人民之負擔。因此若在此情形行政機關欲締結雙務契

約，必須以原作成用以替代的該授益行政處分，而得附加附款之情形爲限。其得締約要件如下：

一、行政機關與人民締結行政契約，互負給付義務。如大法官釋字第348號解釋指出，國立陽明醫學院醫學系公費學生待遇及畢業後分發服務實施要點，係作爲與自願接受公費醫學教育學生，訂立行政契約之準據。依該要點之規定，此類學生得享受公費醫學及醫師養成教育之各種利益，因而定有公費學生應負擔於畢業後接受分發公立衛生醫療機構服務之義務，及受服務未期滿前，其專業證書先由分發機關代爲保管等相關限制，乃爲達成行政目的所必要，亦未逾越合理之範圍，且已成爲學校與公費學生間所訂契約之內容。公費學生之權益受有限制，乃因受契約拘束之結果，並非該要點本身規定之所致。

而行政機關是否與人民締結互負對待給付義務之行政契約，係行政機關之裁量權，雙方當事人履行契約上之義務，釋字第348號解釋指出，應本誠信原則。至於，行政處分之作成，行政機關無裁量權時，本法第137條第2項規定，代替該（羈束）行政處分之行政契約所約定之人民給付，以依第93條第1項規定得爲附款者爲限，即以法律有明文規定或爲確保行政處分法定要件之履行而以該要件爲附款內容者爲限。

二、契約中應約定人民給付之特定用途：本法第137條第3項規定，契約應載明人民給付之特定用途及僅供該特定用途使用之意旨。其給付用途應具有特定性與明確性，不得隨意更改，以免掛羊頭賣狗肉。

三、人民之給付有助於行政機關執行其職務行政機關與人民締結互負給付義務行政契約，係因人民之給付有助於行政機關執行其職務，即爲達成特定之行政上目的。而爲有助於達成特定行政目的，行政機關經常在契約內容訂定履約條款，當事人均有履

行契約之義務。

四、人民之給付與行政機關之給付應相當，並具有正當合理之關聯。釋字第348號解釋楊建華與吳庚大法官之協同意見書指出，公法上之定型化契約，人民僅有簽訂與否之自由，並無對其內容與行政主體協商修改之餘地，故其契約內容首重公平合理，不得使人民負不相當之對待給付義務。

實例

太難市政府為了徵收老張的一塊土地興建道路，如果徵地可能會導致流血抗爭的話，尚有哪些方法代替呢？

市政府可以與老張成立雙務契約，在土地設定地上權給政府並且以此興建道路，並由市政府支付對價取得使用土地的權利。

隨堂測驗 3

依行政程序法之規定，「不當聯結禁止」原則，除明文適用於行政處分之附款外，也明文適用於下列那一種行政行為？(A)人民陳情時之不予受理。(B)行政處分之廢止。(C)締結行政契約中之雙務契約。(D)訂頒行政規則中之解釋性規定。（106律師）

第138條（締約前之公告與意見表示）
行政契約當事人之一方為人民，依法應以甄選或其他競爭方式決定該當事人時，行政機關應事先公告應具之資格及決定之程序。決定前，並應予參與競爭者表示意見之機會。

解說

行政契約之重要特質為公開性，也就是依法應進行甄選程序或其他競爭方式以決定該當事人時，全程序之公開化，以使勝出或落選當事人均發生對行政程序公平性之信任。所以行政契約當事人之一方為人民，依法應以甄選或其他競爭方式決定該當事人時，行政機關應事先公告應具之資格及決定之程序，決定前，並應予參與競爭者表示意見之機會。而行政契約徵選程序之公開化，亦為行政程序法第1條：「為使行政行為遵循公正、公開與民主之程序……。」之具體化規定。要特別注意的是依我國行政法通說，參考德國法上所謂兩階段理論。在前階段行政機關於最後決定何人中選得以締結契約時，該決定之法律性質實質上為一行政處分。後階段締約之後如何履約，才進入行政契約的規範範圍。

相關案例

法務部民國95年9月8日法律字第0950033384號函關於依法指定或委託會計師辦理對金融機構及發行人檢查或查核作業，是否應適用行政程序法相關規定疑義。闡述若以權限委託或行政助手之方式進行，則不屬行政契約之甄選當事人性質。其理由稱（節錄）：「五、按行政程序法第138條規定：『行政契約當事人之一方為人民，依法應以甄選或其他競爭方式決定該當事人時，行政機關應先公告應具之資格及決定之程序。決定前，並應予參與競爭者表示意見之機會。』上開規定所稱之「依法」，就中央法規而言，包括法律、法律授權之法規命令及行政規則（如承認職權命令亦包括之），但『行政規則』部分以有明文規定者為限（本部行政程序法諮詢小組第16次會議紀錄參照）。次按『行政程序法』之規範範圍，係以行政機關行使公權力之行為為

限，而『政府採購法』則係以政府機關、公立學校、公營事業辦理工程之定作、財物之買受、定製、承租及勞務之委任或僱傭等私經濟行政為適用範圍，有關此等採購事項，應依政府採購法及其子法之規定判斷之，似不生行政程序法之適用問題。準此，首揭條文所稱「依法」自不包括政府採購法（本部90年12月28日法律字第044456號函參照）。本件有關主管機關對金融機構及發行人之檢查或查核作業，如以權限委託或行政助手方式（而該契約屬行政契約者）為之，依上所述應適用行政程序法規定，惟依來函說明三所述就該行政契約並無應以甄選或其他競爭方式決定該當事人之相關規定，自無該法第138條適用之問題。」

隨堂測驗④

下列何者情形，不涉及第三人有無法律上利益之判斷？(A)確認第三人是否為行政程序重新開始之申請人。(B)確認第三人是否可以分享因開闢道路所生之利益。(C)確認第三人是否有權於作成行政行為之程序中，申請閱覽卷宗。(D)確認第三人不服行政契約締約相對人甄選決定時，得否為行政訴訟之原告。（107律師）

第139條（締結行政契約之方式）
行政契約之締結，應以書面為之。但法規另有其他方式之規定者，依其規定。

解說

我國行政程序法參考德國行政法相關規定，明定行政契約有

其要式性，以書面爲原則，其他方式爲例外。此乃因爲行政契約
之訂定涉及機關與人民重大權利義務之變動，故應以書面爲之。
此與民法規定「不動產物權之移轉或設定，應以書面爲之。」之
立法本旨相同。

　　本條所稱「書面」之意義，究指單一性文件或指與行政主體
相互間就公法上法律關係之設定、變更或消滅，有達成合意之往
來文件而言，仍不無疑義。

　　茲參酌我國行政程序法第139條立法依據之德國行政程序法
第57條相關德國學說及裁判見解，「書面」之意義，並不具有
自我之目的，應從行政契約之意義及其內容加以解釋及運用。蓋
法律明定行政契約之締結，應以「書面爲之」之目的，僅具有
「證明」、「警告」功能而已，因而從行政主體相互間之往來文
件，已可察知就公法上法律關係之設定、變更或消滅，雙方確已
達成具有拘束力以及表示知悉之意思表示之合意者，即可認已具
備書面之要件，故所稱「書面」，實不以單一性文件爲必要。

　　實務上對於以其他方式訂定之行政契約，通常認爲不能比書
面更寬鬆，如僅以口頭訂立，以免造成對當事人或是公利益嚴重
不確定之負面影響，而視爲應比書面更嚴謹之方式如公證等，以
期使內容明確可操作。

相關案例

　　臺北高等行政法院90訴字3845號判決亦認爲：「……按公
法上之法律關係得以契約設定、變更或消滅之，爲90年1月1日
施行之行政程序法第135條所明定。此項行政契約容許性之法
理，於該法施行前，亦爲我國學說以及法制所承認（司法院釋字
第348號解釋參照）。雖行政程序法第139條明定『行政契約之

締結，應以書面為之。』其立法目的固在於行政契約涉及公權力行使，並由公務員參與而締結，為求明確而杜爭議，自以書面方式為必要。『經查，被告為○○○鎮○○○號道路開闢工程，首先向原告表示需拆除其所有系爭廠房1棟，請其配合施工自行拆除，所需拆除經費檢附單據送被告辦理。而原告於收受通知後，立即向被告表示願自行拆除該廠房，並請求被告依上開補償辦法規定給予系爭補償費及如上所述之自動拆除獎勵金。其後，被告對原告上開意思表示表示同意，除於原告自動拆除系爭廠房後，如數給付原告自動拆除獎勵金外，進而通知原告相關拆除廠房補償費部分，願列入88年度預算辦理補償，既如上述，並有如上所載之往返文件附卷可稽，則兩造間對拆除系爭廠房之損失補償，揆諸前揭說明，顯已成立行政契約，極為明確。被告辯稱尚未成立行政契約乙節，核屬誤解。……』

依上開判決認為，所謂「書面」，解釋上應認為凡其內容可表示人民與行政機關間互負給付義務之意思表示合致即可。而從行政契約之意義及其內容言之，法律明定『書面』之目的，僅具有『證明』、『警告』功能，因而從行政主體相互間之往來文件，已可察知就公法上法律關係之設定、變更或消滅，雙方確已達成具有拘束力以及表示知悉之意思表示之合意者，即可認已具備書面之要件，故所稱『書面』，並不以單一性文件為必要。故臺北高等行政法院90訴字3845號判決就所謂『書面』，解釋上係採從寬之認定。」

隨堂測驗 5

下列何者非屬行政契約關係？(A)行政機關與醫事服務機構締結提供全民健康保險醫療服務契約。(B)公立學校聘任教師之

契約關係。(C)學生與教育部指定之銀行締結就學貸款契約。(D)主管機關與志願役士兵約定最少服役年限。（111高考法制）

第140條（行政契約之特別生效要件）
行政契約依約定內容履行將侵害第三人之權利者，應經該第三人書面之同意，始生效力。
行政處分之作成，依法規之規定應經其他行政機關之核准、同意或會同辦理者，代替該行政處分而締結之行政契約，亦應經該行政機關之核准、同意或會同辦理，始生效力。

解說

　　行政處分之作成，依法規之規定應經其他行政機關之核准、同意或會同辦理者，代替該行政處分而締結之行政契約，亦應經該行政機關之核准、同意或會同辦理，始生效力。

　　本條第1項對第三人的規範是擔心有人以鄰為壑，慷他人之慨與行政機關訂立犧牲第三人權益之契約。基於保護第三人程序利益之法理，應得其書面表示同意。本條第1項所謂行政契約是否僅限於義務契約？或亦包含處分契約？

　　林三欽教授認為，若以上下文之文義解釋來看，此處所稱契約應係指義務契約，因為條文中有提到「履行」的問題。但本文認為不限於義務契約。何謂侵害第三人權益？建築主管機關與起造人締結行政契約，免除起造人某項保護鄰人之建築法上義務，此項契約應屬於處分契約，由於涉及鄰人之權益，應經鄰人之同意方屬合理。更明顯者尚有甲與稅捐稽徵機關約定，由乙納稅，則此時該契約應經由乙同意始生效力；若未經第三人同意，則該契約之效力未定。

實例

為興建東西向快速道路之需要,臺中市政府於未辦理市地重劃前,經土地所有權人某甲立具同意書略以,同意該府先行使用該土地,俟將來列入重劃時再參加土地分配,且不列入徵收或日後要求任何補償,復經臺中市政府函復查照在案。茲因該土地經法院拍賣移轉登記為某乙所有,某乙主張渠不受上開同意書之拘束,請該府依法辦理土地徵收補償。

法務部「行政程序法諮詢小組」第29次會議紀錄法務部91年7月31日法律字第0910700386號書函討論事項(節錄):「本件行政契約之性質十分重要,依行政程序法第140條第1項規定,依約定內容履行將侵害第三人之權利者,應經該第三人書面之同意,始生效力。本件行政契約約定以市地重劃之方式是否侵害第三人權利則屬涵攝過程,鑑於市地重劃之目的係以地易地,對當事人不一定不利,此時如採否定見解,則應回歸該法第149條規定準用民法規定討論。如將該契約定性為『公法物權或地上權設定契約』,依民法第425條『買賣不破租賃』之法理,雖契約具相對性,但在法律明文規定時,亦可對第三人產生效力,此時該行政契約可解為類似公法上租賃契約,故爭點二採修正折衷說。意即繼受人在買受時如明知或可得而知該土地已設有公法上之負擔時,該同意書自得以拘束繼受人必須一併繼受該負擔。」

隨堂測驗 6

行政程序法第140條第1項規定,行政契約依約定內容履行將侵害第三人之權利者,應經該第三人書面之同意,始生效力。關於本條之解釋與適用,下列敘述何者有誤?(A)本條之規範目的,乃在避免行政機關締結行政契約賤售公權力或濫用公權力致

侵害第三人之權利。(B)本條之適用範圍應僅限於處分契約（直接引起第三人權利變動者）或第三人負擔契約（約定由第三人對他方為給付者）。(C)雙務契約之履行，均應有本條之適用，方能貫徹立法意旨。(D)各級機關之權限或管轄範圍悉依法規之規定，契約相對人不得諉為不知，故民法上善意第三人或表見代理無適用餘地。（103高考法制）

第141條（行政契約無效之原因）
行政契約準用民法規定之結果為無效者，無效。
行政契約違反第一百三十五條但書或第一百三十八條之規定者，無效。

解說

綜觀上開兩條之規定，可以將契約無效事由區分為：

一、一般無效事由→第141條第1項：準用民法之規定為無效者。

二、特別無效事由→第141條第2項→第135條依性質或法律規定不得締結契約者、違反第138條之決定締約相對人之程序者。行政程序法第141條第1項之規定：「行政契約準用民法規定為無效者，無效。」是所謂行政契約一般無效之事由。準用民法之規定而致行政契約無效之情形規定，包括違反公序良俗（民法第72條）、不依法定方式（民法第73條）、當事人無行為能力（民法第75條）、心中保留（民法第86條）或通謀虛偽意思表示（民法第87條）、代理人無代理權（民法第103條、第110條）、以及自始客觀給付不能（民法第246條）等情形。又若契

約當事人以錯誤、傳達錯誤、詐欺、脅迫等理由，撤銷意思表示者（民法第88條、第89條、第92條），該行政契約亦屬無效。

在適用141條第1項之規定時，民法第71條是否亦在準用之列，使「違反法律之強制或禁止規定」之行政契約歸於無效，學說上認為是極具爭議性之問題。就行政程序法第141條第1項之規定觀之，並無排除民法第71條揭示之法原則的理由。若準用民法第71條，基於依法行政原則之要求，行政機關不得作成違法行為，則所有違法之行政契約皆屬無效。但如此一來，將使行政程序法第142條列舉之無效原因，形同具文，有違立法者就個別情形加以規定之意旨。

惟若完全排除民法第71條之準用，則亦可能產生明顯重大違法，但卻仍有效而有拘束力之情形，亦非妥適。因此有學說認為，民法第71條，原則上仍應在準用之列，惟並非任何行政契約之違法，皆認為係違反禁止規定，僅在「嚴重之違法」時，始構成契約之無效，「普通之違法」，則不影響契約效力。

此處之原因與行政處分相同，因為行政主體與私人或其他行政主體，一旦訂立行政契約，往往耗費許多公私資源。因此行政契約除非有第141條與第142條之重大無效事由，其餘違法程度較輕之處應儘量使其治癒，或僅得撤銷，乃至於給予當事人或第三人損害賠償，使之儘量有效，以維持行政之一貫與法安定性。行政處分之瑕疵，其法律效果原則上為得撤銷，且基於行政處分之存續力，行政處分雖然違法，但並不影響行政處分之效力，在處分遭有權廢棄機關廢棄前，行政處分仍然有效。但在行政契約之場合，並無「存續力」之適用，而依行政程序法第141條、第142條之規定，行政契約若罹有該條所規定之瑕疵者，則行政契約原則上為無效，而非僅得撤銷而已。

實例

　　A港務局向B公司採購勞務使其代爲行使某一原本由公權力行使之特定種類船舶檢驗業務，簽下契約條款要求B公司禁止月事中或懷孕女性上船擔任相關從業人員，以順應船員之信仰習俗。其效力如何？

　　該條文可能因爲違反性平法或民法規定，因有第141條與第142條之重大無效事由而無效，但不妨礙該契約其他合法允當部分約款的效力。

隨堂測驗 7

　　甲市與乙縣協議垃圾處理互助事宜。依行政程序法規定，下列何者並非該協議無效之事由？(A)未以書面爲之。(B)未經共同上級監督機關之同意。(C)以不能之給付爲契約標的。(D)違反強制或禁止規定，情節重大。　（108律師）

第142條（代替行政處分之行政契約構成無效原因之特別規定）
代替行政處分之行政契約，有下列各款情形之一者，無效：
一、與其內容相同之行政處分爲無效者。
二、與其內容相同之行政處分，有得撤銷之違法原因，並爲締約雙方所明知者。
三、締結之和解契約，未符合第一百三十六條之規定者。
四、締結之雙務契約，未符合第一百三十七條之規定者。

解說

　　第142條代替行政處分的契約，當然也必須受到同樣標準合

法正當性的限制。若行政處分之內容違反法律保留，而爲得撤銷者，則相同內容之行政契約，並不會因相對之人民之同意，即加以合法化，該行政契約仍屬於無效。此外和解契約與雙務契約，因爲有其特殊的雙方權利與事務的要求，故若違反則均應解爲無效。

實例

T市政府的市長KP號稱自己天才157，感到市政府目前財源不足，自己決定要向設籍在該市的建築建設工程公司抽市長稅。他查閱相關法規以後發現，如用行政處分作這件事情的話於法無據，因此必須變通。他決定命設籍在該市的此類公司行號一本自願同意被繳稅的原則，來跟市政府簽要繳市長稅的行政契約，否則就以後都拿不到T市內工地的開工許可，環保局還要天天上門稽查。請問這樣內容代替無法源依據行政處分的行政契約會有效嗎？

依行政程序法第142條第2款，由於與抽市長稅內容相同之行政處分，有得撤銷之違法原因，並爲締約雙方所明知者。這樣子逼廠商來交市長稅的行政契約，應解爲無效。

隨堂測驗 8

有關行政契約與須經申請之行政處分間之差異，下列敘述何者錯誤？(A)在行政契約中，人民之要約或承諾構成契約內容的一部分；須經申請之行政處分，人民之申請係發動行政程序之行爲。(B)行政契約原則上應以書面爲之；須經申請之行政處分，原則上不須以書面爲之。(C)行政契約得依約定而撤銷；須經申請之行政處分，僅於法律有明文規定時，始得撤銷。(D)行政契

約之無效，得準用民法相關之規定；須經申請之行政處分，限於有重大明顯瑕疵始爲無效。（111司律）

第143條（行政契約之一部無效）
行政契約之一部無效者，全部無效。但如可認為欠缺該部分，締約雙方亦將締結契約者，其他部分仍為有效。

解說

　　契約一部無效：原則上一部無效將導致全部無效，除非該部分並非締約雙方認爲之決斷該契約是否訂立之重大因素。與行政處分盡可能保留其有效之部分，有其本質上之不同。不過既稱契約，自然要尊重訂約雙方對訂約與否以及契約內容的自由。故有效無效應由雙方是否合意來決定。

實例

　　T市教育局與A校簽訂行政契約，A校承擔該地區新移民子女的特別國民教育義務，並且有提供學生三餐的給付義務。後來學校應提供三餐義務的條款，因違反政府採購法而無效。請問整個行政契約是否因此無效？

　　依行政程序法第143條，該合約的其他部分仍應有效。

隨堂測驗 9

　　關於行政契約與行政處分之區別，依行政程序法之規定，下列何者錯誤？(A)前者爲雙方行為，後者爲單方行爲。(B)前者應以書面爲之，後者不以書面爲必要。(C)前者之違法效果限於無

效，後者之違法效果則不以無效為限。(D)前者之締結主體限於行政機關，後者之作成不限於行政機關。（103律師）

> **第144條**（行政機關之指導與協助）
> 行政契約當事人之一方為人民者，行政機關得就相對人契約之履行，依書面約定之方式，為必要之指導或協助。

解說

　　我國學說認為，本條兼具行政契約當事人之一方為人民者，其契約中權利與義務雙重性質。蓋行政機關就契約相對人之人民履行行政契約時，得為必要之指導或協助，因行政契約締結之目的往往本即含有濃厚之公益色彩與行政目的。例如在近來國內極熱門之所謂BOT工程投資契約中，內文條款常明訂行政機關應協助相對之當事人取得土地之所有權或使用權，或協助辦理地目變更等，甚至於取得貸款等種種協力義務。惟行政機關指導或協助之範圍，必以契約中約定人民應履行之內容為限，且指導或協助需雙方於契約中明定。若契約中未有明定行政機關此一權責時，則對於人民之履行行政契約，行政機關則不得任意介入。本條係參酌法國行政契約之原理而訂定。須該協助或指導之內容明定於契約之中。如協助取得土地，協助變更地目等。

　　行政程序法明文於第165條至第167條中並設有專章，而行政指導亦已成為我國常見之行政行為；惟行政指導既言「指導」，其和前述使行政機關負有為行政行為之一定義務、或以公權力介入契約效果之本法第144條之「必要之指導或協助」之規定，即應生有得否重覆、重疊適用，亦或發生競合效力之疑問。

　　本條所謂的必要之指導，尤其在大工程的承攬契約中相關條款有兩個下位概念：

　　一、業務指導權：即指行政機關之經常性指揮命令權，諸如得自由觀察契約相對人執行任務之環境、製造物或工程品質，甚至是對於雇員之變更請求權。實務上為求明確，常於契約中設有明文規定；惟行政法院仍承認未有明確約定時，行政機關仍得享有此指導權。

　　二、措施決定權：為更細緻之業務指導權，行政機關得以書面職權命令，要求契約當事人按照契約內容之需要而為對應之措施；倘相對人不符指示，即視為違反契約條款，而成為行政機關開啟制裁權之入口。

　　因此我國學說認為，為考慮行政契約之公益性，外國行政契約法制使行政機關享有高度介入契約之權力，且即使此類條款未於契約中所明文，學說及實務均認上述原則已具有習慣法之效力，亦可解釋為默示承認之條款。

隨堂測驗⑩

　　行政契約當事人之一方為人民者，行政機關得就相對人契約之履行，依書面約定之方式，為必要之指導或協助。有關此等指導之敘述，下列何者正確？(A)屬法律行為。(B)具法律效果。(C)屬非權力性之行為。(D)人民依法須遵守此等指導。（106地特）

第145條（契約外公權力行使之損失補償）

行政契約當事人之一方為人民者，其締約後，因締約機關所屬公法人之其他機關於契約關係外行使公權力，致相對人履行契約義務時，顯增費用或受其他不可預期之損失者，相對人得向締約機關請求補償其損失。但公權力之行使與契約之履行無直接必要之關聯者，不在此限。

締約機關應就前項請求，以書面並敘明理由決定之。

第一項補償之請求，應自相對人知有損失時起一年內為之。

關於補償之爭議及補償之金額，相對人有不服者，得向行政法院提起給付訴訟。

解說

　　本條所謂「行政主體契約外行使公權力」，致契約相對人履行契約增加支出所生之損害，行政機關之一方應予補償，類似於民法之契約因可歸責於債務人之事由，致嗣後給付不能或不完全給付。也參考法國法上所謂王之行為說，因此只要是包含締約者在內任一公家機關，作出之公權力行為，均有本條適用。例如地方行政機關與建商所合作之行政契約規範開發案，其後因政府相關其他權責單位之環境影響評估，導致建商費用大增，建商之損失即由本條作為加以填補之法律依據。值得注意的是，該條僅規定人民之一方可請求補償，但並無使其得主張解除或終止契約之餘地。

　　對此立法時似有疏失之處，因此有學說認為，在民法上，契約因可歸責於債務人之事由，致嗣後給付不能及給付遲延，債權人可以選擇行使損害賠償請求權或主張解除契約並請求損害賠償。在行政契約中之非行政機關一方因可歸責於行政機關之理

由，可否享有該責任效果之選擇權，或只能請求損害賠償，不能選擇解除或終止契約，此與前述情事變更或排除重大危害之不容易歸責之情形不同，應有不同之處理。也就是說在此種情況下，應基於契約之平等性，允許非機關之一方亦可選擇解除契約或終止契約，方屬允當且充分保障相對人權利。

本條第4項規定了契約上發生爭議時的救濟之制度，締約雙方如對契約內容發生爭議，屬於公法上爭訟事件，釋字第533號解釋指出，依行政訴訟法第2條：「公法上之爭議，除法律別有規定外，得依本法提起行政訴訟。」與第8條第1項：「人民與中央或地方機關間，因公法上原因發生財產上之給付或請求作成行政處分以外之其他非財產上之給付，得提起給付訴訟。因公法上契約發生之給付，亦同。」之規定，應循行政爭訟途徑尋求救濟。

 實例

H縣政府原本與A公司簽訂行政契約開挖某一特定公路隧道工程，卻因為原擬使用工法被環保機關認為破壞環境，而遭依環保法規法令公布禁用。這使A公司履行契約義務時，必須使用新的工法，並且重新訓練人員採買設備。故使A公司因此增加支出費用且受不可預期之損失，請問A公司對此有何救濟之道？

A公司得依行政程序法第145條規定，向H縣政府請求損失補償。

隨堂測驗11

甲行政機關與乙公司簽定貫穿中央山脈之東西橫貫高速公路促進民間參與公共建設法上BOT契約，甲乙均知悉有高度風

險，契約上約定工期十年，甲應無償提供乙興建必要之土地，並協助乙取得貸款，乙公司於興建完成後，取得五十年之經營權，期間結束後，乙應無償將東西高速公路轉移予甲機關。問題：甲乙間所締結促進民間參與公共建設法上之BOT契約，依行政法院實務之見解，其性質屬於：(A)行政上之和解契約。(B)私法上之承攬契約。(C)行政上之雙務契約。(D)混合公法與私法之混合型契約。（102司法官）

隨堂測驗12

承上題事實，問題2：乙公司於完成東西橫貫高速公路後，於經營期間發生多次重大山崩及湧水等當初得預料之重大災變，經長期修，猶無法修復經營。下列敘述何者正確？(A)甲得終止與乙間之BOT契約，且不給予乙任何補償，因為係不可抗力。(B)甲得命乙繼續通，以維護東西向之交通公共利益，並補償所受損失。(C)乙得要求與甲終止BOT契約，並全額補償乙之損失。(D)乙雖同意搶修，但對甲之補償金額不服，此時乙應以甲為被告，向普通法院提起給付訴訟。（102司法官）

第146條（行政機關單方調整或終止契約之權利）

行政契約當事人之一方為人民者，行政機關為防止或除去對公益之重大危害，得於必要範圍內調整契約內容或終止契約。

前項之調整或終止，非補償相對人因此所受之財產上損失，不得為之。

第一項之調整或終止及第二項補償之決定，應以書面敘明理由為之。

相對人對第一項之調整難為履行者，得以書面敘明理由終止契約。

相對人對第二項補償金額不同意時，得向行政法院提起給付訴訟。

解說

行政契約如同私法契約，其訂定與履行，調整與終止均須遵循誠信原則。尤其是行政契約與私法契約不同之處，就是當事人與行政機關往往處於不對等之關係，更須注意保護當事人之信賴利益。且行政契約之特質也為公益性，而此種公益性之特質，主要顯現於機關就行政契約具有單方之調整終止權。按行政程序法第146條第1項規定：「行政契約當事人之一方為人民者，行政機關為防止或除去對公益之重大危害，得於必要範圍內調整契約內容或終止契約。」

依上開規定，行政機關基於防止或除去對公益之重大危害，得於必要範圍內單方逕行調整契約內容或終止契約，此與私法契約須經雙方契約之合意或法律明定，殊有不同，惟上開調整契約內容或終止契約乃應符比例原則（本法第7條）。另行政機關為防止或除去對公益之重大危害，於必要範圍內調整契約內容或終止契約時，應補償相對人因此所受之財產上損失（本法第146條第2項）。另依據行政程序法第146條第1項之調整或終止及第2項補償之決定，應以書面敘明理由為之（本法第146條第3項），所以調整契約內容或終止契約，係採要式行為。又相對人對行政程序法第146條第1項之調整難為履行者，亦得以書面敘明理由主張終止契約（本法第146條第4項）。而相對人對行政程序法第146條第2項補償金額不同意時，如何請求救濟？依行

政程序法第146條第5項之規定，該相對人（人民）得向行政法院提起給付訴訟，以保障其權益。

實例

　　H縣政府原本與A公司簽訂行政契約開挖某一特定公路隧道工程，卻因為中央事業主管機關將此區域全部畫為保留區而禁止施工。此時雙方權利義務關係為何？

　　依行政程序法第146條各項之規定，此時行政契約內容已經無法達成，或達成也無實益。因此H縣政府可以終止契約，A公司也可以請求補償損失。

隨堂測驗13

　　下列何者屬於行政機關之私經濟行政？(A)指導符合要件民眾申請補助。(B)勸導當事人履行對鄰人之補償。(C)收取保證金出租公有市場攤位。(D)補償行政契約相對人調整契約損失。（102高考法制）

隨堂測驗14

　　行政機關與人民締結行政契約後，關於調整契約內容或終止契約之敘述，下列何者錯誤？(A)行政機關調整契約內容或終止契約，其目的在防止或除去對公益之重大危害。(B)行政機關應補償相對人因契約內容調整或終止契約所受之財產上損失。(C)相對人不同意行政機關因行政契約調整而給予補償之金額時，得以書面敘明理由終止契約。(D)行政契約內容調整後難以履行者，相對人得以書面敘明理由終止契約。（108高考法制）

第147條（情事變更後契約之調整或終止）

行政契約締結後，因有情事重大變更，非當時所得預料，而依原約定顯失公平者，當事人之一方得請求他方適當調整契約內容。如不能調整，得終止契約。

前項情形，行政契約當事人之一方為人民時，行政機關為維護公益，得於補償相對人之損失後，命其繼續履行原約定之義務。

第一項之請求調整或終止與第二項補償之決定，應以書面敘明理由為之。

相對人對第二項補償金額不同意時，得向行政法院提起給付訴訟。

解說

　　與第146條規定類似，雖然有情事變更原則出現在締約後，雙方可能必須調整契約的內容。但基於公平與公益理由，依本條第2項規定：行政契約當事人之一方為人民時──注意排除另一方也是行政機關的適用，行政機關為維護公益，得於補償相對人之損失命其繼續履行原約定之義務。另依據行政程序法第147條第1項之調整或終止及第2項補償之決定，應以書面敘明理由為之（本法第147條第3項）。而相對人對第2項補償金額不同意時，得向行政法院提起給付訴訟（本法第147條第4項）。原則上契約雙方都可因情事變更非當時所得預料，而依原約定顯失公平者，調整或終止契約。

　　行政契約不同於一般私法契約，在操作面上運用的法理，往往會先「行政」後「契約」。若行政機關為維護公益，得補償相對人之損失後，命人民繼續履行原約定之義務。此設計乃基於

法國法而來，因為行政機關提供公共服務，必須持續不斷，而人民依行政契約替行政機關履行職務，雖然人民因情事變更有調整或終止契約的必要，行政機關還是可以給予補償後要求其繼續履行，以持續其公共服務。也有學者認為此設計讓人民與行政機關的地位差距過大，行政機關可以片面終止或調整契約，但是人民卻要被迫繼續履行契約，將使人民一方對行政契約產生抗拒心理。

實例

H縣政府原本與A公司簽訂行政契約開挖某一特定公路隧道工程，A公司卻因為嗣後海外進口的建材價格大漲，至得標價不敷成本而停止施工。此時雙方權利義務關係為何？

H縣政府為維護道路通暢的公益，得於補償相對人A公司之因情勢變更所受損失後，命其繼續履行原約定之義務。

隨堂測驗⑮

甲地方自治團體與乙市民簽定「垃圾衛生掩埋場回饋金」契約，以補償乙因甲所設置之掩埋場而受到之損害。下列敘述，何者正確？(A)「回饋金」契約屬私法上之贈與契約。(B)事後乙搬離原址，但戶籍未變更，甲即得終止對乙之回饋金給予。(C)乙締約後，復領導居民抗爭，致甲無法設置掩埋場，甲得終止契約。(D)回饋金契約得不受平等原則之拘束。（102律師）

第148條（自願接受執行之約定）

行政契約約定自願接受執行時，債務人不為給付時，債權人得以該契約為強制執行之執行名義。

前項約定，締約之一方為中央行政機關時，應經主管院、部或同等級機關之認可；締約之一方為地方自治團體之行政機關時，應經該地方自治團體行政首長之認可；契約內容涉及委辦事項者，並應經委辦機關之認可，始生效力。

第一項強制執行，準用行政訴訟法有關強制執行之規定。

解說

本條係為契約一方在契約中自願接受執行之約定。行政契約當事人一方不履行契約者，不論係行政機關或人民，原則上他方均須先提起訴訟，經判決勝訴取得執行名義，始得依法定程序強制執行，此與人民違反行政處分所定義務時，行政機關得依行政執行法直接予以強制執行者不同。締約之一方為中央行政機關時，應經其上級機關認可。例如各部會以下機關，應經該管部、會、行、處、局、署之認可；各部會則應經主管院認可。如締約之一方為行政院或其他院時，則無本條第2項之適用，亦即不生認可之問題。

惟為求迅速履行契約，早日實現公益，避免訴訟曠日費時，爰於本條第1項規定，行政契約當事人得約定自願接受執行，於債務人不為給付時，債權人以該契約為強制執行之執行名義，不經法院判決，即得強制執行。

又為求慎重，爰於本條第2項規定，行政機關締結自願接受執行之約定時應經認可之程序。依據自願接受執行之約定所為之強制執行，與經法院判決所為之強制執行，均以履行行政契約之

義務爲目的，故其程序宜求一致，爰斟酌我國行政訴訟法修正草案有關強制執行之規定，設本條第3項之規定。

依我國實務與通說見解，行政契約之性質既爲雙方立於平等地位所簽訂之契約，則行政契約爲雙方合意行爲，與行政機關立於單方高權地位，所作出之行政處分不同。那就不應賦予締約之一方即行政機關單方之強制執行權，故行政契約之強制執行，原則上須先向行政法院提起一般給付之訴（行政訴訟法第4條），待勝訴取得確定判決後，再以該確定判決爲執行名義依行政訴訟法相關強制執行之規定向法院聲請執行，但是時日上不免拖延，不利於行政目的之完成。因此本法條又是一個先行政後契約的立法特色。就於該行政契約簽訂時先明文約定債權人於債務人不履行義務或逃匿時，自願接受強制執行。苟若債務人屆期不給付，此時即應有第148條第1項之適用，不經法院判決，即得聲請強制執行，按同條第3項規定：「第一項強制執行，準用行政訴訟法有關強制執行之規定。」

隨堂測驗16

關於人民公法上權利行使之敘述，下列何者正確？(A)應本於誠實信用爲之。(B)除法律另有規定外，因五年間不行使而消滅。(C)無權利失效原則之適用。(D)義務人不自願履行時，權利人得函請行政執行分署行政執行，實現權利。（105高考法制）

隨堂測驗17

行政契約約定自願接受執行時，其嗣後之強制執行，依行政程序法係準用下列何種規定？(A)強制執行法之相關規定。(B)行政訴訟法有關強制執行之規定。(C)行政執行法之相關規定。(D)民事訴訟法之強制執行規定。（105高考法制）

第149條（行政契約準用民法之相關規定）
行政契約，本法未規定者，準用民法相關之規定。

解說

　　本法所規定的行政契約相關特殊行為與態樣，大都關注於行政有關係之層面，並且事實上在必要時，均遵守先行政後契約之原則。人民與行政機關雖有形式上的平等，但綜上所述都有在關鍵時刻的行政機關優於人民一方的不平等，以利行政目的之達成。

　　但是在這些行政行為關注的要點之外，契約之構成要件尚有許多，本法無法一一列舉，故均令其準用民法，以使其契約當事人所受保護完備。另外由本條衍生出來的所謂對等契約，係締約當事人間事實上處於對等之關係。至於締約當事人之身分，不以同一行政主體為限，亦不排除私人之可能性。對等契約雖非本法規定行政契約之法定類型，但依第135條規定，除依其性質或法規規定不得締約者外，公法上法律關係得以契約設定、變更或消滅之。由於現代國內外科技昌明變化快速，各種社會經濟行為複雜，因此本條規定，行政契約於本法未規定者，準用民法相關之規定。故為了要增加行政機關可以變通的手段範圍，降低行政行為的成本與時間損耗，若對等契約之內容，不違反法律之意旨，則應屬容許之範圍。

隨堂測驗18

　　行政機關利用甲之急迫而與甲締結行政契約，如甲擬免除行政契約之責任，則應如何救濟？(A)請求行政法院撤銷該行政契約之締約意思表示。(B)請求行政法院命該機關解除該行政契

約。(C)請求行政法院確認該行政契約無效。(D)請求行政法院確認因該行政契約所生之法律關係不存在。（104律師）

<hr>

第三章隨堂測驗參考答案

第1題 解答：(C)

解析：最高行政法院98年7月份庭長法官聯席會議之決議，公立學校教師之聘任，為行政契約，故(A)正確。解聘、停聘或不續聘，涉及重大公益事項，係公立學校立於機關之地位，就公法上具體事件，所為得對外發生法律效果之單方行政行為，具有行政處分之性質，故(B)正確。依教師法第29條第1項、第31條第2項前段及第33條規定提起申訴、再申訴（視為訴願）或依法逕提訴願，依法均無不合，故(D)正確。依上開最高法院決議見解，此時被解聘之老師應以學校為被告，(C)錯誤。

第2題 解答：(D)

解析：(A)為本法第92條第1項規定行政處分之下命處分。(B)為同條2項規定一般處分之下命處分。(C)為國家賠償法第10條第2項規定機關與被害人成立賠償協議。

本法第136條：「行政機關對於行政處分所依據之事實或法律關係，經依職權調查仍不能確定者，為有效達成行政目的，並解決爭執，得與人民和解，締結行政契約，以代替行政處分。」(D)進口清單已滅失情形，屬於上述依職權調查仍不能確定者而締結和解契約。

第3題 解答：(C)

解析：依本法第137條第1項第3款：「行政機關與人民締結

行政契約，互負給付義務者，應符合下列各款之規定：三、人民之給付與行政機關之給付應相當，並具有正當合理之關聯。」此條文之反面解釋，即為「不當聯結禁止」原則，(C)正確。(A)(B)(D)之敘述則均於法無據。

[第4題] 解答：(B)

解析：(A)為本法第128條第1項前段：「行政處分於法定救濟期間經過後，具有下列各款情形之一者，相對人或利害關係人得向行政機關申請撤銷、廢止或變更之。」(C)為本法第46條第1項：「當事人或利害關係人得向行政機關申請閱覽、抄寫、複印或攝影有關資料或卷宗。但以主張或維護其法律上利益有必要者為限。」以上兩處明文規定，用語均係利害關係人；故均必須先判斷第三人於本件程序有無法律上利害關係。

(D)為本法第138條：「行政契約當事人之一方為人民，依法應以甄選或其他競爭方式決定該當事人時，行政機關應事先公告應具之資格及決定之程序。決定前，並應予參與競爭者表示意見之機會。」因此法律明定此第三人須為參與競爭者，始有表達意見及後續救濟。

故(A)(C)(D)均須該第三人有權利或法律上之利益時始該當之；而後得以參與或發起程序，乃至起訴。若無權利或法律上之利益時就沒有機會參與，以免延滯程序。

原告對確認第三人是否可以分享因開闢道路產生之利益，自身於本件程序並無利害關係。也就是說第三人是否因開闢道路獲得利益分享，關原告什麼事？故此件不涉及第三人法律上利益。(B)正確。

[第5題] 解答：(C)

解析：(C)僅為一限定特殊用途與借貸人身分之民法上消費

借貸契約，(A)產生特定之公法上勤務與給付關係，(B)(D)均產生特定之公法上身分與義務關係。

第6題 解答：(C)

解析：最高行政法院96年度判字第1918號判決及98年度判字第1466號判決認為，行政程序法第140條第1項規定行政契約依約定內容履行將侵害第三人之權利者，應經該第三人書面之同意，始生效力，其規範目的，乃在避免行政機關締結行政契約賤售公權力或濫用公權力致侵害第三人之權利。惟行政契約大部分均屬雙務契約，行政法律關係原則上常見多面法律關係而非單純雙面法律關係，則任何雙務契約之履行，倘解為均須相關第三人書面之同意，行政契約實際上將無從締結或發生效力。故該條之適用範圍應認僅限於處分契約（直接引起第三人權利變動者）或第三人負擔契約（約定由第三人對他方為給付者），故(A)(B)正確、(C)錯。

無管轄權之甲機關不得代替有管轄權之乙機關訂立行政契約，各級機關之權限或管轄範圍悉依法規之規定，為相對人明知或可得而知。因此契約相對人亦不得主張不知而善意取得或甲機關表見代理而該行政契約有效，故(D)正確。

第7題 解答：(B)

解析：甲市與乙縣協議垃圾處理互助事宜，本質上是本法第135條以下所規範的行政契約。第141條第1項：「行政契約準用民法規定之結果為無效者，無效。」而民法第71條前段：「行政契約準用民法規定之結果為無效者，無效。」民法第73條前段：「法律行為，不依法定方式者，無效。」又民法第246條第1項前段：「以不能之給付為契約標的者，其契約為無效。」故(A)(C)(D)均可能成為該協議無效之事由，(B)於法無據。

第8題 解答：(C)

解析：在行政契約中，人民之要約或承諾，與民事行為相同，構成契約內容的一部分；須經申請之行政處分，人民之申請係發動行政程序之行為，行政機關仍有准駁權限。(A)正確。

行政契約原則上應以書面為之，為本法第139條規定；須經申請之行政處分，在法制上未規定其應以何種要式為之。本法第95條則規定：「行政處分除法規另有要式之規定者外，得以書面、言詞或其他方式為之。」但目前實務上大多須經申請之行政處分，都會以書面為之，以利申請人最後若收到的是一部或全部駁回處分，能適時尋求救濟。(B)勉強正確。

本法第117條規範行政處分之撤銷及其限制：「違法行政處分於法定救濟期間經過後，原處分機關得依職權為全部或一部之撤銷；其上級機關，亦得為之。……」並無(C)「僅於法律有明文規定時，始得撤銷」限制。行政契約得依約定而撤銷；須經申請之行政處分，行政處分只要有違法情事，行政機關皆得本於職權撤銷之，於「須經申請之行政處分」亦同。(C)錯。

行政契約之無效，得準用民法相關之規定；所有的行政處分，於有重大明顯瑕疵始為無效，以避免國家寶貴行政資源被浪費。(D)正確。

第9題 解答：(D)

解析：須把本法各相關行為之定義充分領會記清楚。

(A)行政契約為雙方行為，行政處分為行政機關單方高權行為。

(B)參見本法第139條：「行政契約之締結，應以書面為之。」同法第95條第1項：「行政處分除法規另有要式之規定者外，得以書面、言詞或其他方式為之。」

(C)參見本法第141條至第143條規定，行政契約違法效果限於無效，第139條之違法效果則不以無效爲限。

(D)行政契約之締約主體除行政機關外，另一造甚至兩造都可能爲人民；行政處分之作成原則上爲行政機關。

第10題 解答：(C)

解析：本題概念上將此種行政契約指導或協助條款，類推爲本法第165條以下的行政指導；故非屬法律行爲且不具法律效果，屬非權力性之行爲。但在契約指導或協助條款中，當然會對相對人各種履約行爲的規制效力。(A)(B)錯、(C)正確。此時相對人是依契約條款精神，須遵守此等指導，不遵守此等指導將會違約。經相對人列入黑名單或爭訟後，產生對自己特定不利之法律效果，而非直接依法遵守，故(D)錯。

第11題 解答：(C)

解析：依臺北高等行政法院94年度訴字第752號判決理由略載：「依促參法成立之BOT案件，不論在招商、興建、營運、以迄營運期間屆滿由民間將建設移轉予政府前，政府均有高度參與與監督，係有公權力介入，促參法第五章特別明定政府對民間參與興建及營運交通建設之監督管理，其中促參法第52條及第53條更規定：民間機構於興建營運期間如有施工進度嚴重落後、工程品質重大違失、經營不善或其他重大情事發生時，主辦機關得命定期改善，中止其興建營運之全部或一部，情況緊急時，中央目的事業主管機關亦得令民間機構停止興建或營運之一部或全部，並採取適當措施維持該公共建設之營運，必要時並得強制接管興建或營運中之公共建設等等，上開制度與行政契約之契約調整之機制（行政程序法第146、147條）相當，若促參BOT案件屬私法契約，殊難想像此一單方變更契約內容之機

制」等語。足認主辦機關依促參法辦理招商及甄審並選出最優申請人後，與之簽訂之投資契約，乃屬行政契約之性質。

第12題 解答：(B)

解析：本法第146條第1、2項：「行政契約當事人之一方為人民者，行政機關為防止或除去對公益之重大危害，得於必要範圍內調整契約內容或終止契約。前項之調整或終止，非補償相對人因此所受之財產上損失，不得為之。」此時只有行政機關，得於必要範圍內調整契約內容或終止契約。人民一方無此請求權，(A)錯。

類推同法第147條第3項之法理，行政機關為維護公益，得於補償相對人之損失後，命其繼續履行原約定之義務，故(B)正確。

本題是因發生多次重大當初得預料之重大災變，不適用行政程序法第147條規定，行政契約締結後，因有情事重大變更，非當時所得預料，而依原約定顯失公平者，當事人之一方得請求他方適當調整契約內容。如不能調整，得終止契約。乙公司為人民一方，不能以此要求與甲終止BOT契約，並全額補償乙之損失，(C)錯。

依行政程序法第146條第5項：「相對人對第二項補償金額不同意時，得向行政法院提起給付訴訟。」而非向普通法院提起給付訴訟，(D)錯。

第13題 解答：(C)

解析：(A)(B)均為本法第165條至第167條所規範的行政指導，(D)為同法第146條第1項：「行政契約當事人之一方為人民者，行政機關……，得於必要範圍內調整契約內容或終止契約。」同條第2項規定，此調整或終止，應補償相對人因此所受

之財產上損失，故以上均仍爲公權力之行使。

　　僅(C)收取保證金出租公有市場攤位，係爲立於與相對人平等地位，依民法租賃相關規定行事。此爲行政機關之私經濟行政。

第14題 解答：(C)

　　解析：(C)參見本法第146條第5項。(A)參見同條第1項；(B)參見同條第2項；(D)參見同條第4項。

第15題 解答：(C)

　　解析：行政契約與私法契約之區別，應以契約究係發生公法上或私法上權利義務變動之效果爲斷。本件契約發生之原因係乙爲公共利益所受之特別犧牲，國家自應予以補償，以塡補人民財產權被剝奪或其權能受限制之損失。以契約標的而言，約定之內容爲涉及人民公法上權利或義務；復觀察契約整體之目的，係與公益有密切之關係，並非單純私法上之贈與契約，而爲本法第137條之雙務契約。甲地方自治團體補償乙因甲所設置之掩埋場而受到之損害之後，即對該甲所設置之掩埋場負有忍受義務，故(A)錯。

　　依據同法第146條之規定，行政機關僅得爲防止或除去對公益之重大危害時，始得於必要範圍內終止契約。單純因事後乙搬離原址，並不得作爲終止契約之事由，故(B)錯。

　　復依同法第147條之規定，乙締約後，復領導居民抗爭，乃非締約當時所得預料之重大變更情事，並因而導致甲無法設置掩埋場，行政機關得單方終止契約，故(C)正確。

　　大法官釋字542號解釋認爲，行政機關訂定之行政命令，其屬給付性之行政措施具授與人民利益之效果者，亦應受相關憲法原則，尤其是平等原則之拘束，故(D)錯。

|第16題| 解答：(A)

解析：我行政法對人民公法上權利行使之準則尚無此明文規定，因此類推民法第148條規定，權利之行使，不得違反公共利益，或以損害他人為主要目的。行使權利，履行義務，應依誠實及信用方法。即可導出此一結論。

(B)參見本法第131條第1項：「公法上之請求權，於請求權人為行政機關時，除法律另有規定外，因五年間不行使而消滅；於請求權人為人民時，除法律另有規定外，因十年間不行使而消滅。」

(C)參見同法第131條第2項：「公法上請求權，因時效完成而當然消滅。」

(D)此時應依同法第8條1項規定，提起一般給付之訴，請求行政法院作成判命義務人為依定給付內容，並得為執行名義。勝訴後才可請求行政執行，依本題(D)，權利人尚無得直接函請行政執行分署行政執行，實現權利的地位。除非雙方之前有根據本條約定自願接受執行時，就可以不經過爭訟程序。

|第17題| 解答：(B)

解析：參見本法第148條第3項規定。

|第18題| 解答：(D)

解析：本題締結行政契約締約意思表示，如採德國學者Ule的雙階理論認為是基礎關係的成立與否，則可寬認為是行政處分。甲擬免除行政契約之責任，此時得請求行政法院依本法第149條準用民法第74條，以係行政機關利用甲之急迫、撤銷該行政契約之締約意思表示。

第四章
法規命令及行政規則

第150條（法規命令之定義）

本法所稱法規命令，係指行政機關基於法律授權，對多數不特定人民就一般事項所作抽象之對外發生法律效果之規定。

法規命令之內容應明列其法律授權之依據，並不得逾越法律授權之範圍與立法精神。

解說

　　法規命令之存在目的在於現在外在情事變化快速，若都必須等候國會立法往往緩不濟急。因此可以在國會經立法程序制定母法，以授權該管行政機關制定子法與相關規則因應之。此外某些不斷繼續進行生效之行政處分，如某一十字路口之紅綠燈之維持秒數，有時亦容易被誤認為法規命令，應視情況判斷之。

　　法規命令一詞依行政程序法第150條規定意旨，僅限於有法律授權之授權命令，因此法規命令與授權命令在實務運用上可視為同一意義，授權命令有其存在之必要性，乃因法律內容無法規定鉅細靡遺時，立法機關自得授權行政機關發布命令為補充規定，如法律之授權涉及限制人民自由權利者，其授權之目的、範圍及內容應具體明確。根據法律保留原則，若無明確之法律授權，行政機關絕不得自行頒布旨在限制人民自由權利給予人民不利地位之法規命令。行政程序法本章之規定，屬於中央法規標準法特別法之性質，故若有未詳盡規範及之處，以及法規制定之總

則原理,仍須參照中央法規標準法之規定,讀者宜留意。

　　學習本章時,讀者亦應特別注意法規命令與行政處分之區別,針對行政處分,受處分者得提起行政救濟,惟對法規之內容,則不得提行政救濟,就其區別重點表列如下:

	法規	行政處分
適用事項	屬抽象規定,適用規定範圍內之一般事項。	特定具體事件。
適用對象	普遍適用於一般人	特定之相對人或可得特定之相對人
生效方式	經行政機關發布。	對相對人送達或使知悉。 一般行政處分以公告或刊登公報或新聞紙。
生效時間	依法規及中央法規標準法規定。	行政處分達到、已知悉或公告期滿時。
二者關係	為作成行政處分之依據。	不得違反法規,否則為瑕疵之行政處分。

相關案例

　　最高行政法院98年判字第1013號之要旨指出,參照行政程序法第159條第1項規定,行政規則係指上級機關對下級機關,或長官對屬官,依其權限或職權為規範機關內部秩序及運作,所為非直接對外發生法規範效力之一般、抽象之規定。故財政部關稅總局訂定「海運運輸業者使用自備貨櫃封條應行注意事項」其對外發生一般性、普遍性之抽象適用效力,非僅發生內部效力之行政規則,內容又涉及對人民營業之管制,具法規命令之實質,卻非基於法律之授權,與行政程序法第150條所規定法規命令訂定之程序不相符合。本件被上訴人即以上訴人違反上開自備封條注意事項第6點第1款「使用未經驗證合格之封條、且未事先向海關申請監視並加封」之行為義務,故依該條項之規定處以不利

益之行政處分——停止三個月使用自備封條。惟自備封條注意事
項既違反非有法律明文，禁止再委任之法律保留原則，行政法院
自應拒絕適用上開自備封條注意事項，作爲不利益處分之依據。
原判決以財政部經關稅法第20條第3項之授權，再授權關稅總局
訂定前述注意事項，並未逾越母法之規定，自得據以爲本件處
分，因而維持原處分及訴願決定，其法律見解即有未合，上訴人
求爲廢棄改判，爲有理由。

隨堂測驗❶

在現行法制中，下列何種命令之授權依據直接來自於憲法？
(A)法規命令。(B)特別命令。(C)職權命令。(D)緊急命令。（105
高考法制）

> **第151條**（法規命令程序之適用範圍）
> 行政機關訂定法規命令，除關於軍事、外交或其他重大事項而
> 涉及國家機密或安全者外，應依本法所定程序爲之。但法律另
> 有規定者，從其規定。
> 法規命令之修正、廢止、停止或恢復適用，準用訂定程序之規
> 定。

解說

我國實務上就使法律產生的動詞而言，稱爲「制定」法律，
就法規命令的問世而言，則稱爲「訂定」法規命令，用詞稍有不
同，必須要先釐清。本條規定與國安有關之法規命令之訂定，應
依行政程序法所定程序爲之。但法律（例如中央法規標準法）另

有規定者，從其規定（本法第151條）。如依中央法規標準法第7條規定之意涵，各該管機關可依其組織法所授予法定職權（職權立法）或基於作用法之法律授權（授權立法）訂定法規命令，此與行政程序法第150條規定，略以行政機關只有授權立法之意涵相異其趣。但不論是機關職權立法或法律授權機關立法，均不需要送立法院審議。因此必須要注意到中央法規標準法與本法相關章節都同樣規範我國法規命令的訂定，有時反生疊床架屋在適用上互相衝突之問題，故讀者務需將本章與中央法規標準法同時參照研讀。

以下是訂定及修廢程序的介紹：

一、訂定機關

訂定法規命令者，必須是行政機關（依本法第2條第2項、第3項，係指代表國家、地方自治團體或其他行政主體表示意思，從事公共事務，具有單獨法定地位之組織。或受託行使公權力之個人或團體，於委託範圍內，亦得視為行政機關），不是行政機關，則無權訂定。因此機關內部之司、室、局、處、科、股、組等單位不得訂定法規命令。另外公共團體（如各級公立學校、公立醫院、農會、漁會等）及各公營事業機構，除經特別授權，皆非訂定法規命令之主體機關。

二、訂定程序

絕大部分的法規命令由公務機關訂定，人民提議為少見。其典型的訂定程序是：1.機關提議→2.草案預告→3.法案聽證→4.審查通過→5.發布。

法規命令之修正，係指權責機關對現行法規命令有效之部分內容予以修改、增減或變更。其修正的機關與程序，與法規命令之訂定相同。依中央法規標準法第20條之規定，有下列情形之

一者，得修正法規命令。

(一) 基於政策或事實之需要，有增減內容之必要者。

(二) 因有關法規之修正或廢止而應配合修正者。

(三) 規定之主管機關或執行機關已裁併或變更者。

(四) 同一事項規定於二種以上之法規，無分別存在之必要者。

三、法規命令之廢止

法規命令之廢止，係指依法定程序，將現行有效法規命令予以廢棄，而不再適用。其廢止程序與訂定者相同；廢止方式有明示廢止及暗示廢止兩種。依中央法規標準法第21條之規定，廢止的原因有四：

(一) 機關裁撤，其組織法或有關法規無保留之必要者。

(二) 法律規定之事項已執行完畢，或因情勢變遷，無繼續施行之必要者。

(三) 法律因有關法律之廢止或修正致失其依據，而無單獨施行之必要者。

(四) 同一事項已有新法規定並公布施行者。

隨堂測驗 2

依行政程序法規定，有關法規命令之訂定程序，下列敘述何者正確？(A)法規命令之訂定，雖得由民間提議為之，但為避免提議浮濫，故僅限於團體始得提議。(B)法規命令之訂定，由行政機關自行草擬者，始有舉行聽證之必要。(C)行政機關擬訂法規命令時，原則上應公告周知。(D)法規命令之停止或恢復適用，因行政程序法另有程序規定，故不準用訂定程序之規定。（107司律）

第152條（法規命令之提議）
法規命令之訂定，除由行政機關自行草擬者外，並得由人民或團體提議為之。
前項提議，應以書面敘明法規命令訂定之目的、依據及理由，並附具相關資料。

解說

　　法規命令的開始，提議法規命令案除由各主管部會自擬草案（此為通常作法），並得由人民或團體提議；其提議應以書面敘明法規命令訂定之目的、依據及理由，並附具相關資料，人民提議者應該由有管轄權之機關受理。並非只有行政機關才有訂定內部法規的權限，人民或團體亦可自由提起，方符民主法治國之憲政本質。法規命令制定程序的開始，提議法規命令案除由各主管部會自擬草案（此為我國實務上通常作法），並得由人民或團體提議設置法規命令。因為法規命令的本身雖然位階較國會制定的法律比較低，卻往往在更接近人民的細部範圍內更多干預人民的權益。因此為求充分在公權力的行使上保障人民權利，並非只有行政機關才有訂定法規命令的權限，人民或團體亦可自由提起，方符民主法治國之憲政本質。

　　本條2項規定其提議應以書面敘明法規命令訂定之目的、依據及理由，並附具相關資料供主管機關參酌。另外很明顯可以從本條立法目的得知，此提議應該由對有該項法規制定有管轄權之主管機關受理。

　　濤元航海城民眾自救會與聲援公民團體認為市政府濤元航海城徵收計畫的土地徵收措施相關處分太過浮濫，而且欠缺明確的

法規依據。行政院又遲遲未根據行政程序法第164條，制訂有關一定地區土地之特定利用或重大公共設施之設置，涉及多數不同利益之人及多數不同行政機關權限者，此種行政計畫之擬訂、確定、修訂及廢棄之程序。要求行政院制定相關程序，公民團體有什麼方法可以利用？

可以根據本條規定，以書面敘明法規命令訂定之目的、依據及理由，並附具相關資料，擬定出一套相關的法規命令。之後再向法定權責主管機關行政院遞交，請求制定相關法規命令。

隨堂測驗 3

依行政程序法規定，有關法規命令之訂定程序，下列敘述何者正確？(A)法規命令之訂定，雖得由民間提議為之，但為避免提議浮濫，故僅限於團體始得提議。(B)法規命令之訂定，由行政機關自行草擬者，始有舉行聽證之必要。(C)行政機關擬訂法規命令時，原則上應公告周知。(D)法規命令之停止或恢復適用，因行政程序法另有程序規定，故不準用訂定程序之規定。（107律師）

第153條（法規命令提議之處理原則）

受理前條提議之行政機關，應依下列情形分別處理：

一、非主管之事項，依第十七條之規定予以移送。

二、依法不得以法規命令規定之事項，附述理由通知原提議者。

三、無須訂定法規命令之事項，附述理由通知原提議者。

四、有訂定法規命令之必要者，著手研擬草案。

解說

本條承第152條，更進一步規定，受理前條提議之行政機關，則應依下列情形分別處理：

一、所受提議如非該機關依其職權或土地得主管之事項，則應依行政程序法第17條之規定予以移送有管轄權之機關。以免踩了別人的地盤，符合國家設官分職的目的。

二、如實屬依法律不得以法規命令規定之事項，應附述理由通知原提議者。所謂不得以法規命令規定之事項，如行政機關內部之事項，應以行政規則定之，而非以法規命令規定，或欠缺法律授權之依據，逾越法律授權之範圍與立法精神之情形皆屬不得以法規命令規定之事項。因為機關的本身配置法制人員，對於這方面的是否合於法規標準制定的事務瞭解程度總比一般人民來得好。

三、無需訂定法規命令之事項，則應附理由通知原提議者。所謂無需訂定法規命令之事項，是指如該事項相關法規命令或法律已經有明定之情形等，或是實務上根本不會出現需要規範此種情況，外星人襲擊我國時之避難準則。此時都應該把為何不能或不必提案的原因告知原提案人。

四、如有訂定法規命令之必要者，該機關則應著手研擬草案。並應回覆提議者。

實例

小琪想要在藥事法的施行細則中增訂關於查驗登記的審查更具體相關條文，而根據行政程序法第152條把相關條文送到國民健康局，國民健康局應如何處理？

查驗登記的主管機關依藥事法為衛生福利部食品藥物管理

署，國民健康局此時應依本條1款規定以管轄錯誤為由，移送給有管轄權之機關衛生福利部食品藥物管理署續辦。由食品藥物管理署評估要不要以相關法令送交上級機關核定是否立法，再把結果依本條第2款至第4款通知小琪。

隨堂測驗4

下列有關法規命令之敘述，何項錯誤？(A)法規命令之訂定，除由行政機關自行草擬外，亦得由人民或團體提議。(B)行政機關訂定法規命令前，得依職權舉行聽證。(C)法規命令與行政規則皆直接對外發生效力。(D)法律授權行政機關訂定法規命令，屬行政立法行為。〔102法制〕

第154條（法規命令之預告程序）

行政機關擬訂法規命令時，除情況急迫，顯然無法事先公告周知者外，應於政府公報或新聞紙公告，載明下列事項：

一、訂定機關之名稱，其依法應由數機關會同訂定者，各該機關名稱。

二、訂定之依據。

三、草案全文或其主要內容。

四、任何人得於所定期間內向指定機關陳述意見之意旨。

行政機關除為前項之公告外，並得以適當之方法，將公告內容廣泛周知。

解說

此種公告程序又稱草案預告，這是在貫徹保護社會大眾知的

權利，在實務上，行政機關常主動發函通知關切是項草案的民間
團體或相關公私立學術單位。但是如果未公告即擬訂法規命令時
其效力如何，也是一個頗具爭議性的問題。

【行政院法規委員會第232次委員會會議紀錄】

第三案：法規命令未踐行本法第154條預告程序者，其效力
如何？結論：經委員廣泛應論後，歸納其意見如次：

一、認為仍屬有效者，有十位委員，其理由為：本法第154
條有關預告程序之規定，其目的在廣徵各界意見，以為擬訂法規
命令之參考。故縱未踐行預告程序，人民無法及時提供意見，其
程序雖不無瑕疵，然與該法規命令之效力無關。蓋法規命令是否
發生效力，仍應依其發布、施行及生效三階段加以判斷。換言
之，法規命令於草擬階段縱未踐行預告程序，只要其嗣後已依相
關規定發布，並不因其草擬時之程序有欠完備，而影響其效力。
本法第158條第1項第1款雖規定法規命令牴觸法律者無效，惟此
係基於法規位階理論而為規定，解釋上並不包括違反上開預告程
序在內。

二、認為應係無效者，有一位委員，其理由為：本法第154
條第1項有關預告程序規定，係為落實本法制定目的，使人民有
參與法規命令擬訂機會，並已考量情況急迫情形而為例外規定。
故未踐行預告程序之法規命令，因其擬訂並無人民參與，施行即
有困難。況未踐行預告程序，亦與立法意旨有違，應認為無效。

法務部民國91年1月21日法律字第0910001765號函解釋管制
藥品範圍及種類之變更，應否依行政程序法第154條踐行預告程
序其理由二所述：「按行政程序法（以下簡稱本法）第150條第

1項規定：『本法所稱法規命令，係指行政機關基於法律授權，對多數不特定人民就一般事項所作抽象之對外發生法律效果之規定。』法規命令除非立法者有意使公告內容得不以法規命令之方式定之外，其應依中央法規標準法第3條規定，以規程、規則、細則、辦法、綱要、標準或準則等名稱爲之（本部89年10月5日法89律字第000402號函參照。查管制藥品管理條例第3條第2項規定：『前項管制藥品限供醫藥及科學上之需用，依其習慣性、依賴性、濫用性及社會危害性之程度，分四級管理。其範圍及種類，由中央衛生主管機關設置管制藥品審議委員會審議後，報請行政院核定公告之。』依其文義觀之，上開『公告』，似立法者有意不以法規命令之方式訂定，而屬公文程式條例第2條第1項第5款所定公文程式。從而，無需踐行本法第154條之預告程序。惟貴署如認管制藥品範圍及種類之變更攸關民眾權益，於正式公告前先行預告，係爲收集思廣益之效，自非法所不許，併此敘明。」

隨堂測驗 5

下列那一種行政行爲，行政機關除情況急迫外，原則上須經預告程序？(A)行政處分。(B)法規命令。(C)行政規則。(D)行政契約。（104律師）

第155條（行政機關得依職權舉行聽證）

行政機關訂定法規命令，得依職權舉行聽證。

解說

　　法案或法規聽證：行政機關得依職權舉行聽證其目的在於將法案起草完畢，完成法案條文結構後，必要時以舉行聽證方式徵詢有關機關、團體、利害關係人或專家學者之意見，用資進一步修改，以符民意要求。實務上各機關為求省事或避免洩密，凡是內部行政法規、機密性法規、緊急性法規或私經濟行為之法規，通常不舉辦法案聽證。

相關案例一

　　法務部民國95年11月24日法律字第0950041469號函關於有關執行區域計畫法第13條但書隨時檢討變更規定滋生適用疑義案之理由(二)。

　　本法第155條規定：「行政機關訂定法規命令，得依職權舉行聽證。」係使當事人或利害關係人得參與決策。準此，如認區域計畫具有行政處分之性質，則行政機關依法應賦予處分相對人陳述意見之機會，則貴部於「政府機關興辦重大開發或建設事業辦理區域計畫隨時檢討程序及要件」中重申前旨，似僅具提示之作用，作成行政處分之機關如無同法第103條得不給予相對人陳述意見之事由，而未通知當事人陳述意見或雖經當事人陳述意見但未予斟酌者，其處分即有瑕疵，可能構成撤銷之原因。

相關案例二

【臺北高等行政法院92年8月14日91年度訴字第1877號判決】節錄

　　原告另指稱：給與辦法於85年8月21日第4次修訂時，司法院或法務部既未徵詢全體司法官之意見，又未舉行公聽會云云，惟依90年1月1日施行之行政程序法第151條第2項準用第155條規

定，修正法規命令，行政機關是否舉行聽證，純屬行政機關之裁量權限，況該辦法修正於行政程序法施行前，依法律不溯既往原則，尚無行政程序法之適用，是該辦法之修正難謂於法有違。

隨堂測驗 6

下列敘述，何者錯誤？(A)法規命令，係指行政機關基於法律授權，對多數不特定人民就一般事項所作抽象之對外發生法律效果之規定。(B)行政機關訂定法規命令，須依職權舉行聽證。(C)法規命令依法應經上級機關核定者，應於核定後始得發布。(D)鄉（鎮、市）公所就其自治事項，得依其法定職權，訂定自治規則。（102司）

第156條（聽證前應行預告之事項及內容）
行政機關為訂定法規命令，依法舉行聽證者，應於政府公報或新聞紙公告，載明下列事項：
一、訂定機關之名稱，其依法應由數機關會同訂定者，各該機關之名稱。
二、訂定之依據。
三、草案之全文或其主要內容。
四、聽證之日期及場所。
五、聽證之主要程序。

解說

聽證是讓作為不特定第三人之人民對於行政機關之法規命令變動，最有效率的在事前程序上表達意見之方式，在行政機關辦

理聽證時提出對於法規命令之訂定、修正、廢止、停止時讓公眾參與決策（參考本法第155條、第156條）。在一個民主開放的社會，按此所謂「聽證」係指行政機關訂定法規命令時向相關或不特定之專業人事、意見領袖、學者、專家、業者或一般民眾廣泛蒐集意見，以資作為爾後訂定、修正、廢止、停止法規命令之參考依據。故本法第155條、第156條所指「聽證」本質是一種「公聽會」（pubic hearing）之性質。不過考慮到現在各種平面與電子媒介發達，聽證會是否必要很多人員到會場暢所欲言，才能起到公聽的效果，在節省大眾勞力時間的考慮下，可以有不同的變通方法行事，也有相同的意義。

相關案例

經濟部民國93年7月30日經礦字第09302713170號函關於廢止「礦場保安費提存支用實施辦法」所提出來的意見交流方式就是，各界如對本辦法內容有意見者，請於刊登公報七日內將建議意見以郵寄、傳真或電子郵件方式送經濟部（礦業司）參考。這就是典型使用其他方式來代替聽證，以使行政程序簡便的方式。

第157條（法規命令之發布）
法規命令依法應經上級機關核定者，應於核定後始得發布。
數機關會同訂定之法規命令，依法應經上級機關或共同上級機關核定者，應於核定後始得會銜發布。
法規命令之發布，應刊登政府公報或新聞紙。

解說

下級屬官或機關制定的法規如果依法必須經過上級機關核定的話，就必須要報請上級機關審議決定是否可以通過。如果以部會等級所制定的法規，在經首長指派幕僚研擬完成後，尚須經過以下步驟：

一、審查通過

由各相關部會所擬訂並完成前揭必要程序之草案，行政院會指派政務委員或由法規委員會，就草案之立法動機、內容及形式等初審，然後報請院會複審通過。

法規命令之施行須於行政機關公布法規命令後始得施行。依中央法規標準法第12條至第15條規定，法規命令之施行日期有三種：(一)自公布日施行；(二)另定有施行日期；(三)同一法律有不同之施行日期及區域發布。行政機關訂定或數機關會同訂定之法規命令依法應經上級機關或共同上級機關核定者，應於核定後刊登政府公報或新聞紙發布。

法規命令之發布，未依本條要求刊登政府公報或新聞紙，其效力到底如何，有無效說、有效說及未生效力說，茲分述如次：

(一) 無效說：本法第158條第1項第1款規定，法規命令牴觸法律者，無效。其所謂「法律」包括程序上規定。法規命令之發布，未刊登政府公報或新聞紙，係違反本法第157條第3項規定，應構成本項條款規定，而無效。

(二) 有效說：依本法草案第93條第3款原規定：「有左列情形之一者，法規命令無效：……三、違反第九十條（即本法第154條）及第九十二條（即本法第157條法規命令之發布）之規定者。」

惟經行政院院會審查通過送立法院審議之本法草案並未採

納，且公布之行政程序法第158條亦未將其列為無效原因，顯係有意排除，故依上述立法過程觀之，解釋上僅能認為程序上之瑕疵，尚不致使該法規命令歸於無效。

(三) 未生效力說：行政程序法第157條第3項規定：「法規命令之發布，應刊登政府公報或新聞紙。」其所謂「刊登政府公報或新聞紙。」係法規命令發布之程序要件，故法規命令之發布，如未刊登政府公報或新聞紙，係尚未完成發布程序，自未生效力。

二、首長署名

行政機關訂定本法第159條第2項第2款之行政規則，應由其首長簽署，並登載於政府公報發布之。如未登載於政府公報，其效力如何部分，有無效說、有效說及未生效力說。茲分述如次：

(一) 無效說：本法第160條第2項規定：「行政機關訂定前條第二項第二款之行政規則，應由其首長簽署，並登載於政府公報發布之。」行政規則如未登載於政府公報，係違反法律規定，應屬無效。

(二) 有效說：按本法第160條第1項規定：「行政規則應下達機關或屬官。」第161條規定：「有效下達之行政規則具有拘束訂定機關、其下級機關及屬官之效力。」故基於行政規則之內部法性質，一旦有效下達，即生效力。至於第160條第2項之發布，僅具有公示意義，尚非行政規則之生效要件，如應發布而未發布，當不影響行政規則之效力。

(三) 未生效力說：本法第160條第2項規定，行政機關訂定第159條第2項第2款之行政規則，應由其首長簽署，並登載於政府公報發布之。「登載於政府公報發布」係此類行政規則之生效要件，其未經登載於政府公報發布者，自未生效力。

三、程序瑕疵之效果

法規命令未踐行第154條預告程序者，其效力如何部分，也有無效說及有效說。

(一) 無效說：本法第158條第1項第1款規定，法規命令牴觸法律者，無效。其所謂「法律」包括程序上之規定。又行政機關訂定法規命令之預告程序，本法第154條定有明文。故如行政機關訂定之法規命令未踐行預告程序，應構成本法第158條第1項第1款規定而無效。

(二) 有效說：依本部陳報行政院之行政程序法草案第93條第3款原規定：「有左列情形之一者，法規命令無效：……三、違反第九十條（即本法第154條之預告程序）及第九十二條（即本法第157條）之規定者。」惟經行政院院會審查通過送立法院審議之本法草案並未採納，且公布之行政程序法第158條亦未將其列為無效原因，顯係有意排除，故依上述立法過程觀之，解釋上僅能認為程序上之瑕疵，尚不致使該法規命令歸於無效。

相關案例

行政院法規委員會第232次委員會會議紀錄討論事項：第一案：法規命令之發布，未刊登政府公報或新聞紙，其效力如何？

結論：經委員廣泛討論後，認為應係未生效力，其理由如次：行政程序法（以下簡稱本法）之立法意旨在使國家行政現代化，並強化其正當性。法規命令依本法第150條規定，係指行政機關基於法律授權，對多數不特定人民就一般事項所作抽象之對外發生法律效果之規定，其作用在於補充立法而具有對外效力。查其效力之發生，本法雖無明文規定，惟亦未排除中央法律標準法之適用，而依該法第7條及第12條至第14條之規定，有關法

規命令之發生效力，應經過發布、施行及生效三階段；至於如何發布，該法並無規定，則本法第157條第3項有關法規命令之發布，應刊登政府公報或新聞紙之規定，係補充該法第7條所稱發布之方法，刊登公報或新聞紙為發布之行為，如未發布，其踐行之程序固欠完備，惟僅係未發生效力，俟完成發布後，自然發生效力，故為「未生效力」，與根本「不生效力」之情形有別。

法規命令之發布，若漏未刊登政府公報或新聞紙，其效力應屬於暫時凍結不生效狀態，俟刊登政府公報或新聞紙後效力才開始發生。

隨堂測驗 7

下列有關法規命令之敘述，何者錯誤？(A)行政機關訂定法規命令，得依職權舉行聽證。(B)法規命令依法應經上級機關核定者，應於核定後始得發布。(C)法規命令之發布，只須下達下級機關或屬官。(D)法規命令之訂定依法應經其他機關核准，而未經核准者，無效。（104高考法制）

第158條（法規命令無效之事由及一部無效之處理原則）
法規命令，有下列情形之一者，無效：
一、牴觸憲法、法律或上級機關之命令者。
二、無法律之授權而剝奪或限制人民之自由、權利者。
三、其訂定依法應經其他機關核准，而未經核准者。
法規命令之一部分無效者，其他部分仍為有效。但除去該無效部分，法規命令顯失規範目的者，全部無效。

解說

我國自大法官第443號解釋起有層級化的法律保留原則適用，第158條第1項即為其法規化的適例。憲法與法律由民選代表制定，但是施行細則以下等子法與行政規章，則由行政機關經法規授權或自行研擬發布，以增進行政作業之效率與有效因應外在情勢變遷。所謂的法規命令在我國實務通說，進一步還可分為委任命令與執行命令。前者是指經法律另有授權，藉以來補充法律，創設國民的權利義務，亦可訂定罰則者。後者是指為執行特定法律而規定有關國民權利義務的具體細目乃至於程序的技術事項。執行命令由於沒有法律位階的授權，並不得訂定罰則，限制剝奪人民的權益。本條規定法規命令的界線，通說是行政機關未經法律位階的授權，取代、牴觸或變更上位法規之法規命令無效。其次對法規命令的訂定內容、基準等，未經法律授權委任者，亦為無效。所謂罰則，亦須有法律的明確授權，但是如果情況嚴重，必須以立即措施避免緊急且不可回復之危難，經過立法機關的授權，行政機關對於暫時以法規命令凍結法律限制人民權利、對構成要件進行空白授權與訂立罰則，均得為之，但應訂立落日條款。緊急狀況一經解除，即應回復法位階之常態。

法規命令的訂定權能否再向下屬機關進行再委任，通說亦持正面許可的看法，只是認為不宜在再委任形式下，再訂定罰則，凡是限制人民權利自由的規定應盡可能以法律位階進行，如大法官第443號解釋所揭示者。

法規命令所依賴的法律授權，基本上可知有行政作用法上的授權與行政組織法上的授權等兩種，上述的執行命令，假如只有組織法上的根據，在通說上尚可接受。然而委任命令既以「法律的委任職權」為前提，便應另有作用法上對機關的明確授權與根

據。行政程序法規範法規命令的成立與效力，約略可整理如下：

一、必得是由依法授權之職權機關所訂定，不得牴觸上位法規，包含憲法法律與上級機關之命令。且必須在授權的範圍內，其內容係可行且明確，滿足行政程序法規定法規命令的訂定程序，經由各有權機關署名及以一定的形式公布、施行。

二、經過法律授權以後法規命令的效力仍等同於法律，中央政府職權機關頒布的法規命令，其位階乃高於相對應的地方自治法規。

三、各法規命令間的適用順序，與一般法律原則相同，乃採從新從優原則。此外法規命令的訂定，仍必須嚴格遵照其一定的法定程序，利害關係人參與表述意見及相關層級民意機關的監督，乃為必要之重要程序關鍵。

相關案例

臺北市政府法規委員會民國97年4月2日北市法二字第09730810400號為都市更新條例施行細則第5條修正後，本市都市更新自治條例第15條自行劃定更新單元程序之執行疑義乙案函指出，按地方自治團體在受憲法及法律規範之前提下，享有自主組織權及對自治事項制定規章並執行之權限（司法院大法官解釋第527號參照）。又同解釋文闡明地方制度法第30條第1項至第4項規定之自治法規，與憲法、法律、中央法規或上級自治團體自治法規牴觸者無效；其有無牴觸發生疑義得聲請司法院解釋之規定，係指就相關業務有監督自治團體權限之各級主管機關，對決議事項或自治法規是否牴觸憲法、法律或其他上位規範尚有疑義，而未依各該條第4項逕予函告無效，向該院大法官聲請解釋而言。是參照上開司法院大法官解釋文之意旨，關於地方自治

團體之自治法規與法律、中央法規命令是否發生牴觸及是否無效，當由法定機關依法定程序予以函告或聲請司法院大法官解釋為之，在未依上開程序辦理前，地方自治團體之自治法規仍為有效之法規，尚不得遽以論定其為無效，而得逕以排除適用。

又法律、中央法規命令對特定自治事項之規範，係側重公共利益與秩序之基本保障，若地方自治團體認為其有因地制宜之需要，尚得制（訂）定相關自治法規而為更高密度之規範，仍非該法所不許。準此，自治法規若未牴觸法律、中央法規命令所定上、下限之規制範圍，於此範圍內，則不生牴觸中央法律、法規命令之疑義，此有內政部92年5月16日臺內民字第0920004984號函釋有案。而關於臺北市都市更新自治條例（下稱本自治條例）第15條第2項所規定之本市現行自行申請劃定更新單元之程序，於都市更新條例第8條及其施行細則第5條第2項、第3項修正後，是否即生有牴觸法律及中央法規命令乙節，核查本自治條例並非援以都市更新條例及其施行細則為制定之母法，而係出於本市就自治事項制定規章並執行之權限，且本市如認基於因地制宜之需要，並考量公共利益與秩序之維護，制定或保有更高密度之規範，如不涉及法律、中央法規命令之上、下限規制範圍，亦非地方制度法所不許。

基此，都市更新條例第8條及其施行細則第5條第2項、第3項修正後，固然簡化民間自行劃定更新單元之程序，惟本自治條例如仍存有提送本市都市計畫委員會審議通過後，辦理公告劃定更新單元之程序，似無牴觸及無效之問題。

第159條（行政規則之定義）

本法所稱行政規則，係指上級機關對下級機關，或長官對屬官，依其權限或職權為規範機關內部秩序及運作，所為非直接對外發生法規範效力之一般、抽象之規定。

行政規則包括下列各款之規定：

一、關於機關內部之組織、事務之分配、業務處理方式、人事管理等一般性規定。

二、為協助下級機關或屬官統一解釋法令、認定事實、及行使裁量權，而訂頒之解釋性規定及裁量基準。

解說

行政規則包括下列各種性質的規範章程：

一、關於機關內部之組織、事務之分配、業務處理方式、人事管理等一般性規定。

二、為協助下級機關或屬官統一解釋法令、認定事實、及行使裁量權，而訂頒之解釋性規定及裁量基準。

本章提到的法規命令與行政規則，雖說都是行政機關單方訂定，不用經過國會立法程序的行政命令，但其相異之處許多初學者不易分清楚。法規命令對外部當事人直接發生效力，如各法之施行細則。行政規則則僅能直接約束本機關與下屬機關之人員，但是仍可依其透過對屬員令行禁止，對外部當事人發揮間接效力，如智慧財產局之專利商標審查基準。

一般行政規則通說可以分類如下：

一、組織性規章：機關內部之組織、事物之分配、人事倫理等與機關內部單位業務分工，及法定管轄之細節與程序規定。

二、行為性規章：規範內部業務處理方式，各種不同單位不

同科目業務之處理流程。如智慧財產局所頒布的專利商標審查基準，即為約束審查人員所為審查之規章。

三、裁量性規章：協助下級機關或屬官行使裁量權而頒訂之行政規則，如專利審查基準，商標近似審查基準，貨物查稅審核基準，道路交通管理事件統一裁量標準，間接對人民發生效力。

四、解釋性規章：如解釋令、函示、釋示屬之，間接對人民發生效力。

五、輔助金交付之行政規則：如行政院所定之出國研究人員機票補助金額標準表。

六、關於特別權力關係或公物利用之相關規則：如公立圖書館之利用規則及學校之校規。

七、行政指導基準之行政規則：因業務需要發布行政指導之必要時，間接對人民發生效力。

行政規則原則上並無對外效力，不能拘束人民，對法院也無拘束力。但例外情況，如裁量基準或解釋性行政規則，在公務員處理具體個案實質支配指導公務員之行為或決定，因而產生間接對外效力，若人民權利因此受到侵害時，無論是以違反平等原則、信賴保護或行政自我拘束等法理，均應允許人民於對具體處分內容不服時一併提起行政救濟。

法規命令與行政規則之區別

	法規命令	行政規則
是否須經法律授權	授權命令須經法律授權。	無須經法律授權。
規範事項	與人民權利義務有關事項。	行政機關內部有關人事、組織等事項或解釋性規定或裁量基準。

	法規命令	行政規則
規範效力	對外，對任何人發生規範效力。	原則：僅對機關內部發生規範效力。 例外：間接對機關外部發生規範效力。
程序	須對外發布。	原則：下達下級機關。 例外：具間接對外發生規範效力者，如裁罰基準、解釋性函釋等，仍應對外發布。
應否送交立法院	經對外發布即生效力，嗣後送立法院查照。 依立法院職權行使法第60條規定，經立法委員15人以上之連署或附議得交付審查。	經下達或發布即生效力，毋庸送立法院查照。

相關案例

　　法務部91年6月11日法規字第0910600461號提醒有關「法規命令」及「行政規則」之區別定義，行政程序法已定有明文，建請轉知所屬機關於引述相關用詞時，應注意行程序法之規定函。其說明一稱，行政程序法第150條第1項所稱之「法規命令」，係指行政機關基於法律授權，對多數不特定人民就一般事項所作抽象之對外發生法律效果之規定；同法第159條第1項所稱之「行政規則」，係指上級機關對下級機關，或長官對屬官，依其權限或職責為規範機關內部秩序及運作，所為非直接對外發生法規範效力之一般、抽象規定。兩者之定義、適用範圍、程序及效力均有不同。例如智慧財產局所發布之專利審查基準，即為一種第159條第2項第2款所稱之裁量基準。

隨堂測驗 8

　　所得稅法規定對於特定違法行為，應裁處應繳稅額1倍以下之罰鍰。財政部為協助各區國稅局行使裁量權而訂頒之「稅務違章案件裁罰金額或倍數參考表」，對於應繳稅額達一定金額以上者，規定皆裁處應繳稅額1倍之罰鍰。上述「倍數參考表」之性質，為？(A)法規命令。(B)行政規則。(C)行政處分。(D)行政指導。（103律師）

第160條（行政規則之下達與發布）

行政規則應下達下級機關或屬官。

行政機關訂定前條第二項第二款之行政規則，應由其首長簽署，並登載於政府公報發布之。

解說

　　行政規則既然是為了讓中基層承辦人員辦理業務上明確方便，自然應該經其首長簽署，下達至業務所需承辦人員手上。並且必須公開發布，讓民眾與相對人知悉，以免遭到外界黑箱作業的質疑攻擊。並可避免行政機關進行行政行為時出爾反爾，或為個案之差別待遇。實務上如專利申請人收到智慧財產局之審查意見通知函進行申復時往往都會引據該局發布之審查基準，並努力找出該審查意見於審查基準違誤之處。

相關案例

　　法務部民國90年3月22日法90字第000147號關於行政機關依行政程序法第160條第2項規定發布行政規則之處理方式函指出，說明：「一、按行政程序法第160條第2項規定：『行政機

關訂定前條第2項第2款之行政規則，應由其首長簽署，並登載於政府公報發布之。』關於上開規定之具體作法，經本部二度函請行政院秘書處釋示，奉行政院秘書處分別於89年12月22日以臺（89）秘字第35587號函及90年1月19日以臺（90）秘字第000161號函復略以：『查現行法制作業中為「發布」者，皆係以「令」為之，復查行政程序法第160條第2項規定，同法第159條第2項第2款之行政規則，須登載於政府公報「發布」之，其意應與同條第2項第1款之行政規則以函分行之方式，有所區別；……另該行政規則之生效日期，則可於發布令或分行函或刊登公報之分行函中加以敘明。』『各機關就其主管法規為協助下級機關或屬官所為統一解釋法令之「函釋」內容，自行政程序法施行後，即應改以「令」發布，尚無有以「令」發布「函」之必要。』

　　二、依前開行政院秘書處函釋，茲說明各機關依行政程序法第160條第2項規定，發布同法第159條第2項第2款行政規則之處理原則如下：

　　(一) 各機關對於非主管法規所為之解釋，以函答復即可，不必刊登公報。

　　(二) 各機關對於主管法規所為之解釋，如係關於具體個案之法律適用疑義者，須以函答復，並刊登公報；如非具體個案，而係抽象之法律解釋者，處理方式同上。

　　(三) 上述所列兩種情形，如認有全體機關一體適用之必要者，應以『令』發布，其方式有二：一為以令發布，受文者為機關辦理刊登公報事宜之單位，並另以函回復來函機關；二為以令發布，受文者正本為機關辦理刊登公報事宜之單位，副本列各有關機關，並以括弧說明（兼復○○機關○○年○○月○○日○○字第○○號函）。」

隨堂測驗 9

關於法規命令與行政規則之區別，下列敘述何者錯誤？(A)法規命令應有法律之授權；行政規則毋須法律授權。(B)法規命令發布後須送立法院審查始生效力；行政規則無送立法院審查之必要。(C)法規命令適用對象爲一般人民；行政規則原則上以本機關、下級機關及所屬公務員爲規範對象。(D)法規命令訂定前應將草案公告；行政規則毋須踐行草案公告程序。（109法制）

第161條（行政規則之效力）

有效下達之行政規則，具有拘束訂定機關、其下級機關及屬官之效力。

解說

本條規範行政規則所生之直接對行政機關內部效力，也間接對一般當事人有外部效力。

一、對內效力

(一) 對具有拘束訂定機關、其下屬機關及所屬人員之效力，下級機關應尊重，並適用行政規則。

(二) 原則上僅止於「指示權」所及之範圍，但例外情形，得基於事務監督，對其他行政主體機關發生效力，如受委辦機關之委辦事項方面，就有可能受原委辦機關辦理相關事件之行政規則拘束。

二、對外效力

(一) 外部化效力之依據：行政固有權（裁量權）、基於立法

者授權（有判斷餘地或裁量權）、法律保留之漏洞、技術規範之高科技領域、代替法律之行政規則、透過組織法與程序法。

（二）對外之間接效力：

1.行政自我拘束原則：行政機關依據該釋示、原則或標準等對外爲其行爲，對人民有「一貫性作爲之職務義務」。

2.平等原則：國家機關對人民負有遵行其自行所規定內容之義務。

3.信賴保護原則：釋字第525號解釋：「除有預定因情勢變遷而停止適用者，不產生信賴保護原則外，制訂或頒布之法規廢止，應保障人民之信賴保護原則。」不同於上級機關頒布的法規命令可以約束上級機關，中央各院部會作出的行政規則是否可以約束地方機關，目前實務上是作否定解釋的。

相關案例

臺北市政府法規委員會民國94年3月1日在北市法二字第09430276600號函指出，關於行政院（或所屬各機關）所爲之函釋是否得拘束本府疑義，說明如下：「查行政程序法第161條規定：『有效下達之行政規則，具有拘束訂定機關、其下級機關及屬官之效力。』換言之，前揭『解釋性行政規則』原則上僅係對內生效，具有內部規範之性質，而不直接對外發生效力。是以，其僅以所屬機關爲適用對象而生內部之拘束力。本府（暨所屬各機關）與行政院既非相互隸屬之機關，雖對其意見可予以尊重，惟其所作之釋示，對本府仍不具有法律上拘束力。據此，倘若以上各該函釋在內容細節上確有牴觸時，因本府90年2月23日府工三字第9000732500號函之性質要屬解釋性行政規則具有拘束所屬各機關之效力，自應優先適用（亦僅有權責機關或其隸屬之上

級機關得爲變更見解之決定）。人民對該釋示不服，而認爲不當者，應循司法途徑（或其他調解等爭訟制度）解決爲宜。」

隨堂測驗⑩

經濟部所訂定之專利審查基準，其性質爲何？(A)專利審查基準爲主管機關基於專利法之授權，對多數不特定人民就一般事項所作抽象之對外發生法律效果之規定，屬於法規命令。(B)專利審查基準爲主管機關爲規範內部審查作業而依職權所頒訂之非直接對外發生效力之一般、抽象規定，屬於行政規則。(C)專利審查基準爲主管機關爲鼓勵、保護、利用發、新型及設計之創作，以促進產業發展，就達成前開目的並實現該構想有關之方法、步驟或措施等所爲之設計與規劃，屬於行政計畫。(D)專利審查基準爲主管機關在其所掌專利權等智慧財產權政策、法規、制度之研究、擬訂及執行事項、專利案件之審查、再審查、舉發、撤銷、消滅及專利權之管理事項等事務範圍內，爲實現其行政目的，以輔導、協助、建議等不具法律上強制力之方法，促請特定人爲一定作爲或不作爲之行爲，屬於行政指導。（111專利師）

第162條（行政規則之廢止）
行政規則得由原發布機關廢止之。
行政規則之廢止，適用第一百六十條規定。

解說

任何一種行政規則都有可能適用到某種程度就不合時宜，或

是因為其情事變更而必須有所更動。此時應由原發布機關廢止之，其廢止程序也要與訂定時同樣必須要相當慎重，以保護人民正當合理的信賴。

相關案例

　　法務部民國93年5月24日法律字第0930013142號函關於執行土地法第14條所定海岸一定限度土地不得私有範圍劃定工作，應否辦理公告疑義乙案，其說明二指出（節錄）：「二、……貴部依上開規定以86年7月30日臺（86）內地字第8684748號及同年10月22日臺（86）內地字第8610369號函示上述『一定限度』之劃設原則，其性質係屬行政程序法第159條第2項第2款規定之解釋性行政規則，應依同法第160條及第162條之規定，以『令』方式下達、發布或廢止之。至於各直轄市、縣（市）政府針對申請劃設主體、配合作業機關、劃定作業程序、應備文件資料、實地會勘釘樁及分割測量登記等作業程序，則屬同法第159條第2項第1款規定機關內部業務處理方式之行政規則，應依同法第160條及第162條之規定，以『函』下達或廢止之。準此，貴部為執行土地法第14條第1項第1款規定所訂定之標準作業程序，自應視其規範內容，依上開說明踐行其程序。」

　　司法院大法官第443號解釋，以重要性理論將法規命令區分為對人民生活干預多的，對人民自由權利侵害越大的公權力作為，需要有更多的法律授權。最典型的是干預規範是像憲法第8條對人身自由的干預程序，什麼情況下可以限制人身自由以小時計的數量，都全部寫死。在學說上有將此種憲法對限制人身自由方式的正當法律程序堅持，稱為憲法上的固執。

　　在本章所提到的法規命令以外根據中央法規授權法第7條各

機關依其法定職權或基於法律授權訂定之命令，應視其性質分別下達或發布，並即送立法院。這也就由此產生目前在現行行政程序法下並無明確定位的「職權命令」。

黃銘輝認為是否應在行政程序法明文承認，我國歷史悠久的職權命令，應取決於其程序設計是否能夠，有不同於行政規則的制度安排。行政程序法第四章規範的法規命令，行政規則與行政作用法上並無統一明確定位的「職權命令」，搭配其外部影響性，應有其功能最適程序下合理的體系安排。並對各種法規命令根據法律授權審查密度，以所應具備的程序要求如下表。

多元最適程序下的行政命令體系[1]表

法律保留 （重要性理論）	法律授權	外部影響性	最適程序要求	命令類型
重要性高	有	直接／爭議性高／受規制對象有一定程度的限定性	正式聽證（聽證紀錄：有拘束力／參考效力）	法規命令
重要性一般～高	有	直接／爭議性高	公聽會	法規命令
重要性高	有	直接／爭議性高	預告暨評論	法規命令
重要性一般～高	無	直接／立法明確揭示行政目的／實務運作有訂定命令的必要／獨立機關	正式聽證＋聽證紀錄具拘束力	職權命令

---

[1] 黃銘輝，〈論行政程序法上行政命令的類型與程序設計應有之取向〉，載於黃丞儀主編，《2017 行政管制與行政爭訟——行政程序法 2.0》（中央研究院法律學研究所，2023 年 10 月），頁 67-127。

法律保留 （重要性理論）	法律授權	外部影響性	最適程序要求	命令類型
重要性低	無	間接／對外部人民法律地位有密切顯著的影響	預告暨評論	行政規則 （解釋性、裁量性）
重要性低	無	間接／對外部人民法律地位有影響	對外公告	行政規則 （解釋性、裁量性）
重要性低	無	間接／對外部人民法律地位無影響	對內下達	行政規則 （組織性、作業性）

第四章隨堂測驗參考答案

第1題 解答：(D)

解析：(A)參見本法第159條規定；(B)無明確法制規定；(C)參見中央法規標準法第7條：「各機關依其法定職權或基於法律授權訂定之命令，應視其性質分別下達或發布，並即送立法院。」學理上對所謂職權命令，一般認為係指行政機關在職權範圍內為執行法律，未經法律授權，而逕依職權制訂頒布之命令；(D)參見憲法本文第43條規定。

第2題 解答：(C)

解析：本法第152條：「法規命令之訂定，除由行政機關自行草擬者外，並得由人民或團體提議為之。」並非限於團體始得提議，(A)錯。

(B)於法無據。

　　行政機關擬訂法規命令時，原則上應公告周知，以利可能受到法規命令變動時外部效力所及的相對人提前準備。(C)正確。

　　法規命令之停止或恢復適用，因行政程序法並未另有程序規定，故依本法第151條2項，其程序之規定準用訂定程序之規定。(D)錯。

[第3題] 解答：(C)

　　解析：依本法第152條第1項：「法規命令之訂定，除由行政機關自行草擬者外，並得由人民或團體提議爲之。」得由人民或團體提議，是說二者都得提起，非限於團體始得提議，故(A)錯。

　　依同法第155條、第156條規定，舉行聽證之事由包含行政機關依職權舉行或依法舉行，並未限制僅有機關自行草擬者始有聽證必要。以我國社會團體的普遍情況百家爭鳴，人民或團體提議者，可能更需要舉行聽證博採眾議，以免自限於同溫層的自我感覺良好，故(B)錯。

　　依同法第154條第1項規定，除情況急迫，顯然無法事先公告周知者外，應於政府公報或新聞紙公告，故原則上應公告周知，以使人民有所預期準備，(C)正確。

　　同法第151條第2項規定，法規命令之修正、廢止、停止或恢復適用，準用訂定程序之規定，故(D)錯。

[第4題] 解答：(C)

　　解析：(A)參見本法第152條第1項。(B)參見本法第155條。

　　法規命令直接對外發生效力，行政規則可能間接對外發生效力，如裁量處分用的審查基準。或根本不對外發生效力，如屬員彈性上下班時間範圍。(C)錯。

　　本法第150條規範，法律授權行政機關訂定法規命令，立法

機關委任行政機關，於授權範圍內可代替立法機關制定與法律效力相同之行政命令之制度，屬行政立法行為。這指立法機關委任行政機關，於授權範圍內可代替立法機關制定與法律效力相同之法規命令之制度，此乃屬於「行政立法」行為，惟其並非本於行政權自身之固有權力，而係基於立法者之授權，因此並未牴觸憲法上權力分立原則。(D)正確。

第5題 解答：(B)

解析：本法第154條：「行政機關擬訂法規命令時，除情況急迫，顯然無法事先公告周知者外，應於政府公報或新聞紙公告，載明下列事項：一、訂定機關之名稱，其依法應由數機關會同訂定者，各該機關名稱。二、訂定之依據。三、草案全文或其主要內容。四、任何人得於所定期間內向指定機關陳述意見之意旨。行政機關除為前項之公告外，並得以適當之方法，將公告內容廣泛周知。」

現在行政法觀念，包含單一行政處分對於自然人，除非是無負擔純受益處分，原則上都應該先經過預告或觀念通知，尤其若該處分可能對相對人帶來不利後果的話。

(A)如果為本法第92條第2項前後段規定的一般處分或對公物設定、變更、廢止或其一般使用，(C)是同法第159條第2項第2款規定，為協助下級機關或屬官統一解釋法令、認定事實、及行使裁量權，而訂頒之解釋性規定及裁量基準。(C)可能產生受委託行使公權力或公物的管領設定、變更、廢止或其一般使用，均具備影響不特定大多數人的情況。那也可能會使得行政機關除情況急迫外，因為就影響大多數人的不特定事物發生影響，而為使可能的多數不特定相對人得以預期作好準備，也會發生原則上須經預告程序的情況。本題是典型的雞蛋裡挑骨頭地都各選項會發生

的情況，但選擇題只好選有法律明文規定的選項。

第6題 解答：(B)

解析：依本法第155條：「行政機關訂定法規命令，得依職權舉行聽證。」故舉行聽證，並非法規命令制定之法定必要程序，得由主管機關裁量之。(B)錯。

(A)依同法第150條第1項規定。(C)參見同法第157條第1項規定。(D)參見地方制度法第27條規定。

第7題 解答：(C)

解析：(A)依本法第155條；(B)依同法第157條第1項；(D)依同法第158條第1項第3款。依同法第157條第3項規定，法規命令之發布除下達下級機關或屬官，應刊登政府公報或新聞紙，故(C)錯。

第8題 解答：(B)

解析：「稅務違章案件裁罰金額或倍數參考表」，顯然為協助下級機關或屬官統一解釋法令、認定事實、及行使裁量權，而訂頒之解釋性規定及裁量基準，而為本法第159條第2項第2款所稱之解釋性行政規則。

第9題 解答：(B)

解析：(A)參見本法第150條。(C)參見本法第159條第1項。(D)參見本法第154條第1項。

(B)參見立法院職權行使法第60條第1項規定：「各機關依其法定職權或基於法律授權訂定之命令送達立法院後，應提報立法院會議。」但法律效果依同法第62條各項規定：「行政命令經審查後，發現有違反、變更或牴觸法律者，或應以法律規定事項而以命令定之者，應提報院會，經議決後，通知原訂頒之機關更

正或廢止之（第1項）。前條第一項視為已經審查或經審查無前項情形之行政命令，由委員會報請院會存查（第2項）。第一項經通知更正或廢止之命令，原訂頒機關應於二個月內更正或廢止；逾期未為更正或廢止者，該命令失效（第3項）。」故並非行政命令經送立法院審查始生效力，而是該法規命令經機關公告生效後，提報立法院。立法院有權經審查議決後，如認為有重大問題，再通知該管機關更正或廢止。

第10題 解答：(B)

解析：行政機關制定的裁量審查基準為基於本法第6條，等者等之，不等者不等之平等原則所導出，主管機關為規範內部審查作業的一致性。而依職權所頒訂，協助下級屬官統一解釋法令、認定事實、及行使裁量權，而訂頒之解釋性規定及裁量基準。非直接對外發生效力之一般、抽象規定，屬於本法第160條第2項第2款所規範之行政規則。

|第五章|
行政計畫

第163條（行政計畫之定義）

本法所稱行政計畫，係指行政機關為將來一定期限內達成特定之目的或實現一定之構想，事前就達成該目的或實現該構想有關之方法、步驟或措施等所為之設計與規劃。

解說

行政計畫是指：行政機關為達成特定的行政目的，為履行行政職能就所面臨要解決的問題，從實際出發，對有關方法、步驟或措施等所作的設計與規劃。各個職權機關於其業務範圍內為要達到某一特定行政目標，往往必須提早編列有詳實的計畫，以爭取預算與民意機關及社會大眾的支持。特別如果是在達成此一目標的過程中需要較久的時間（重大交通建設）、所涉及的地區廣泛（河川全域治理）、且其權責範圍跨越多個垂直或是水平關係之行政機關（興辦科學園區）的情形下。在政府作為實現施政目標的「手段」之外，行政機關也可以藉由行政計畫之訂定、公布宣揚其理念、爭取支持，或藉此以集思廣益，促進各方之參與。行政計畫為行政機關所得選擇的行為之一，因此被置於行政作用體系中探討。但較特別的是，行政計畫在法律性質上並非一種固定的行政行為類型，它是以行政程序法前面各章所論述的行為態樣之一呈現，它可能會視情況以行政契約、法規命令、地方自治團體規章或行政處分等方式運作。

　　行政計畫是1930年代美國羅斯福新政後大政府思想的產物，主張政府應該以積極的計畫引導國家社會的走向，而非一切放手不管，特別是在經濟成長出現逆勢時。在二戰後成為各國重視的調節經濟成長與公共供需之重要方法，目前這樣的計畫類型在我國也越來越多，在行政法上也越來越重要。

　　依據行政計畫所具拘束效果不同，可以將行政計畫分為拘束性計畫、影響性計畫以及建議性計畫三種：

一、拘束性計畫

　　是指對所涉及事務具有法律拘束力的行政計畫。原則上以有無法律上拘束力為區別標準將行政計畫區分為拘束性及非拘束性兩者。即從對人民權益之變動著眼，凡計畫對於國民的權利利益發生直接、具體的限制或變動者，就是拘束性計畫。例如捷運線或高鐵路線的規劃，必然對所通過地區造成巨大衝擊，又從計畫施工到完工通車多要費時多年，故即屬所謂拘束性計畫。

二、影響性計畫

　　又稱誘導性計畫，指計畫本身沒有法律上的拘束力，但行政機關通過計畫的公布，運用自身的影響力或津貼輔助手段，來達到使人民為符合計畫目的的行為。旨在以非強制性之手段促使人民為某種與計畫目的相符合之行為，例如經由獎勵等誘導手段，如稅捐優惠、補助、公共設施之改善或對某種行為課以較重之稅賦等。例如政府機關達到節能減碳之目的決定購買電動機車者給予補助，規劃自行車專用道等。

三、建議性計畫

　　又稱資訊性計畫，主要是提供預測、判斷的資訊，提供上級單位、民意機關或社會公眾參考的計畫。如政府過去在中美洲與

菲律賓蘇比克灣規範的工業區，與印尼的南向計畫，鼓勵國內廠商投資，均屬之。

隨堂測驗❶

下列關於行政計畫的敘述，何者錯誤？(A)「預算書」是具有直接拘束國家各機關及人民效力的行政計畫。(B)依據都市計畫法擬定的「特定區計畫」，爲命令性、強制性的行政計畫。(C)各級地方政府得自行通過具有自治規章性質的行政計畫。(D)不服確定行政計畫裁決者，不得逕行提起撤銷訴訟。（101法制）

第164條（行政計畫確定程序之適用範圍及程序）

行政計畫有關一定地區土地之特定利用或重大公共設施之設置，涉及多數不同利益之人及多數不同行政機關權限者，確定其計畫之裁決，應經公開及聽證程序，並得有集中事權之效果。

前項行政計畫之擬訂、確定、修訂及廢棄之程序，由行政院另定之。

解說

在一個未來可能對各機關與地方自治團體都將有拘束力，且牽涉多數民眾之利益，對地方交通景觀與周遭生態環境影響也極爲重大之行政計畫公布實施之前，應經公開擬定、聽證及確定等程序，以求整體計畫考慮各方面因素之周延，可藉以最大可能避免濫行侵害人民之權利，以及當地生態環境受不可回復之傷害。

這是本條明文規制在制定行政計畫確定前之必要先行步驟,並且要從中央到地方集中事權而爲一致辦理。近年來我國土地之特定利用或重大公共設施之設置與鄰近居民相關爭議甚夥,多半因爲本條所規定行政院應制定的相關程序規則至今仍付之闕如有重要關聯。本條立法意旨在我國通說的解釋是,在民主憲政與法治國原則的指導之下,行政之目的乃爲求民眾之福祉,行政機關之各種行政行爲,如未得民眾一定程度之瞭解,與事前表示意見等程序保障措施,將很難獲得人民之信賴及協助,而無法順利推行。故允許民眾於行政計畫此種將導致重大不可回復狀態的事前程序中爲一定程度之參與,不僅可提高民眾對行政行爲之接受度,降低執行時之阻力,亦可減少事後之紛爭及行政爭訟之困擾。讓民眾事前參與與表達意見也可提供政府及計畫人員多方面之思考,有助於行政機關爲正確之判斷,較能爲合理適當之解決方法,從而達到行政機關行政之目的。

不同於一般行政行爲的作成[1],一件重大開發或建設計畫從構想、擬定到確定,乃至於環境影響評估。通常都將會是一個複雜而漫長的過程,並且投入極大國家社會到個人的內外部成本。

如果直到確定計畫之決定作成前的最後階段才提供資訊公開參與管道(即令人民可以藉此充分地表達意見和進行討論),惟此時計畫的適當性與時間表往往已無法挑戰,且其要實行重要的計畫內容大致底定,公眾參與所能發揮的影響力大打折扣、甚至可能在主其事者所挑選的學者專家與各級政府相關單位大力護航下流於形式。相反地,如果能讓其提前資訊公開,讓公眾從程

---

1 王必方,〈公眾及早參與重大開發或建設計畫之擬訂〉,載於黃丞儀主編,《2017行政管制與行政爭訟──行政程序法2.0》(中央研究院法律學研究所,2023年10月),頁129-211。

序的前端，亦即在計畫主體擬定計畫的過程中接受合理的外部監督，即得以允許公眾參與，當可使公眾與關係人協力於適時釐清重大公共工程計畫的必要性、可行性與執行方式。並能更完美形成計畫的方針和內容，降低對對當地各種自然與人文環境的衝擊。這種適時的充分溝通，不僅有助於提前化解與地方民眾不必要的各種衝突、進而減輕後續開展階段的負擔，亦可提升計畫的品質和接受度、強化最終決定的正當性。

大法官釋字第739號解釋也再次重申同本條之意旨，注重保障人民的事前程序參予權與知情權：類似土地徵收法制中的獎勵土地所有權人辦理市地重劃辦法……關於主管機關核定擬辦重劃範圍之程序，未要求主管機關應設置適當組織為審議、於核定前予利害關係人陳述意見之機會，以及分別送達核定處分於重劃範圍內申請人以外之其他土地所有權人；同辦法關於主管機關核准實施重劃計畫之程序，未要求主管機關應設置適當組織為審議、將重劃計畫相關資訊分別送達重劃範圍內申請人以外之其他土地所有權人，及以公開方式舉辦聽證，使利害關係人得到場以言詞為意見之陳述及論辯後，斟酌全部聽證紀錄，說明採納及不採納之理由作成核定，連同已核准之市地重劃計畫，分別送達重劃範圍內各土地所有權人及他項權利人等，均不符憲法要求之正當行政程序。上開規定，均有違憲法保障人民財產權與居住自由之意旨。

相關案例

本條實務上的相關案例很遺憾的是只能從缺，因為我國法制史上本條規定在事實上形同具文從未實施。第1項稱有關一定地區土地之特定利用或重大公共設施之設置，涉及多數不同利益之人及多數不同行政機關權限者，確定其計畫之裁決，從未有任何

一案進行聽證程序，資訊公開及利害關係人受到事前程序保障也十分有限。直到本書付梓之日的2016年9月上旬爲止，舉凡南鐵東移、桃園航空城、臺中大智慧拆除與東豐快速道路開闢以及高雄市內的多個迫遷案件等，相關土地之特定利用或重大公共設施爭議前起後繼，民間一方均在苦苦哀求主管機關遵照依循本條之明文規定，就程序之進行應先期辦理聽證以檢視其公益性與必要性，並藉此統合中央地方各單位而有集中事權一次解決紛爭之效果，但迄今無一案獲允准辦理聽證。本條第2項所規定之第1項行政計畫之擬訂、確定、修訂及廢棄之程序，不論何黨執政之行政院更延宕至今不願頒布。惟法律之生命不在於文字而在於執行，行政程序法第164條各項現在正呼喚著對其有力的執行，願每一位讀到本段文字的讀者都能銘記在心。

第五章隨堂測驗參考答案

第1題 解答：(D)

解析：(A)(B)(C)都正確，不服確定行政計畫裁決者，依行政訴訟法第237-18條第1項：「人民、地方自治團體或其他公法人認爲行政機關依都市計畫法發布之都市計畫違法，而直接損害、因適用而損害或在可預見之時間內將損害其權利或法律上利益者，得依本章規定，以核定都市計畫之行政機關爲被告，逕向管轄之高等行政法院提起訴訟，請求宣告該都市計畫無效。」故若認爲都市計畫違法，得不經訴願，逕行提起撤銷訴訟。

第六章

行政指導

第165條（行政指導之定義）
本法所稱行政指導，謂行政機關在其職權或所掌事務範圍內，為實現一定之行政目的，以輔導、協助、勸告、建議或其他不具法律上強制力之方法，促請特定人為一定作為或不作為之行為。

解說

　　行政指導是指行政機關在其法定職權範圍內，為實現特定行政目的，遵循法律位階原則，制定誘導性法律法規、政策；或者依據法律原則、法律規則與政策，針對特定相對人採用具體的示範、建議、勸告、警告、鼓勵、指示等非強制性方式，並施以利益誘導，促使相對人為或不為某種行為之非強制性行政行為。通說行政指導的特色如下：

　　一、行政指導是非高權行為的行政活動，不以國家公權力為後盾，與被指導者立於平等地位。與若不經過行政爭訟，人民一方只有接受的行政處分不同，此點為與其他具有強制力的行政行為區別重要之特色。

　　二、行政指導是一種單方事實行為，不產生法律效果，只是行政機關單方面的意思表示，因此當事人不需要非接受不可。

　　三、行政指導一般適用於必須要有較大幅度彈性的業務領域，政府主管機關在此無法用太過嚴格制式的手段控制，只能引

導誘導相對人步入正軌，而且相對人隨時可以表示拒絕或退出。

四、允許行政指導的手段與內容適用法律保留的原則，仍然必須要有特定法律的授權。若非規定於某種行政業務的作用法，就是規定於某個行政機關的組織法。

五、行政指導是一種外部行為，其意思表示必須到達相對人後才發生作用。

行政指導最明顯的特徵就是其存在誘導利益和行為的非強制性。行政指導方式相對於其他行政行為靈活、簡捷、便利、柔和、隱秘，並具備一定的利益誘導機制能夠使得相對人衡量利害後會有相當程度的積極配合，有利於減少官民間衝突、降低各種成本、提高行政效率，最終促成行政目標的實現。

相關案例

法務部民國89年11月16日（89）法律字第041289號函關於中央銀行擬以行政指導方式推行退票及拒絕往來新制之適法性疑義，其理由中解釋：「查行政指導，指行政機關在其職權或所掌事務範圍內，為實現一定之行政目的，以輔導、協助、勸告、建議或其他不具法律上強制力之方法，促請特定人為一定作為或不作為之行為，為行政程序法第165條所明定。次查行政指導本為行政機關為補充法律所規定行政手段之不足，且為靈活處理行政事務所採之非正式手段，乃任意性之事實行為，而非行政處分或其他公權力措施。故一般通說認為，行政指導不需有法律之明文規定即可行之，亦即縱法律對行政機關能否為行政指導並無明文規定，行政機關尚非不得依其組織法上所規定之一般權限自行裁量而為妥適之行政指導。另行政機關為行政指導之際，除對於同法第166條及第167條之規定，亦當一併注意外，並應受平等原

則、比例原則、誠實信用原則及信賴保護原則等行政行為原則之拘束（同法第6條至第8條參照）。」

在此案中，退票及判斷決定拒絕往來等業務，本係各金融業者自主經營管理之權限，但央行為維護國內整體金融秩序降低逾放比，擬以行政指導方式推行新制。此種作為對業者無強制性，但可逐步誘導其步入金管正軌，故有其行政上的優勢。

如果行政指導發生過失導致相對人受有損失，依據臺灣高等法院臺中分院97年重上國字第5號判決之實務見解，仍有國家賠償之適用。

並非行政機關任何意思表示均為行政指導，最高行政法院92年判字第223號要旨申明：「按『行政指導』，係指行政機關在其職權或所掌事務範圍內，為實現一定之行政目的，以輔導、協助、勸告、建議或其他不具法律上強制力之方法，促請特定人為一定作為或不作為之行為，觀之行政程序法第165條規定自明。本件被上訴人所屬人員於84年2月23日第三次董事會開會時到場之上開致詞內容，僅係單純重申主管機關希望上訴人和諧圓滿的在2月28日前選出第二屆董事之事實，並非以不具法律上強制力之方法對上訴人輔導或勸說，進而取得上訴人之協力，以實現一定之行政目的。次查，上開致詞內容並不具法規效力；而被上訴人84年1月27日高市教三字01332號函通知上訴人應於當年2月28日前召開董事會議，已明白指出改選會議之議程須於十日前通知各董事，所指『須於十日前通知各董事』係轉知法令規定，是該致詞內容與上開函文，自無所謂『後法優於前法』之適用。且上開函文所『改選會議之議程須於十日前通知各董事』之規定，亦不因嗣後因訴願遭撤銷而喪失告知之效果。」

隨堂測驗 1

行政機關為行政指導時，若未明示行政指導之目的、內容及負責指導者等事項，即有可能違反下列何項原則？(A)明確原則。(B)誠信原則。(C)信賴保護原則。(D)禁止不當聯結原則。（104高考法制）

第166條（行政指導之原則）

行政機關為行政指導時，應注意有關法規規定之目的，不得濫用。

相對人明確拒絕指導時，行政機關應即停止，並不得據此對相對人為不利之處置。

解說

與行政契約類似的是，行政指導也可能被意圖規避責任的行政機關當成行政處分的變形，甚至濫用其權限。逼使相對人必須接受其指導，相對人若拒絕，則以不利之處置加以脅迫，剝奪當事人之表意自由。並且以此使得當事人無法提起行政爭訟等救濟方式，致使當事人遭受比行政處分更不利之處境，自非行政指導制度的原意。

實例

T市政府對A公司因建築基地中有一登山步道，擬併建照案申請將該登山步道改道，以利興建建築配置。若現行法規並無限制，T市政府可否反對？A公司是否必須接受？

臺北市政府法規委員會民國96年4月25日北市法二字第

09630789400號函，關於登山步道存廢現行法令無相關限制，行政機關僅得依行政指導，以輔導、協助、勸告、建議或其他不具法律上強制力方式，不得因建商拒絕指導，而對其為不利之處置，其理由指出（節錄）：「三、本案係因建築基地中有一登山步道，建商擬併建照案申請將該登山步道改道，以利建築配置，致生適用法規之疑義。據貴處來函說明第4點表示，系爭登山步道與『臺北市現有巷道廢止或改道申請辦法』中規範之生活出入必須通道之立意不同，故貴處擬不適用該辦法之規定辦理該登山步道之存廢；此係屬貴處業務主管權責事項，本會無意見。次查，本案登山步道依貴處來函所示，係景美區第一期自辦市地重劃完成後（民國79年），始由地主於91年間應里鄰要求所設或漸次衍生出之步道，顯然因年代並不久遠，亦非屬臺北市建築管理自治條例第2條第1項第3款規定所稱之現有巷道。

四、綜上，如貴處認定現行法令對於系爭登山步道之存廢並無相關限制規定，則土地所有權人欲挪移系爭登山步道者，行政機關似無加以介入、限制之必要，僅得依行政指導之方式，以輔導、協助、勸告、建議或其他不具法律上強制力之方法，促請建商為一定之作為，並不得因建商拒絕指導，而對其為不利之處置，方符依法行政之原則。」

隨堂測驗 2

下列何種行政行為之作成，行政程序法無明文之程序規定？
(A)行政指導。(B)職務命令。(C)行政契約。(D)法規命令。（107律師）

第167條（行政指導明示之方法）

行政機關對相對人為行政指導時，應明示行政指導之目的、內容、及負責指導者等事項。

前項明示，得以書面、言詞或其他方式為之。如相對人請求交付文書時，除行政上有特別困難外，應以書面為之。

解說

　　規定行政機關應明示行政指導之目的、內容等事項，俾當事人能瞭解本身的權利及行政指導方針，以避免因行政指導錯誤造成相對人損害的求償無門。

實例

　　佩君是在東北角海岸線開行動咖啡車的業者，某日因為颱風來聽從氣象局事前發布的重大風災警報而未營業。結果颱風被護國神山擋住，在當地只有帶來一點很浪漫的微風細雨。佩君可否就未營業的損失向主管機關求償？

　　行政指導錯誤造成相對人損害，依本條相對人可以備具證據後向主管機關進行法定的求償程序或訴訟。

第六章隨堂測驗參考答案

第1題 解答：(A)

　　解析：本法第167條第1項：「行政機關對相對人為行政指導時，應明示行政指導之目的、內容、及負責指導者等事項。」此條由同法第5條行政行為之內容應明確所導出，並且在相對人

依據行政指導內容行動時，嗣後若發生問題，知道應向誰究責，以利保護人民權利之完備。

第2題 解答：(B)

解析：詳見本法各章各編規定：(A)請參見本法第165條至第167條。(C)參見同法第135條至第149條。(D)參見同法第150條至第162條。

(B)職務命令係指公務員服務法第3條規定，長官就其監督範圍以內所發命令，屬官有服從之義務。因此公務員僅對職務範圍內之職務命令有服從義務，若長官之命令超出職務範圍，屬官自無服從之必要。通說認為合法之職務命令需具備下列五要件：

一、長官有指揮監督權。

二、該職務命令與職務有關。

三、職務命令之內容非法律上或事實上不能。

四、職務命令具備法定形式與正當程序。

五、職務命令非屬官獨立行使職務之範圍。

公務員對職務範圍內之職務命令有服從義務，同條但書亦稱屬官對於長官所發命令，如有意見，得隨時陳述。因並未發生直接對人民外部效力，職務命令的範圍雖然很大，在行政程序法中目前卻無明文規定。

第七章

陳　情

第168條（陳情之定義）

人民對於行政興革之建議、行政法令之查詢、行政違失之舉發或行政上權益之維護，得向主管機關陳情。

解說

　　陳情在我國是一種很特殊的法制體系，基本是在中華法系之下類似對官大人攔轎喊冤體系的一種再現。我國對於陳情事項採取從寬原則，明訂陳情之要件，凡行政事務，均列入陳情的可能範圍。因此陳情可能與個人權益無關（如興革之建議），也可能是依法採取行動前的預備行為（如法令查詢），希望行政機關給予協助。但亦有可能係維護權益之意思表示，例如向行政機關為特定請求，已屬於行政法上之依法申請性質，又如對某項行政措施不服，已具有訴願之實質意義，只因陳情人不諳法令，未依法定程序提出而已，遇此情形，受理機關應按各相關法律規定（如訴願法）處理，不可與其他陳情事項等同視之；具體言之，民眾為了提出興革意見、查詢法令、檢舉違法或維護權益，皆可藉陳情方式為之。早在行政程序法立法以前，我國就制定了「行政院暨所屬各機關處理人民陳情案件要點」以處理陳情事項。

相關案例

法務部民國95年12月4日法律字第0950045305號函曾經這樣解釋（節錄）：「二、按行政程序法（以下簡稱本法）第168條規定：『人民對於行政興革之建議、行政法令之查詢、行政違失之舉發或行政上權益之維護，得向主管機關陳情。』依上開規定，人民得陳情之事項廣泛，僅屬人民表達意見方式之一種。惟與依法規提出之申請有別，如人民依法得提出申請或應依法定程序請求救濟者，即不屬之，縱以『陳情』為名，宜視其表達之實際內容及方式，以判斷其是否為依法規所提出之申請或行政救濟，分別適用有關程序之規定辦理，如均不屬之，始依陳情相關程序處理，合先敘明。

三、次按本法第51條第1項規定：『行政機關對於人民依法規之申請，除法規另有規定外，應按各事項類別，訂定處理期間公告之。』其所稱之『人民依法規之申請』，係指涉及人民權益具有外部效力之行政行為，與機關內部為管制公文流程所設處理時限之規定，兩者規範目的並不相同（本部90年2月27日法律字第000452號函參照），故人民向機關陳情或人民依法負有申報義務等情形，均非本法第51條之規範對象。」

第169條（陳情之方式）
陳情得以書面或言詞為之；其以言詞為之者，受理機關應作成紀錄，並向陳情人朗讀或使閱覽後命其簽名或蓋章。
陳情人對紀錄有異議者，應更正之。

解說

　　本條所規範的言詞（口頭）陳情包括當面及電話陳情兩種方式，依「行政院及所屬各機關處理人民陳情案件要點」（下稱處理人民陳情案件要點）第4點規定：「人民陳情得以言詞為之，受理機關應作成紀錄，載明陳述事項、真實姓名及聯絡方式，並向陳情人朗讀或使閱覽，請其簽名或蓋章確認後，據以辦理（第1項）。各機關得利用公共設施設置協談室或其他指定地點，聆聽陳訴、解答民眾施政問題或辦理首長與民有約活動（第2項）。」

　　至於書面陳情的方式（即一般所稱「投書」）又可分為：書信、傳真、電子郵件及意見表等，陳情的內容依處理人民陳情案件要點」第3點第2項：「應載明具體陳訴事項、真實姓名及聯絡方式。」聯絡方式依同條第3項：「包括電話、住址、傳真號碼或電子郵件位址等。」以便處理之聯繫。

第170條（陳情案件之處理原則）
行政機關對人民之陳情，應訂定作業規定，指派人員迅速、確實處理之。
人民之陳情有保密必要者，受理機關處理時，應不予公開。

解說

　　處理人民陳情案件要點第5點：「各機關對人民陳情案件，應本合法、合理、迅速、確實辦結原則，審慎處理。」同要點第18點：「人民陳情案件有保密之必要者，受理機關應予保密。」依此，受理機關對民眾陳情的處理原則可歸納如下兩項：

一、迅速確實

行政機關收受民眾之陳情案後立即應指派專人負責辦理，方能加強處理民眾陳情案件效率，發揮該制度功能，受理機關自應迅速、確實處理民眾陳情，以有效解決民眾之問題，進而增進民眾對單位施政的信賴。

二、保密原則

陳情案件牽涉範圍廣泛，既可能涉及國家或公務機密，亦可能侵害他人隱私，因而在處理過程中，對於有保密必要的案件應不予公開或洩漏，以保護陳情人或第三人的權益。

此外「處理人民陳情案件要點」第8點第1項：「各機關受理人民陳情案件後，應將陳情之文件或紀錄及相關資料附隨處理中之文卷，依分層負責規定，逐級陳核後，視情形以公文、電子公文、電話、電子郵件、傳真、面談或其他方式答復陳情人。但人民陳情案件載明代理人或聯絡人時，受理機關得逕向代理人或聯絡人答復。」

相關案例

法務部民國95年1月27日法政字0951101264號函關於有關民間團體以密件行文，政府機關可否自行銷密疑義，表示：「(一)依現行法制，『公務機密』之核定，係專屬政府機關之權責，唯政府機關始得為之，是民間團體之來函其上自訂有機密等級者，對政府機關並無拘束效力可言，自不發生該受文機關可否註銷其機密等級之問題，至民間團體之來函是否為政府機關主管業務應保密事項，應由該受文機關視其性質、內容等依相關法令規定判斷之，如有保密必要者，應依規定或報請權責長官核定適當之機密等級，並採取相應之維護措施。

（二）又行政程序法第170條第2項規定：『人民之陳情有保密必要者，受理機關處理時，應不予公開。』惟人民陳情案件有無保密之必要，仍應由該受理機關依相關法令規定辦理。」

第171條（陳情案件之處理方式）
受理機關認為人民之陳情有理由者，應採取適當之措施；認為無理由者，應通知陳情人，並說明其意旨。
受理機關認為陳情之重要內容不明確或有疑義者，得通知陳情人補陳之。

解說

處理人民陳情案件要點第9點：「各機關處理人民陳情案件，得視案情需要，約請陳情人面談、舉行聽證或派員實地調查處理。」第10點：「各機關答復人民陳情案件時，應針對案情內容敘明具體處理意見及法規依據，以簡明、肯定、親切、易懂之文字答復陳情人，並副知有關機關。」

相關案例

95年交抗字第29號判決：「道路交通違規事件之行為人，若對於遭舉發違規之事實不服時，得依道路交通處罰條例第9條第1項之規定，向處罰機關陳述意見。苟行為人對於遭舉發違規之事實並無不服，僅對於行政興革之建議、行政法令之查詢、行政違失之舉發或行政上權益之維護有所意見時，自得依據行政程序法第168條之規定，向主管機關陳情。因此人民對於道路交通違規事件遭舉發之事實並不爭執，但因認處罰機關有行政違失之

舉發或對於其己身行政上權益有所維護，依法提出陳情時，則行政機關即應依據行政程序法第171條及第170條之規定迅速確實處理之。」

第172條（行政機關的告知義務）
人民之陳情應向其他機關為之者，受理機關應告知陳情人。但受理機關認為適當時，應即移送其他機關處理，並通知陳情人。
陳情之事項，依法得提起訴願、訴訟或請求國家賠償者，受理機關應告知陳情人。

解說

明定行政機關的告知義務。因陳情之事項，究應由何機關處理，陳情人未必知悉；又陳情之事項，依法有其他正式救濟方法者，受理機關應告知陳情人，使不致錯失救濟機會。

陳情的事項如依法有其他正式法定救濟途徑者，受理機關亦有告知的義務，使陳情人不致因為時效上的延誤錯失救濟機會。行政機關受理人民陳情案件後，應將陳情之文件或紀錄及相關資料附隨處理中之文卷，依分層負責規定，逐級陳核後，視情形以公文、電子公文或其他方式答覆。答覆應針對案情內容敘明具體處理意見及法規依據，以簡明、肯定的文字答覆陳情人，並副知有關機關。陳情案件應予登記、區分、統計及列入管制，並視業務性質分別訂定處理期限，各種處理期限依「處理人民陳情案件要點」第11條，不得超過三十日；其未能在規定期限內辦結者，應依分層負責簽請核准延長，並將延長理由以書面告知陳情人。

另外，機關在處理人民陳情案件時，得視案情需要，約請陳情人面談、舉行聽證或派員實地調查處理。

　　陳情案件經處理後，陳情人如有不同意見可以再向其上級機關陳情，該上級機關應視案情內容，依權責逕予處理，或指示處理原則後函轉原機關處理。

第173條（對人民陳情案件得不處理之情形）

人民陳情案有下列情形之一者，得不予處理：

一、無具體之內容或未具真實姓名或住址者。

二、同一事由，經予適當處理，並已明確答覆後，而仍一再陳情者。

三、非主管陳情內容之機關，接獲陳情人以同一事由分向各機關陳情者。

解說

　　行政機關對人民陳情案件得不處理之情形。第2項第2款一再向原受理機關或其上級機關陳情而交辦者，受理機關得僅函知陳情人，並副知交辦機關已為答復之日期、文號後，予以結案。前述情形機關得依分層負責權限規定，不予處理，但仍應予以登記，以利查考。以防有人利用無理由或已經處理之事由不斷重複以陳情程序陳情，對當事人既無實益亦有可能癱瘓行政機關。因此此時若遇到當事人就同一事由反覆陳情，根據一事不再理原則，機關無需再次答覆。只需記載前次函覆之日期文號備查，即可結案，以兼顧行政效率，節省公務資源。

　　經濟部依據經濟部水利署91年8月22日經水秘字第

9108007010號函辦理水利署臺北水源特定區管理局「首長與民有約」執行計畫，也是屬於陳情性質的和人民互動。其中特別明定（節錄）：「(三) 有下列情事之一者不予受理登記，事後發現者，取消其約見資格：

　　1. 陳情案涉司法起訴或已判決案件。

　　2. 陳情案涉行政救濟中或判決確定案件。

　　3. 陳情案係重複約見案件。

　　4. 陳情案內容要求保密案件。

　　5. 陳情案非屬本局權責案件。（但事涉本局事項，則准予受理登記）

　　(四) 秘書室與各權責單位，負責審查陳情案件是否有違反前項情事，若經發現有違反前項規定之陳情案件，立即以書面及電話通知陳情人取消其約見資格並予退件。」

　　由此可知，案件如果已經進入其他程序，也不宜使用陳情的方式處理，以免妨礙正常的事務處理程序。因此陳情事實上應該有最後手段補充性，如果有能力訴諸司法還是應該先行適用，不可成為行政機關新的羈縻。

|第八章|

附　則

第174條（不服行政機關之行政程序行爲之救濟方法）
當事人或利害關係人不服行政機關於行政程序中所爲之決定或
處置，僅得於對實體決定聲明不服時一併聲明之。但行政機關
之決定或處置得強制執行或本法或其他法規另有規定者，不在
此限。

解說

　　本條之目的在於給予行政機關完整進行整個程序作完實體決
定之空間，使程序中所爲之處分當事人不得聲明不服。以免對行
政機關快速大量完成實體決定造成困難，使當事人得趁機不斷延
滯行政程序。況且此時當事人之程序請求雖遭駁回，當實體結果
尚未決定時，尚不見得一定會對當事人不利。故行政機關程序之
處置不服，當事人僅得與實體決定作出後一併聲明。

　　但觀察本條立法意旨其實有很濃厚的官本位意涵，實務上往
往變成只圖行政機關的作業方便，爲踐踏當事人的程序基本權找
到合法出口。蓋程序行爲已發生不利時，往往也在某種程度上揭
示了該行政機關的心證。當事人若不能及時尋求救濟，待實體決
定最終作出後，當事人有可能立即受到無法彌補回復之損害。因
此若干重要的程序基本權如行政資訊請求給付權，應儘量賦與其
獨立與實體權利並重之地位。使當事人得以單獨適時行使其程序
權利，而不待其實體決定之最終作成，方能適時適切保障當事人

權利，有效阻卻行政機關單方黑箱作業。因此我國目前才有政府資訊公開法的立法，標誌著此一逐漸重視當事人程序權利之趨勢潮流方向。

【最高行政法院92年裁字第519號判決】節錄

　　原審以相對人對環境影響說明書所為之審查結論，乃行政機關在實施行政程序之過程中以達成實體裁決為目的之相關行為，屬程序行為（內部行為），而非終局的裁決，開發行為最終准駁之權限係在目的事業主管機關，相對人對環境影響說明書所為審查結論，僅提供目的事業主管機關裁量核准與否之內部參考，並未對外直接發生法律效果，自非屬行政處分，依行政程序法第174條前段規定，僅得於對實體決定聲明不服時一併聲明之，固非無見。惟查本件系爭雲林縣BOO垃圾焚化廠興建營運計畫環境影響說明書審查會審查結論謂：本案有條件通過環境影響評估審查，開發單位應依下列(一)至(十八)事項辦理，此有第二次審查會議紀錄在卷可稽。經查其或係垃圾車輛經過地區應如何確保社區或校區之環境品質，或為有毒危害性污染物之防制及監測規定，難謂不具法律效果，參諸環境影響評估法第16條第1項：「已通過之環境影響說明書或評估書，非經主管機關及目的事業主管機關核准，不得變更原申請內容。」及第22條前段：「開發單位於未經主管機關依第七條或依第十三條規定作成認可前，即逕行為……開發行為者，處新臺幣三十萬元以上一百五十萬元以下罰鍰。」以觀，此項審查結論，難謂對開發單位不具拘束力，原裁定認其未對外直接發生法律效果，非屬行政處分云云，自有違誤。

第174-1條（職權命令）
本法施行前，行政機關依中央法規標準法第七條訂定之命令，須以法律規定或以法律明列其授權依據者，應於本法施行後二年內，以法律規定或以法律明列其授權依據後修正或訂定；逾期失效。

解說

　　本條為行政程序法實行後，將多如牛毛的行政機關應以法律規範訂定或應該以法律授權訂定，卻僅以行政命令行之規範者，給予落日條款。逾期未重新制定或補正者自應令其失效。既避免法令出現空窗期，又符合法律保留原則之規範要件。尤其是我國過去許多公務機關，往往在並無行政實體法之明確授權依據下，就自行便宜行事頒布了大批所謂「職權命令」，其中不乏大幅限縮人民權利者。史上最典型的就是最後遭大法官釋字第443號解釋認定為極嚴重之雙重違憲，內政部所訂定對役男出國的管制辦法。惟該等職權命令往往都已經行之有年，考慮法安定性問題無法突然廢止。故需給予行政機關一段時間之檢視、調整或修補，之後視情況轉型或廢除。

第175條（施行日）
本法自中華民國九十年一月一日施行。
本法修正條文自公布日施行。

解說

　　本條的施行時間，因為行政程序法本身沒有施行法，因此在此規定。

附錄一
政府資訊公開法[1]

第1條（制定本法目的）
為建立政府資訊公開制度，便利人民共享及公平利用政府資訊，保障人民知的權利，增進人民對公共事務之瞭解、信賴及監督，並促進民主參與，特制定本法。

立法理由

政府施政之公開與透明，乃國家邁向民主化與現代化的指標之一，為保障人民知的權利，本於「資訊共享」及「施政公開」之理念，制定本法以便利人民公平利用政府依職權所作成或取得之資訊，除增進一般民眾對公共事務之瞭解、信賴及監督外，更能促進民主之參與。

行政程序法自90年1月1日施行，其第44條第3項明定：「有關行政機關資訊公開及其限制之法律，應於本法公布二年內完成立法。於完成立法前，行政院應會同有關機關訂定辦法實施之。」依上開規定，行政院與考試院於90年2月21日會銜發布施行「行政資訊公開辦法」作為政府資訊公開法制尚未建立前之過渡性法規命令。惟建立一套完善的政府資訊公開法制乃民主國家之必然趨勢，乃參酌先進國家之立法例，並斟酌我國國情及政府機關之特性，制定本法以為政府資訊公開之依據。

---

[1] 民國94年由原行政程序法第44、45條擴大而成。

第2條（政府資訊公開之總法）
政府資訊之公開，依本法之規定。但其他法律另有規定者，依其規定。

立法理由

現行法律中並不乏有關政府資訊公開之規定，例如：公司法第393條第2項規定，公司下列登記事項，主管機關應予公開，任何人得向主管機關申請查閱或抄錄；商業登記法第18條規定，已登記之事項，所在地主管機關應公告之規定；法院組織法第83條規定，各級法院及分院應定期出版公報，刊載裁判書全文；民事訴訟法第242條規定，當事人或第三人請求閱覽、抄錄或攝影卷內文書之規定；刑事訴訟法第33條及第38條規定，辯護人或代理人檢閱、抄錄或攝影卷宗及證物之規定；檔案法第17條及第22條規定，申請閱覽、抄錄或複製檔案等。為明定本法與其他法律之適用關係，將本法定位為普通法，其他法律對於政府資訊之公開另有規定者，自應優先適用。

第3條（政府資訊之定義）
本法所稱政府資訊，指政府機關於職權範圍內作成或取得而存在於文書、圖畫、照片、磁碟、磁帶、光碟片、微縮片、積體電路晶片等媒介物及其他得以讀、看、聽或以技術、輔助方法理解之任何紀錄內之訊息。

立法理由

本條明定政府資訊之定義，重點在於其內容是否含有公務資

訊，並不侷限於其使用之載體。並預期未來科技之新發展，隨時可能出現新的紀錄媒介，故預先以不確定概括條款規範之。

第4條（政府機關之定義）
本法所稱政府機關，指中央、地方各級機關及其設立之實（試）驗、研究、文教、醫療及特種基金管理等機構。
受政府機關委託行使公權力之個人、法人或團體，於本法適用範圍內，就其受託事務視同政府機關。

立法理由

　　為建立政府資訊公開制度，貫徹本法之立法目的，本條規定本法所稱之政府機關，包括所有中央、地方各級機關，意即除行政院及其所屬各級機關外，尚包括國民大會、總統府及其所屬機關、立法院、司法院及其所屬機關、考試院及其所屬機關、監察院及其所屬機關及各級地方自治團體之機關。另各機關設立之非狹義機關形態之實（試）驗、研究、文教、醫療機構，與機關有隸屬關係，均屬政府設立，一併納入適用對象，而為第1項第1款之規定。又依預算法第4條第2款之規定，歲入供特殊用途者，為特種基金，此類基金來自人民之納稅，則其運作及保管等事項均有對民眾公開之必要，爰明定為本法適用對象。

　　為求明確，並杜爭議，本條明定受政府機關委託行使公權力之個人或團體，在本法適用之範圍內，就其受託事務視同政府機關。

第5條（公開之起始）
政府資訊應依本法主動公開或應人民申請提供之。

立法理由

　　本條文明定政府資訊處理，應以公開為原則，限制公開為例外。美國第一位猶太裔大法官路易斯·布蘭迪斯（Louis Brandeis）的名言，「陽光是最好的消毒劑，燈光是最有效的警察。」（Sunlight is said to be the best of disinfectants, electric light the most efficient policeman.）

　　政府資訊處理並應考慮成本效益，故公開之二種型態，包括主動公開及應人民申請而提供，後者可能需要經過主管機關審查核准後方提供，並收取工本費。

第6條（公開原則）
與人民權益攸關之施政、措施及其他有關之政府資訊，以主動公開為原則，並應適時為之。

立法理由

　　舉凡與人民權益攸關之施政、措施及其他有關之政府資訊，因對人民之影響至深且鉅，故有主動公開之必要，並為使人民得以適時掌握資訊，避免資訊過時，故明定應適時為之。惟該政府資訊如有第18條第1項各款應限制公開或不予提供之情形者，仍應依該條規定辦理，以取得不同法益之間的平衡。

第7條（應主動公開資訊）

下列政府資訊，除依第十八條規定限制公開或不予提供者外，應主動公開：

一、條約、對外關係文書、法律、緊急命令、中央法規標準法所定之命令、法規命令及地方自治法規。

二、政府機關為協助下級機關或屬官統一解釋法令、認定事實、及行使裁量權，而訂頒之解釋性規定及裁量基準。

三、政府機關之組織、職掌、地址、電話、傳真、網址及電子郵件信箱帳號。

四、行政指導有關文書。

五、施政計畫、業務統計及研究報告。

六、預算及決算書。

七、請願之處理結果及訴願之決定。

八、書面之公共工程及採購契約。

九、支付或接受之補助。

十、合議制機關之會議紀錄。

前項第五款所稱研究報告，指由政府機關編列預算委託專家、學者進行之報告或派赴國外從事考察、進修、研究或實習人員所提出之報告。

第一項第十款所稱合議制機關之會議紀錄，指由依法獨立行使職權之成員組成之決策性機關，其所審議議案之案由、議程、決議內容及出席會議成員名單。

立法理由

明定主動公開政府資訊之範圍及其方式。其中法規命令、行政指導有關文書、施政計畫、業務統計、研究報告、預算及決算

書、書面之公共工程及採購契約、支付或接受之補助以及合議制機關之會議紀錄等，依行政程序法第45條之規定，除涉及國家機密外，均屬主動公開之項目，自宜於本法納入。

本條所列之各項政府資訊，如有涉及第18條第1項各款規定應限制公開或不予提供者，不在主動公開之列。

按中央法規標準法規定之命令有授權命令與職權命令二種，均應依法發布主動公開，而依行政程序法之規定，法規命令除應有法律授權外，並應具備對多數不特定人民就一般事項所作抽象之對外發生法律效果之要件，顯見二者在概念上尚有若干差異，為杜爭議，故於第1項第1款明定分別均屬應主動公開之範圍。

公共工程及採購契約較重大者均以書面為之，為利於民眾知曉及監督契約之履行，原則上應主動公開之。至於非屬書面之契約，如均主動公開，恐將影響效率及浪費公帑，爰不規定需主動公開。

為避免適用上產生困擾，爰於第2項及第3項就本條相關名詞加以定義，此等規定與現行行政資訊公開辦法之規定相同，併此敘明。

第8條（公開方式）

政府資訊之主動公開，除法律另有規定外，應斟酌公開技術之可行性，選擇其適當之下列方式行之：

一、刊載於政府機關公報或其他出版品。

二、利用電信網路傳送或其他方式供公眾線上查詢。

三、提供公開閱覽、抄錄、影印、錄音、錄影或攝影。

四、舉行記者會、說明會。

五、其他足以使公眾得知之方式。

前條第一項第一款之政府資訊，應採前項第一款之方式主動公開。

立法理由

　　本條明定政府資訊主動公開之方式；應主動公開之政府資訊，應斟酌公開技術之可行性，依本條第1項各款規定，擇其適當之方式行之。且本條第1項主動公開之方式，係原則性規定，如基於特殊目的之考量，其方式得於其他法律另為規定，以排除本條第1項之適用。

　　政府公開其資訊，現行最普遍且最易使人民接收之方式，莫過於將資訊登載於政府機關公報或其他出版品，於第1項第1款明定之。

　　為配合電子化政府之建置與因應網路普及，民眾對資訊取得之管道以電子化之線上查詢為趨勢，於第1項第2款規定利用電信網路傳送或其他方式供公眾線上查詢之方式，亦為政府主動公開政府資訊之方式之一。

　　其餘如提供公開閱覽、抄錄、影印、錄音、錄影或攝影、舉行記者會、說明會等，亦均為政府主動公開其資訊之方式。

　　為避免掛一漏萬且符合彈性，第1項第5款明定其他足以使公眾得知之方式亦屬之。

　　第7條第1項第1款規定之政府資訊，因影響人民權益較大，故於本條第2項規定應刊載政府機關公報或其他出版品。

第9條（申請資格）

具有中華民國國籍並在中華民國設籍之國民及其所設立之本國法人、團體，得依本法規定申請政府機關提供政府資訊。持有中華民國護照僑居國外之國民，亦同。

外國人，以其本國法令未限制中華民國國民申請提供其政府資訊者為限，亦得依本法申請之。

立法理由

本條明定得申請政府機關提供政府資訊者的資格。

具有中華民國國籍並在中華民國設籍之國民及其所設立之本國法人、團體，以及持有我國護照僑居國外之國民，均得依本法規定向政府機關申請提供政府資訊。

為便於資訊之跨國流通，同時兼顧我國民權益，本法採平等互惠原則，以因應全球化時代。對於外國人向我國政府機關申請提供政府資訊者，以其本國法令未限制我國國民申請提供其政府資訊者，亦得依本法申請之。

第10條（申請要式）

向政府機關申請提供政府資訊者，應填具申請書，載明下列事項：

一、申請人姓名、出生年月日、國民身分證統一編號及設籍或通訊地址及聯絡電話；申請人為法人或團體者，其名稱、立案證號、事務所或營業所所在地；申請人為外國人、法人或團體者，並應註明其國籍、護照號碼及相關證明文件。

二、申請人有法定代理人、代表人者，其姓名、出生年月日及
　　通訊處所。
三、申請之政府資訊內容要旨及件數。
四、申請政府資訊之用途。
五、申請日期。
前項申請，得以書面通訊方式為之。其申請經電子簽章憑證機
構認證後，得以電子傳遞方式為之。

立法理由

　　明定申請提供政府資訊之要式規定。

　　為因應網路使用普及，及電子簽章法施行後之運用，爰於第
2項明定書面，得以通訊方式為之，但為顧及資訊安全，應依電
子簽章法相關規定，經電子簽章憑證機構認證後行之，俾免執行
上滋生疑義。

第11條（法律效果）
申請之方式或要件不備，其能補正者，政府機關應通知申請人
於七日內補正。不能補正或屆期不補正者，得逕行駁回之。

立法理由

　　本條明定申請之方式或要件不備之補正及不補正之法律效
果，通知申請人補正為觀念通知，駁回為得請求救濟之行政處
分。

第12條（決定時間）

政府機關應於受理申請提供政府資訊之日起十五日內，為准駁之決定；必要時，得予延長，延長之期間不得逾十五日。

前項政府資訊涉及特定個人、法人或團體之權益者，應先以書面通知該特定個人、法人或團體於十日內表示意見。但該特定個人、法人或團體已表示同意公開或提供者，不在此限。

前項特定個人、法人或團體之所在不明者，政府機關應將通知內容公告之。

第二項所定之個人、法人或團體未於十日內表示意見者，政府機關得逕為准駁之決定。

立法理由

　　為提升行政效率，爰依行政程序法第51條第1項規定意旨，明定政府機關受理資訊提供之處理期限，以利適用。

　　人民雖有知的權利，於具備一定要件時，得向政府機關申請提供政府資訊。惟該資訊之內容可能涉及特定個人、法人或團體之權益，如隱私或營業秘密、職業秘密等，基於利益衡量原則，應給予該利害關係人表示意見之機會，爰於第2項明定書面通知之義務。又如該利害關係人所在不明時，前開通知義務得以公告方式代之，爰於第3項明定之。

　　如該特定個人、法人或團體如未於十日內表示意見，為避免延誤資訊取得時機，於第4項規定政府機關得逕為准駁之決定。

第13條（提供方式）

政府機關核准提供政府資訊之申請時，得按政府資訊所在媒介物之型態給予申請人重製或複製品或提供申請人閱覽、抄錄或攝影。其涉及他人智慧財產權或難於執行者，得僅供閱覽。

申請提供之政府資訊已依法律規定或第八條第一項第一款至第三款之方式主動公開者，政府機關得以告知查詢之方式以代提供。

立法理由

本條明定政府資訊提供之方式。

依人民申請而提供之政府資訊，為避免因提供而毀損或滅失，並顧及與原本之一致性，明定政府機關核准提供資訊之申請時，得按資訊所在媒介物之型態給予申請人重製或複製品或提供申請人閱覽、抄錄或攝影。惟若資訊內容涉及他人智慧財產權或難於執行者，僅得給予閱覽，爰為第1項之規定。

人民申請提供之政府資訊，如已刊載於政府機關公報或其他出版品，或已經利用電信網路傳送或其他方式供公眾線上查詢，或已提供公開閱覽、抄錄、影印、錄音、錄影或攝影者，為節省行政成本，政府機關得逕行告知查詢方法，為第2項之規定。

第14條（更正補充程序）

政府資訊內容關於個人、法人或團體之資料有錯誤或不完整者，該個人、法人或團體得申請政府機關依法更正或補充之。

前項情形，應填具申請書，除載明第十條第一項第一款、第二款及第五款規定之事項外，並載明下列事項：

一、申請更正或補充資訊之件名、件數及記載錯誤或不完整事
　　項。
二、更正或補充之理由。
三、相關證明文件。
第一項之申請，得以書面通訊方式為之；其申請經電子簽章憑
證機構認證後，得以電子傳遞方式為之。

立法理由

　　明定政府資訊之更正、補充申請權及其程序。

第15條（處理期間）
政府機關應於受理申請更正或補充政府資訊之日起三十日內，
為准駁之決定；必要時，得予延長，延長之期間不得逾三十
日。
第九條、第十一條及第十二條第二項至第四項之規定，於申請
政府機關更正或補充政府資訊時，準用之。

立法理由

　　明定政府機關受理資訊之更正或補充之處理期間，以免程序
延滯損及人民時效利益。

第16條（通知要式）
政府機關核准提供、更正或補充政府資訊之申請時，除當場繳
費取件外，應以書面通知申請人提供之方式、時間、費用及繳

納方法或更正、補充之結果。

前項應更正之資訊，如其內容不得或不宜刪除者，得以附記應更正內容之方式為之。

政府機關全部或部分駁回提供、更正或補充政府資訊之申請時，應以書面記明理由通知申請人。

申請人依第十條第二項或第十四條第三項規定以電子傳遞方式申請提供、更正或補充政府資訊或申請時已註明電子傳遞地址者，第一項之核准通知，得以電子傳遞方式為之。

立法理由

政府機關核准人民提供、更正或補充政府資訊之申請時，除當場繳費取件外，應以書面通知申請人提供之方式、時間、費用及繳納方法，以利當事人獲取所需資訊；惟如僅申請更正或補充政府資訊，並未要求提供該資訊者，則僅需以書面通知其更正、補充之結果，爰為第1項之規定。

應更正之資訊，其內容如有不得或不宜刪除之情形者，例如姓名變更，原內容仍須留供查考時，得以附記應更正內容之方式為之，爰為第2項之規定。

為便於當事人對於政府機關駁回其申請之決定提起救濟，明定政府機關全部或部分駁回提供、更正或補充政府資訊之申請時，應以書面記明理由通知申請人，為第3項之規定。

為因應資訊之日益發達並為便民計，申請人如依第10條第2項或第14條第3項規定以電子傳遞方式申請提供、更正或補充政府資訊，或申請時已註明電子傳遞地址者，明定政府機關為核准提供、更正或補充政府資訊之通知時，得以電子傳遞方式為之，為第4項之規定。

第17條（機關通知義務）
政府資訊非受理申請之機關於職權範圍內所作成或取得者，該受理機關除應說明其情形外，如確知有其他政府機關於職權範圍內作成或取得該資訊者，應函轉該機關並通知申請人。

立法理由

明定政府資訊非受理申請之機關於職權範圍內所作成或取得者，該受理機關除應說明未於職權範圍內作成或取得之情形外，若確知有其他政府機關於職權範圍內作成或取得該資訊者，應函轉該機關並通知申請人，以資便民。

第18條（限制或不予公開事由）
政府資訊屬於下列各款情形之一者，應限制公開或不予提供之：
一、經依法核定為國家機密或其他法律、法規命令規定應秘密事項或限制、禁止公開者。
二、公開或提供有礙犯罪之偵查、追訴、執行或足以妨害刑事被告受公正之裁判或有危害他人生命、身體、自由、財產者。
三、政府機關作成意思決定前，內部單位之擬稿或其他準備作業。但對公益有必要者，得公開或提供之。
四、政府機關為實施監督、管理、檢（調）查、取締等業務，而取得或製作監督、管理、檢（調）查、取締對象之相關資料，其公開或提供將對實施目的造成困難或妨害者。
五、有關專門知識、技能或資格所為之考試、檢定或鑑定等有

關資料，其公開或提供將影響其公正效率之執行者。

六、公開或提供有侵害個人隱私、職業上秘密或著作權人之公開發表權者。但對公益有必要或為保護人民生命、身體、健康有必要或經當事人同意者，不在此限。

七、個人、法人或團體營業上秘密或經營事業有關之資訊，其公開或提供有侵害該個人、法人或團體之權利、競爭地位或其他正當利益者。但對公益有必要或為保護人民生命、身體、健康有必要或經當事人同意者，不在此限。

八、為保存文化資產必須特別管理，而公開或提供有滅失或減損其價值之虞者。

九、公營事業機構經營之有關資料，其公開或提供將妨害其經營上之正當利益者。但對公益有必要者，得公開或提供之。

政府資訊含有前項各款限制公開或不予提供之事項者，應僅就其他部分公開或提供之。

立法理由

　　資訊公開與限制公開之範圍互為消長，如不公開之範圍過於擴大，勢將失去本法制定之意義；惟公開之範圍亦不宜影響國家整體利益、公務之執行及個人之隱私等，於本條第1項列舉政府資訊限制公開或提供之範圍，以資明確。

　　依法核定為國家國家機密或依法律、法規命令規定應秘密之事項，符合法律保留原則，本為本法之特別規定，爰明定應限制公開或不予提供，以利適用，爰為第1項第1款之規定。

　　與犯罪之偵查、追訴、執行有關之政府資訊如予公開或提供，勢必影響犯罪之偵查、追訴、執行，甚或使犯罪者逍遙法外，影響社會治安甚鉅，故此等資訊自應限制公開或不予提供；

又政府資訊之公開或提供，足以妨害刑事被告受公正之裁判者，亦應限制公開或不予提供；另政府資訊之公開或提供，有危害他人生命、身體、自由或財產者，為保護該個人之權益計，亦不應將此等資訊加以公開或提供，爰為第1項第2款之規定。

政府機關之內部意見或與其他機關間之意見交換等政府資訊，如予公開或提供，因有礙該機關最後決定之作成且易滋困擾，例如對有不同意見之人加以攻訐，自應限制公開或不予提供，惟對公益有必要者，自不在限制範圍之列，以求平衡，爰為第1項第3款之規定。

政府機關為實施監督、管理、檢（調）查或取締等業務，而取得或製作其監督、管理、檢（調）查或取締對象之相關資料，如該資料之公開或提供將對實施目的造成困難或妨害者（例如：將造成取締之困難），該等政府資訊自應限制公開或不予提供，爰為第1項第4款之規定。

有關專門知識、技能或資格所為之考試、檢定或鑑定，係基於專業能力所為之判斷，屬價值判斷之一環，該等資訊之公開或提供將影響其公正效率之執行者，自應限制公開或不予提供，爰為第1項第5款之規定。

政府資訊之公開或提供有侵害個人隱私、執業中所獲得之秘密或著作權人之公開發表權時，為保護當事人之權益，該等政府資訊自應限制公開或不予提供；惟對公益有必要或或為保護人民生命、身體、健康有必要或經當事人同意公開或提供者，自不在限制範圍之列，爰為第1項第6款之規定。

個人、法人或團體營業上秘密或其經營事業有關之資訊，該等資訊之公開或提供有侵害該個人、法人或團體之權利、競爭地位或其他正當利益時，為保護當事人之權益，該等政府資訊亦應限制公開或不予提供；惟如對公益有必要或為保護人民生命、

身體、健康有必要者，自不在限制範圍，爰爲第1項第7款之規定。

政府資訊中涉及文化資產者，其公開或提供與保存文化資產之目的相違背時，應予限制公開或不予提供，爰爲第1項第8款之規定。

政府機關於職權範圍內作成或取得公營事業機構經營之有關資料，往往涉及其營業上秘密，其公開或提供將妨害其經營上之正當利益者，自應限制公開或不予提供；惟對公益有必要者，則不在限制範圍，爰爲第1項第9款之規定。

政府資訊中若含有限制公開或不予提供之部分，並非該資訊之全部內容者，政府機關應將限制公開或不予提供之部分除去後，僅公開或提供其餘部分，此即所謂之「分離原則」，爰爲第2項之規定。

第19條（情事變更原則）
前條所定應限制公開或不予提供之政府資訊，因情事變更已無限制公開或拒絕提供之必要者，政府機關應受理申請提供。

立法理由

政府機關於職權範圍內作成或取得之資訊，如符合第18條第1項所定各款情形之一者，自應限制公開或拒絕提供。惟因情事變更，已無繼續限制或拒絕之必要者，爲貫徹政府資訊公開原則，自當允許並受理申請提供，以滿足人民知的權利。

第20條（行政救濟）
申請人對於政府機關就其申請提供、更正或補充政府資訊所為
之決定不服者，得依法提起行政救濟。

立法理由

明定申請人不服政府機關就其申請提供、更正或補充政府資訊所為之決定時，得提起訴願或行政訴訟，以資救濟，確保權益。

第21條（得秘密審理）
受理訴願機關及行政法院審理有關政府資訊公開之爭訟時，得
就該政府資訊之全部或一部進行秘密審理。

立法理由

有關政府資訊公開或提供與否發生爭訟時，明定受理訴願機關及行政法院得進行秘密審理，以保障必要維護之權益。

第22條（付費原則）
政府機關依本法公開或提供政府資訊時，得按申請政府資訊之
用途，向申請人收取費用；申請政府資訊供學術研究或公益用
途者，其費用得予減免。
前項費用，包括政府資訊之檢索、審查、複製及重製所需之成
本；其收費標準，由各政府機關定之。

立法理由

　　依使用者付費原則，並考量費用負擔，宜依取用目的之不同而採取不同之計價標準，以樽節公帑。明定政府機關依本法規定公開或提供政府資訊時，得按申請政府資訊之用途，向申請人收取費用；且對於申請政府資訊供學術研究或公益用途者，得予減免費用，俾資鼓勵。

　　明定得向申請人收取公開政府資訊之費用，包括檢索、審查及複製（重製）之成本；其收費標準授權由各機關自行定之，以符實際需要。

第23條（公務員責任）
公務員執行職務違反本法規定者，應按其情節輕重，依法予以懲戒或懲處。

立法理由

　　明定公務員執行職務違反本法規定者，依法應予以懲戒或懲處。

第24條（施行日）
本法自公布日施行。

行政院院會通過「行政程序法部分條文修正草案」

　　行政程序法自88年2月3日制定公布，90年1月1日施行迄今，歷經七次修正，惟均爲單獨條文之調整，尙無較大幅度之修正。本法施行以來，相較於制定當時之時空環境已多所轉變，諸如新興網路科技之發展、人民生活型態改變等，對於行政法之傳統理念與任務均有相當之影響。爲因應時空演變，避免法令適用產生窒礙，法務部就行政程序法進行通盤性之檢討及研修。本法本次修正方向，在完備行政程序，以利機關遵循，使行政更加便民，並擴大人民參與，爰提出修正草案。行政院院會於今（19）日審查通過法務部擬具之「行政程序法部分條文修正草案」，草案修正重點如下：

一、統一「公告」之類型及方式

　　現行條文有關公告之規定爲數甚多，各該規定或有僅列公告，或有與刊登政府公報或新聞紙併列者，體例未見一致，本次修法爰區分公告事項之屬性，就涉及「實體事項、機關權限移轉、規範事件及對象係屬抽象一般」者，應公告於政府公報；涉及「程序事項、規範事件及對象係屬具體特定」者，應公告於機

關網站（草案第2-1條、第2-2條），並同時修正本法相關規定，以利適用。

二、修正機關權限移轉規定

現行本法就機關間之權限移轉部分，僅規範同一行政主體間之權限委任、權限委託，本次修法參酌地方制度法規及實務運作現況，增訂中央行政機關得將其權限之一部分委辦地方自治團體，以及地方自治團體之行政機關得將其自治權限之一部分委辦所轄地方自治團體等情形及相關規定（草案第15-1條至第15-7條）。

三、增訂「視訊聽證」、「視訊公聽」規定

為因應現代科技之進步及智慧政府之趨勢，並便利聽證程序之進行，爰增訂有關聽證之陳述意見及發問，聽證主持人認為適當者，得依職權或依申請以視訊設備為之，並視為已出席聽證（草案第61條）。另公聽會亦準用本條規定。

四、增訂「公聽會程序」規範

目前行政機關於作成行政行為前，實務上也常以舉行公聽會方式廣泛蒐集各界意見，惟現行並無公聽會相關程序規範，本次修法在原本既有之聽證程序之外，再增訂「公聽會程序」規範，明定公聽會程序之適用情形、得邀請及應通知之人員，以及舉行公聽會之書面通知應記載事項；舉行公聽會應作成紀錄，行政機關為行政行為應斟酌該紀錄；公聽會紀錄應公開並適用政府資訊公開法；及明定準用聽證程序之相關條文（草案第66-1條至第66-5條）。

五、修正「送達」相關規定

送達原則上應向應受送達人之住居所、事務所或營業所為

之。但實務上常見應受送達人另向行政機關陳明以特定地址或郵政信箱爲送達處所者，基於程序便民，並符合行政實務需求，爰增訂應受送達人已向行政機關陳明以特定地址或郵政信箱爲送達處所者，應優先以該地址或信箱爲應送達處所。

又「住居所」，原應依客觀居住情形等認定之，不以戶籍地址爲唯一之認定依據，行政機關本應依職權調查確認應受送達人之住居所。惟若行政機關經依職權調查之能事，仍無從查知應受送達人之住居所時，基於行政效率，並考量戶籍地址爲人民之住所與國家最強烈之連繫因素，爰增訂行政機關經依職權調查仍無從查知應受送達人之住居所時，以其戶籍地址爲應送達處所（草案第72條）。

六、增訂法規命令草案再公告程序，明定行政函釋於機關網站公開

行政機關公告修正法規命令草案彙整各界意見後應儘速發布，如陳述意見期間屆滿之時點與發布法規命令之時點相距過長，因訂定法規命令所需考量之各種因素及情狀或有變更，宜再踐行公告程序後，始得發布，爰增訂相關規定（草案第154條）。

另法規主管機關就其主管法規之解釋適用所表示之法律見解，有助於其他機關及人民對該法規之瞭解，爰增訂該等解釋應公開於機關網站所設置之法規查詢專區（草案第162-2條）。

本次修正，更貼近人民生活和需求，也符合現行行政機關多元的實務運作方式，同時更擴大人民的參與。

110年本法修正草案特色在於「擴大人民參與」、「貼近人民生活」、「便利人民查閱」，但在本次改版截稿前，並未有進一步送至立法院審查之進度。但這是未來可能修法，請讀者如有興趣，可自行下載研讀。

行政程序法部分條文修正草案修正重點

修正重點	修正前	修正後
統一「公告」之類型及方式	有僅列公告，或有黏貼於公告欄者，亦有與刊登政府公報或新聞紙併列者，體例未一致。	‧公告於政府公報：實體事項／管轄權變更／機關權限移轉／法規命令之預告及發布。 ‧公告於機關網站：程序事項／指定、更換或增減當事人／申請案件處理期間／舉行聽證／公示送達／經依職權調查仍無法知悉之人之送達／一般處分之送達／陳述意見／訂定行政契約。
管轄：機關權限移轉	‧委任所屬下級機關。 ‧委託不相隸屬行政機關。 ‧委託民間團體或個人。	增訂： ‧中央行政機關委辦地方自治團體。 ‧地方自治團體委辦所轄地方自治團體。 ‧地方自治團體之委託不相隸屬地方自治團體。 ‧行政機關或公法人委託他行政機關或公法人。
增訂「視訊聽證」、「視訊公聽」	無。	‧當事人、證人或鑑定人不能出席聽證，其所在與舉行聽證機關間有聲音及影像相互傳送之科技設備而得為前項之陳述意見及發問時，主持人認為適當者，得依職權或依申請以該設備為之，並視為已出席聽證。 ‧公聽會準用／視訊公聽。
增訂「公聽會程序」	無。	‧明定公聽會程序之適用情形、得邀請及應通知之人員，及舉行公聽會之通知應記載事項。 ‧行政機關作成行政行為應斟酌的公聽會紀錄；公聽會應作成紀錄並公開。 ‧準用聽證程序之部分條文。

修正重點	修正前	修正後
「送達」相關規定	・郵政機關。 ・送達處所：住居所、事務所或營業所。	・郵務機構。 ・增加「特定地址」或「郵政信箱」為送達處所。 ・依職權調查仍無從查知前項住居所時，以戶籍地址為應送達處所。
法規命令、職權命令及行政規則	・法規命令草案公告一次。 ・無職權命令。	・增訂法規命令草案再公告程序。 ・增訂職權命令之意義、得規範之事項及準用本法相關條文。 ・增訂「行政函釋應公開」。

國家圖書館出版品預行編目資料

行政程序法／王宗偉著.--三版--.--臺
　北市：書泉出版社,2024.01
　面；　公分
　ISBN 978-986-451-352-9（平裝）

1.CST: 行政程序法

588.135　　　　　　　112019281

3TF9　新白話六法系列 023

行政程序法

作　　　者 — 王宗偉（14.6）

發 行 人 — 楊榮川

總 經 理 — 楊士清

總 編 輯 — 楊秀麗

副總編輯 — 劉靜芬

責任編輯 — 黃郁婷

封面設計 — 封怡彤

出 版 者 — 書泉出版社

地　　　址：106台北市大安區和平東路二段339號

電　　　話：(02)2705-5066　傳　　真：(02)2706-6

網　　　址：https://www.wunan.com.tw

電子郵件：shuchuan@shuchuan.com.tw

劃撥帳號：01303853

戶　　　名：書泉出版社

總 經 銷：貿騰發賣股份有限公司

電　　　話：(02)8227-5988　傳　　真：(02)8227-

網　　　址：www.namode.com

法律顧問　林勝安律師

出版日期　2017年1月初版一刷
　　　　　2020年1月二版一刷
　　　　　2024年1月三版一刷

定　　　價　新臺幣450元

經典永恆・名著常在

五十週年的獻禮 —— 經典名著文庫

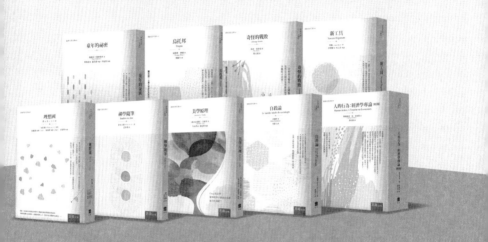

五南，五十年了，半個世紀，人生旅程的一大半，走過來了。

思索著，邁向百年的未來歷程，能為知識界、文化學術界作些什麼？

在速食文化的生態下，有什麼值得讓人雋永品味的？

歷代經典・當今名著，經過時間的洗禮，千錘百鍊，流傳至今，光芒耀人；

不僅使我們能領悟前人的智慧，同時也增深加廣我們思考的深度與視野。

我們決心投入巨資，有計畫的系統梳選，成立「經典名著文庫」，

希望收入古今中外思想性的、充滿睿智與獨見的經典、名著。

這是一項理想性的、永續性的巨大出版工程。

不在意讀者的眾寡，只考慮它的學術價值，力求完整展現先哲思想的軌跡；

為知識界開啟一片智慧之窗，營造一座百花綻放的世界文明公園，

任君遨遊、取菁吸蜜、嘉惠學子！